Rudolf Marggraff

Das ganze Deutschland soll es sein

Großdeutsches Liederbuch Kriegs-, Siegs-, Mahn- und Spottlieder der Deutschen

Rudolf Marggraff

Das ganze Deutschland soll es sein
Großdeutsches Liederbuch Kriegs-, Siegs-, Mahn- und Spottlieder der Deutschen

ISBN/EAN: 9783743476394

Hergestellt in Europa, USA, Kanada, Australien, Japan

Cover: Foto ©Thomas Meinert / pixelio.de

Weitere Bücher finden Sie auf **www.hansebooks.com**

Das ganze Deutschland soll es sein!

Großdeutsches Liederbuch.

Kriegs-, Siegs-, Mahn- und Spottlieder
der Deutschen

von der Mitte des vorigen Jahrhunderts bis jetzt,

herausgegeben von

Rudolf Marggraff.

München, 1861.
E. A. Fleischmann's Buchhandlung.
(August Rohsold.)

Die Deutschen sind recht gute Leut',
Sind sie einzeln, sie bringen's weit;
Nun sind ihnen auch die größten Thaten
Zum erstenmal im Ganzen gerathen.
Ein Jeder spreche Amen darein,
Daß es nicht möge das Letztemal sein.

Goethe, 1813.

Zur Weihe unseres Liederbuchs.

Das deutsche Lied.

Ein neues Grab habt ihr erfunden
Für alle Leiden, alle Noth;
Es steht euch offen alle Stunden,
Darein begrabt ihr euren Tod —
Darein begrabt ihr euch lebenbig:
Herz, Zunge, Geist — in Gnüg' und Fried';
Laut tröstet euch das Grab beständig,
Das Grab, es heißt: — „das deutsche Lied!"

Das deutsche Lied in allen Gauen,
Wie schön von Berg und Thal es schallt!
Die Jungfrau'n singen's, eble Frauen,
Und stolz aus Männerbrust es hallt!
Die Kinder singen's schon mit Sehnen;
Die Bettler singen's fromm am Stab',
Das Lied ist Hoffnung, Ehr' in Thränen,
Das Lied, es ist: — „der Deutschen Grab!"

1*

Gewiß, daß aus dem Geistergrabe
Der Geist der Lieder aufersteht,
Mit Siegeskranz und Heroldstabe
Durch alle Lande jauchzend geht!
Drum singet hohe deutsche Lieder,
Begrabet Freiheit drein und Fried', —
Begrab'ner Geist lebt herrlich wieder —
Der Geist, er ist: — „das deutsche Lied!"

Leopold Schefer.

Eine Vorrede zu Schutz und Trutz,

worin zu lesen, was der Herausgeber will, und in welchem Verhältniß die neuere politische Liederdichtung der Deutschen zur Zeitgeschichte steht.

> „Großes mögen Alle wirken, wo Jeder handelt, als ob die Rettung des Vaterlandes von ihm abhinge."
>
> Erklärung von Robberius, v. Berg und L. Bucher.

Die Entstehung dieser Liedersammlung hängt auf's engste mit Zweck und Inhalt einer von mir voriges Jahr herausgegebenen Schrift zusammen, welche den Titel führt: „Vor und nach dem Frieden von Villafranca. Studien zur Geschichte und Kritik der politischen Entwickelung des letzten Zeitdrama's." *)

---

*) Die erwähnte Schrift erschien zu Leipzig im Verlage von Ad. Lehmann ohne meinen Namen, aus dem einfachen Grunde, um den patriotischen Zweck, für den sie bestimmt war, nur durch sich selber reden und wirken zu lassen. Ich fühle mich aber um so mehr veranlaßt, hier mich zur Urheberschaft dieser Schrift zu bekennen, als gegnerische, sonst anerkennende Blätter, wie die Berliner Revue, die darin zu Gunsten Oesterreichs dargelegten Ansichten als Producte eines Parteistandpunktes betrachtet haben, welcher mir gänzlich fremd ist. Wer mich kennt, weiß, daß ich keiner politischen, wie überhaupt keiner Partei angehöre, als nur der einen, die aber keine ist und nichts will, als eine zu Schutz und Trutz wider unsere Feinde geschlossene Einigung aller deutschen Stämme und Staaten, Oesterreich unter allen Umständen mit inbegriffen. Wie verschroben und ungesund müssen doch aber unsere öffentlichen Zustände sein, daß man sich einen

In so ernsten Zeiten, wie die unsrige, wo der Feind lauernd vor den Thoren steht, und jeden Augenblick ein blutiger Kampf um die höchsten sittlichen Güter des Lebens, um Recht und Sitte, um Freiheit, Ehre, Macht und Größe des Vaterlandes beginnen kann, soll jeder Einzelne nach seinen Kräften zu dem großen patriotischen Werke gegenseitiger Verständigung und Einigung beizutragen suchen.

Dieser Ueberzeugung verdankte die genannte Schrift ihre Entstehung. Es war aber wesentlich Zweck dieser Schrift, zu zeigen, daß die politische Haftbarkeit der deutschen Völker und Stämme in allem, was das Wohl und Wehe des gesammten Vaterlandes betrifft, eine gegenseitige ist, die nicht ungestraft verkannt und verletzt werden darf, daß ohne eine einheitliche Bundesleitung unser Vaterland und seine Geschicke nur ein Spiel des Zufalls und der Stammeseifersucht seiner Völker sind, und daß wir gerüstet, einig und stark zusammenstehen müssen, wenn wir den Frieden behalten oder in dem aufflammenden Kriege siegen wollen, es war Zweck nachzuweisen, daß Deutschland nichts ist ohne Oesterreich und Oesterreich nichts ohne den Besitz des adriatischen Küstenlandes und ohne die Sicherung der tirolischen Gränzgebiete. Was seitdem geschehen oder gesagt worden ist, wodurch wir zum Glauben an eine Aenderung der so unheilvollen deutschen Politik veranlaßt werden könnten, reicht zur tieferen Beruhigung des Patrioten nicht aus. Auch das Jahr 1859 hallte mehr als einmal wieder von dem Ruf hochherziger vaterländischer Entschließungen, die aber jedesmal an der beklagenswerthen Sprödigkeit der Ver=

Schriftsteller, der über Politik schreibt, nicht anders als einer Partei angehörig denken kann. Ich meine, es ist in allen Fällen genügend, seinen aus Vernunftgründen und den Thatsachen gewonnenen Ueberzeugungen von der Wahrheit einer Sache und im politischen Gebiete den Eingebungen eines Patriotismus zu folgen, der sich die Wohlfahrt der Einzelstaaten nicht ohne die Sicherheit und Würde des Gesammtstaates zu denken vermag.

hältnisse scheiterten. Inzwischen wuchsen die Gefahren, die uns umringen, riesengroß, und vom Wollen zur That, von der Opferbereitheit zur Opfervollbringung ist immerhin noch ein weiter Schritt. Wir vermögen von jetzt an nur an das zu glauben, was vollbracht ist.

So verblieb uns allein noch die Hoffnung! — In solchen Zeiten aber thut die Einigung im patriotischen Sinne vor allem noth, und damit rechtfertigt sich von selbst das Erscheinen eines Liederbuchs, wie das vorliegende, das die Blüthen der politischen Poesie der Deutschen seit den letzten hundert Jahren enthält und die Bestimmung hat, durch die schwungvollen und gesinnungskräftigen Weisen, welche es mittheilt, unmittelbarer und eindringlicher, als dies durch die umfassendsten und gründlichsten Erörterungen über Politik möglich ist, auf das Volksgemüth einzuwirken, um in ihm das nationale Bewußtsein, wo es noch schlummert, zu wecken, und wo es bereits erwacht ist, lebendiger anzuregen und zu kräftigen. Die Wahl der Lieder ist ausschließlich im großdeutschen Sinne getroffen, der für uns allein nur Geltung haben kann, da sich mit einem andern außer ihm die Macht und Ehre des deutschen Vaterlandes nicht vereinbar denken läßt. Ein kräftiges Nationalgefühl vermag allerdings einstweilen für die einheitliche Organisation unseres Staatenlebens Ersatz zu bieten, die ihren deutschen Oedipus noch erwartet, und so wenig diese Organisation von Dauer sein würde, wenn auch nur ein einziges lebendiges Glied der großen deutschen Völkerkette darin fehlte, so geringen Werths würde auch das Nationalgefühl für uns sein, umfaßte es nicht alle Stämme und Glieder des gesammten deutschen Vaterlandes.

Aber so gewiß die Poesie, als Ausfluß und ideeller Ausdruck der Volksstimmung und des nationalen Willens, ein ewiges, ein prophetisches Element in sich trägt, so gewiß wird die Sehnsucht des deutschen Volks nach politischer Einigung, die sich so lebendig und entschieden in

seinen Liedern ausspricht, trotz aller Gegenstrebungen und
Hemmungen früher oder später ihre Erfüllung finden.

Die Bezeichnung „großdeutsch," welche unser Lieder=
buch trägt, deutet demnach keineswegs nur auf eine ein=
heitliche Gestaltung Deutschlands unter der Leitung des
einen Großstaats, mit dem der andere bloß ein enges Bünd=
niß zu schließen habe, um der ihm anderweitig etwa zuge=
dachten kulturhistorischen Mission gerecht werden zu kön=
nen, — eine ihrem eigenen Zwecke widersprechende Kom=
bination, die keinen dauernden Frieden verbürge, —
sondern auf eine starke, bundesstaatliche Einigung aller
deutschen Länder und Stämme, unter einer Form, die
freilich noch erst gefunden werden soll, die sich aber auch
in den Tagen ernstlicher Gefahr wird finden lassen. Das
großdeutsche Lieberbuch erkennt kein Deutschland ohne
Oesterreich an; es fordert, daß Oesterreich bei Deutschland
bleibe, Deutschland mit Oesterreich gehe, und daß ein An=
griff auf die Selbstständigkeit und Integrität Oesterreichs
als ein Angriff auf die Selbstständigkeit und Integrität
Deutschlands angesehen werde. Hoffen wir, daß der
Liberalismus und Confessionalismus anderer Staaten bald
nicht mehr Ursache haben, mit Selbstüberhebung auf Oester=
reich zu blicken, daß aber auch anderwärts die rivali=
sirenden Hindernisse der Gewohnheit wie der Parteien
schwinden werden, die einer deutschen Einigung im Sinne
unseres Lieberbuchs bisher entgegenstanden.

Die Sammlung ist Zeuge, wie tief zu allen Zeiten
unsere edelsten und größten Geister die Schmach empfun=
den haben, an der wir leiden. Fassen wir aber den Kern
ihrer Klagen über das, was uns drückt und erniedrigt,
was uns inmitten einer unendlichen Fülle von Kräften
in die unwürdige und gefahrbrohende Stellung unsern
äußern Feinden gegenüber gebracht hat, kurz zusammen,
so ist es unsere innere Zerklüftung, es ist der beklagens=
werthe Stammes= und Glaubenshaß, der uns drinnen
spaltet und auseinanderhält, es ist der Eigennutz, der

nach dem Auslande blickt, und die Eitelkeit, die der fremden Gewaltmacht dient, es ist der Kleinmuth, die Zaghaftigkeit und Kurzsichtigkeit auf der einen, die Geistes= trägheit und Unentschlossenheit auf der andern Seite, es ist, um es mit einem Worte zu sagen, der aus unserer politischen Zerrissenheit und Ohnmacht entspringende Man= gel an nationalem Ehr= und Machtgefühl, was uns so tief darniederhält, uns zum Gespött und Spielball der andern Nationen macht und von unsern Dichtern in bald gedankenschweren und weihevollen, bald in volks= thümlich humoristischen und witzigen Liedern beklagt oder verspottet wird. Doch fehlt es eben so wenig an Klängen patriotischen Jubels, an Ausbrüchen einer freudig erregten und befriedigten Gemüthsstimmung, an Kriegs = und Siegesliedern, welche zeigen, was wir sind, wenn wir uns ermannen, und was wir sein könnten, wenn wir einig wären, an Liedern endlich, die uns mahnen, wenn von dem geeinigten großen Deutschland die Rede ist, auch der Länder und Volksstämme zu gedenken, die wir uns durch List und Gewalt entreißen ließen oder im Begriff stehen, uns entreißen zu lassen.

Das nationale Gefühl ist wesentlich politischer Art und Natur; es begnügt sich nicht mit dem Wohl eines abgeschlossenen individuellen Verhältnisses, zirkt sich nicht auf das Haus und die Familie, auf die Stadt und Stadtgemeinde, auf Amt und Berufsstudium ab, es faßt das ganze Land, das gesammte Volk, den gesammten Staat in's Auge, und zwar nicht nach seinen inneren Zuständen nur, sondern namentlich auch nach seinen äußeren Beziehungen, nach seinem Macht= und Stellungs= verhältniß zu den anderen Staaten außer ihm. Daher wird sich auch das nationale Gefühl hauptsächlich in Zeiten politischer Aufregung kund geben und in der Poesie überwiegend politisch sich gestalten. Wohl vermag auch die politische Poesie sich mit höherem idealem Lebens= inhalt zu durchbringen und, das Herbe des Stoffs über= windend, zum Reinmenschlichen, zum Ewigen und Gött=

lichen in der Darstellung sich emporzuheben, was der Zweck aller wahren Poesie ist. Aber nur der Patriot seines engeren Vaterlandes kann auch Weltpatriot sein; der Dichter muß in seiner Nation wurzeln, um der Menschheit selbst Blüthen und Früchte zu bringen; die Literatur und Poesie eines Volkes müssen national sein, wenn ihre Säfte der Menschheit nicht verloren gehen sollen. *) Auch ist man durch die Erfahrung längst inne geworden, daß in Zeiten politischer Aufregung nicht die= jenigen die besten Staatsbürger sind, welche nur für ihr Wohl und Wehe, für ihr Thun und Treiben Sinn haben, sondern bei weitem mehr jene, die für die Ehre oder Unehre ihres Vaterlandes dasselbe lebendige und that= kräftige Gefühl bewähren wie für die eigene. Die patrio= tische Stimmung und Gesinnung kann daher im Volke nicht sorgfältig genug gehegt und gepflegt werden, da die Geschichte des Tages lehrt, daß historisch begründete Zu= stände nicht von außen und durch völkerrechtliche Verträge geschützt sind, sondern allein durch die Liebe, durch die patriotische Zuneigung und Hingebung der Völker an ihr Land und ihre Fürsten, und daß, wo diese Liebe und Hingebung nicht auf festem Grunde ruhen, eine sichere Gewähr für die Fortdauer des Bestehenden nicht gegeben ist. Die politische Poesie aber wird nach ihrem wahren

---

*) Ich spreche hier zum Theil mit Worten meines Bruders **Hermann**, der in der lesenswerthen Vorrede zu den von ihm 1843 in Leipzig herausgegebenen „Politischen Gedichten aus Deutschlands Neuzeit" diesen Gegenstand gleichfalls berührt hat Letzterer Samm= lung liegt ein vorzugsweise literarischer und literarhistorischer Zweck zu Grunde, und hierdurch unterscheidet sie sich nach Auswahl und Anordnung wesentlich von der meinigen, die einem vorzugsweise patriotischen Zwecke entsprungen ist. Doch schließt der eine Zweck den andern nicht aus, und beide Sammlungen treffen daher bis zum Erscheinungsjahr der ersteren in der Wahl der einzelnen Gedichte un= vermeidlicherweise nicht selten zusammen. Ja ich habe nicht nur meines Bruders gedruckte Sammlung oft geradezu als Quelle benützt; ich verdanke auch seinen schriftlichen Mittheilungen, namentlich aus den Jahren 1848—50, manche werthvolle Spende. Meine Samm= lung bildet somit zugleich eine Ergänzung und Fortsetzung der seinigen.

Werthe und nach ihrer tieferen Bedeutung für das nationale Leben eines Volkes nur da recht verstanden und gewürdigt werden, wo ein Volk sich als Nation fühlt und das Bewußtsein seiner Nationalität lebendig in sich trägt.

Es hat bei uns Zeiten gegeben, wo man es als eine Versündigung an dem hohen idealen Beruf der Poesie ansah, wenn sie es wagte, den vaterländischen Gefühlen, Bedürfnissen und Wünschen Worte zu leihen, wo man es dem Dichter allenfalls gestattete, von Liebe und Blumen zu singen, aber nicht zugeben wollte, daß er das Vaterland, seine Leiden und Freuden besang. Das politische Lied war verpönt, und das Sprichwort erfand dafür als gleichbedeutenden Ausdruck die Bezeichnung: „ein garstiges Lied." Dies waren allemal Zeiten, wo das nationale Gefühl tief darniederlag, wo man die Sorge für vaterländische Anliegen einer bevorrechteten Klasse glaubte überlassen zu müssen, und es für das Merkzeichen eines guten Staatsbürgers galt, in der täglichen Lohnarbeit dem Genuß des Lebens nachzugehen, um die Politik jedoch sich bei Leibe nicht zu kümmern. Es waren dies aber auch die Zeiten, wo das Vaterland an Ehre, Land und Leuten unwiederbringliche Verluste erlitt, und fremder Despotengewalt es gelang, über uns ihre furchtbare Geißel zu schwingen. Doch hat es allerdings auch wiederum Zeiten gegeben, wo die politische Poesie berufen war, eine wichtige und wirksame Rolle im Leben unseres Volkes zu spielen, wo sie uns nicht nur zu einer Trutz- und Schutzwaffe gegen die Angriffe oder auch nur Drohungen unserer Feinde diente, sondern diejenigen selbst von oben herab sich geehrt und gefördert sahen, welche politische Lieder dichteten. Solche Zeiten waren selten und schnell vorübergehend, aber noch jedesmal entfaltete die politische Poesie ihre Blüthen reichlicher und voller, so oft das Herz des Volkes durch seine Leiden oder Freuden tiefer aufgeregt war; sie klammerte sich an jede große That, welche zeigte, daß wir ihrer fähig, und Friedrich der Große, obgleich im Kampf mit einem deutschen

Bruderstamm begriffen, wurde, wie nie so allgemein ein
deutscher Fürst vor ihm und nach ihm, Gegenstand eines
förmlichen poetischen Kultus, weil er uns unsere krie=
gerische Größe vor Augen führte und die Macht ahnen
ließ, die wir besitzen würden, wenn die jetzt noch ge=
trennten Glieder und Kräfte des deutschen Volks in Ein=
tracht zusammenhielten.

Doch haben Friedrich's Großthaten mit der Idee
unseres Liederbuchs nichts zu schaffen; sie erinnern an
die beklagenswerthen deutschen Bruderkriege des vorigen
Jahrhunderts und stehen in den Jahrbüchern des deut=
schen Reichs als traurige Denkmale unserer politischen
Zerrissenheit verzeichnet. Als solche wurden sie schon
zu ihrer Zeit von patriotischen Dichtern erkannt und
verurtheilt. Mit der Klage darüber beginnt der frei=
müthige und gedankenkühne Uz das Erste Buch unserer
Sammlung, und nicht leicht könnte der glühendste Patriot
von heute seinen Schmerz über die Uneinigkeit der deut=
schen Stämme einbringlicher schildern, als es hier zur
Zeit des zweiten schlesischen Kriegs mit den Worten
geschieht:

„Wie lang' zerfleischt mit eigner Hand
Germanien sein Eingeweide?"

und in der Ode an die deutschen Fürsten während des
siebenjährigen Kriegs, worin er ihnen zuruft:

„Seht! eures Volkes Blut raucht strömend von der Erden:
Ach! dieß betrogne Volk ergab
Sich unter euern Hirtenstab,
Geweidet, nicht gewürgt zu werden."

Und wer vermöchte die hundertfältige Zerklüftung, die
uns zu unserm eigenen Gespötte machte, und die noch
bis zu dieser Stunde nicht befriedigte Sehnsucht nach
einem gemeinsamen deutschen Vaterlande nachdrücklicher
auszusprechen, als dies Herder in seiner Anrede von
1778 an den Kaiser in den Worten gethan hat:

„O Kaiser! du von neunundneunzig Fürsten
Und Ständen, wie des Meeres Sand,
Das Oberhaupt, gib uns, wonach wir dürsten,
Ein deutsches Vaterland!"

Aber auch Gleim, der in seinen Grenadierliedern den großen König und sein siegreiches Heer mit aller Ueberschwenglichkeit verherrlicht hatte, empfand bitter die Schmach des allgemeinen Zwiespalts und die Gefahr unsrer Unentschlossenheit und Thatlosigkeit, wenn er in der Zeit um 1790 an rechtzeitiges Kriegsaufgebot mahnt und unser Zögern mit den Worten geißelt:

„Wo nicht, so pflüge selbst dein Land,
So geh' an deinen Herd,
So häng' an deine nächste Wand
Den Sattel und das Schwert!

So weide dein geliebtes Roß
Auf deiner besten Flur!
So wohn' auf deinem alten Schloß,
Und iß und schlafe nur!"

Es ist zu der nämlichen Zeit, wo Bürger unsern Freiheitsmuth und seine Riesenkraft verspottend, grollenden Unmuths uns zuruft:

„Mit Fäusten schlagt den Feind und nicht mit Rednerphrasen!"

Und Hoffmann von Fallersleben dürfte sich nicht der Verse schämen, womit Gleim im Jahre 1803 angesichts der napoleonischen Herrschaft den tiefen Fall unsers Vaterlandes verhöhnt, indem er sagt:

„O du Gedank' ans Vaterland,
Wie warst du sonst mir so willkommen:
Gedanke, bis zur Häßlichkeit
Ist deine Schönheit mir verglommen."

„Und wer denn ist's, der nun befiehlt,
Und dem wir aus dem Wege gehen?
Gedank' an's deutsche Vaterland,
Hinweg, du bist nicht auszustehen!"

Auch ist es Gleim, der von der modernen Kritik
so verächtlich über die Schultern angesehene „Dichter-
Philister," der in seinem deutschen Trinkspruch aus dem
Wendepunkte des Jahrhunderts zuerst die Rheinfrage an-
klingt. Schiller hat beim Antritt des neuen Jahrhunderts nur Entsagungsgedanken. Vor allem fühlte
die Jugend, daß es anders werden müsse, aber man
wußte nicht, auf welche Weise; man bejammerte die
deutsche Zwietracht, aber war ohne Ahnung, wie sie zu
bannen. In Befreiungsregungen mischten sich Träume
von Wiederherstellung des mittelalterlichen deutschen Kaiserthums, und wie im zweiten Jahrzehend des neuen
Säculums Jena, so war damals Halle der Sitz des
freien, deutschen, ritterlichen Sinnes. Aber das alles
blieb ohne Frucht und verdarb in der allgemeinen Fäulniß und in der sittlichen Selbstüberhebung, welche die
Gemüther ergriffen und sicher gemacht hatte. Unmächtig
brachen die Versuche zum thatsächlichen Widerstand an
der von Westen über uns hereinfluthenden Umsturzgewalt,
und trotz der preußischen Erhebung, die zu spät eintrat,
war Knechtung und Erniedrigung unser gemeinschaft-
liches Loos. Mochte es in den Gemüthern gähren, das
Wort war verschnürt und unterbunden. Nur einzelne
poetische Klänge, darunter die eines Königs, tönen klagend über den Zerfall unseres Vaterlandes und den schnöden
Fremdendienst zu uns herüber, und wenn die Fürsten
seitdem anfingen zu fühlen, daß ihre Stärke in ihren
Völkern liege, wenn Oesterreich durch die Errichtung der
Landwehren den ersten großen Schritt zu den Volks-
kriegen that, die uns befreien sollten, wenn es den Ruhm
für sich in Anspruch nehmen darf, den Kampf für die
Befreiung des Vaterlandes am besonnensten begonnen
und am beharrlichsten ausgeführt zu haben, so hat diesen
Aufschwung der nationalen Thatkraft auch die Poesie
begeisterungsvoll mitgefeiert. Treten hier die Namen
des Königs Ludwig, Heinrich v. Kleist's, Stägemann's und Müchler's glänzend hervor, so ist es

in der darauf folgenden Zeit erneuter Abspannung der durch männlichen Freimuth und markigen Ausdruck hervorragende Seume, welcher in dem von ihm mitgetheilten Gedicht nicht mehr bloß unterdrückte Klagelaute stammelt, die aus halbgeschlossenem Munde kaum hervorzutreten wagen, sondern mit scharfen, ernsten Zornesworten die Schande Deutschlands, seine Unterwühltheit im Innern, seinen verkäuflichen und verrätherischen Knechtssinn und die Vernichtung alles Rechts und aller Ordnung, die davon die Frucht ist, vor uns aufdeckt. Es ist, als wehte uns ein Hauch des Tugendbundes an, wenn Eichendorf, eine lichtere Zukunft weissagend, mit versöhnender Milde das erste Buch schließt.

Ueber alles groß und erhaben, anfangs allerdings nur theilweise, später allgemein, war die Erhebung des deutschen Volks zur Zeit der Befreiungskriege, denen das zweite Buch gewidmet ist. Die erduldete Schmach hatte uns endlich die glühende Schamröthe in das Gesicht getrieben, und die Belebung des Nationalgefühls, die Erstarkung des politischen Bewußtseins zur Folge gehabt. Jetzt auch sollte in Erfüllung gehen, was schon 1802 Herder prophetischen Blicks geschaut, wenn er den Genius niederschweben und die beiden stets feindlichen deutschen Großmächte mit einander sich versöhnen läßt:

„Er knüpft, einig verknüpfet er
Zwei germanische Freundes=
Hände, Preußen und Oesterreich."

Erst unter dem Geschützesdonner, welcher die blutige Riesenarbeit des deutschen Volkes zur Abschüttelung des fremden Joches verkündigte, kam die politische Poesie vollständig zu Ehren. In fliegenden Blättern und Abschriften verbreiteten sich die Körner'schen und Arndt'schen Schlachtenlieder von Zelt zu Zelt, von Lager zu Lager, und während jene den harrenden Streitern die Seele mit melancholischer Todesverachtung und gottvertrauender Siegeshoffnung erfüllten, drangen diese, flam=

menden Schwertern gleich, durch Mark und Bein und
regten zu freudigem Schlachtenmuth, zu Kampf und
Sieg auf. Neben Arndt und Körner, unsern größten
beiden vaterländischen Sangeshelden, glänzten damals
vornehmlich noch die Heldensänger Rückert, De la
Motte Fouqué und Schenkendorf. Im Geräusch
des Lagers wie auf blutiger Wahlstatt ließen sie Leyer
und Schwert zugleich erklingen, der erstere in kecken, mitunter
derben Weisen, die unter barocken und sprachlich oft
spielenden, ja absichtlich ungelenken Formen tieferes Fühlen bergen, der andere, ritterlichen Sinnes, in seinem
schönsten, den in's Feld ziehenden freiwilligen Jägern
gewidmeten. Liebe nach Ton und Empfinden dem dritten
im Bunde dieser Heldensänger verwandt, dem liebens-
würdigen Max von Schenkendorf, der weich und mild,
gläubig und hoffnungsfreudig seine sang- und klang-
reichen Lieder gern mit Träumen von alter deutscher
Kaiserherrlichkeit verwob. Die Ereignisse jener großen
Tage aber, die den Zeitgenossen selbst die herrlichsten und
schönsten dünkten, so Deutschland erlebt, waren keinesweges nur das Ergebniß eines rasch aufglühenden Zornes,
sondern zugleich die Frucht langsam aus der tieferen Er-
gründung des geschichtlichen und geistigen Bildungslebens
der Deutschen emporgekeimter Ideen von der Größe und
Herrlichkeit deutscher Nation, von ihrem hohen kulturhistorischen Beruf und der weltbezwingenden Allgewalt sittlicher
Glaubens- und Lebensmächte, die zu Thaten wurden,
wie dies Melchior Meyr in seinem, einer neueren
Zeit angehörenden Gedichte: „die ideologen Deutschen"
so vortrefflich und nicht ohne ironische Färbung ausge-
sprochen hat.

Leider mischen sich bereits 1814 mitten unter die
Preisgesänge des Siegs und in die Jubelklänge der er-
rungenen Freiheit bedenkliche Mißtöne. und wehmuths-
voll klagt Rückert in „Deutschlands Blöße," daß man
in der Hand des Bösen ein Stück von Deutschlands
Prachtgewande zurückließ, statt es ganz uns einzulösen,

während jedes seiner Kinder einen Fetzen von der Mutter
Leib an sich zu reißen suche. Die patriotische Begeist'rung
hatte, noch ehe das Jahr 1815 nach neuen blutigen An=
strengungen mit einem großen entscheidenden Siege ge=
endet, wenn auch nicht im Volke, doch gerade in Kreisen
eine fühlbare Abkühlung erfahren, in denen sie niemals
allgemeinere Verbreitung gefunden, und die doch berufen
waren, die Ergebnisse des großen Kampfes für die Be=
freiung und Festigung des Vaterlandes nach innen und
außen zu verwerthen. Auch dieses Buch indeß schließt
in versöhnlicher und freudig erhebender Weise mit König
Ludwig's schönem, die Eintracht feierndem „Teutschen
Gesang."

Eine lange Periode unserer Geschichte findet im
dritten Buch, dem sich ergänzend der erste Abschnitt
des sechsten anreiht, ihre poetische Vertretung. Hin=
und herwogend zwischen Aufregung und Ruhe, zwischen
Ebbe und Fluth der nationalen Regungen, trägt sie doch
im Allgemeinen den Charakter einer Uebergangsperiode
oder Vorbereitungsepoche, die sich wesentlich einerseits in
die Zeit des Wiener Congresses und der ihr folgenden
der getäuschten Erwartungen, sowie andererseits in die
Zeit der allmäligen Wiederbelebung des deutsch=nationalen
Bewußtseins seit den Jahren 1830 und besonders 1840
theilt.

Es liefe gegen die Wahrheit der Geschichte, behaupten
zu wollen, die Begeistrung, welche das deutsche Volk zu
Kampf und Sieg geführt, sei gleich darauf urplötzlich
wieder verraucht und geschwunden, im Gegentheil darf
man die ersten Jahre nach dem Befreiungskriege als die
Zeit bezeichnen, wo das deutsche Nationalgefühl im Volke
am weitesten und lebendigsten verbreitet war. Es war
die Zeit der burschenschaftlichen Aufregungen, der soge=
nannten demagogischen Bestrebungen, der Jahn'schen
Turnüberschwenglichkeiten, der deutschen Röcke und Baretts,
der lodernden Oktoberfeuer und sangverklärten Wartburg=

II

feste, die hauptsächlich in Jena, in Tübingen und Berlin ihre geistigen Mittelpunkte hatten, wo sich damals auch die Hauptsitze unsrer politischen Liederpoesie befanden.

Die Freiheit der Gedanken, welche der Kaiser der Franzosen erdrückt hatte, war, so dünkte es den Zeitgenossen, auf den Feldern um Leipzig wiedererobert. Der Friede der Welt schien auf lange gesichert, und die Befreiung des Volks von der Fremdherrschaft zu einer Befreiung von alten Gesetzes- und Gewohnheitsfesseln führen zu müssen. Alles freute sich der Gegenwart, die Deutschland sich selbst wiedergegeben hatte, und erwartete hoffnungsvoll von der Zukunft die Erlösung von Uebeln, welche die Quelle unsrer langen politischen Leiden, unsrer Zerwürfnisse und Erniedrigungen gewesen waren. Allerdings erfreuten sich Wort und Presse eine Zeitlang ungeschmälerter, leider aber auch ungewohnter Freiheit; man überließ sich arglos dem verführerischen Reize, sich einmal nach Herzenslust national aussprechen und ausleben zu können. Vergebens berauschte sich die Jugend in ihren, meist gar sehr unschuldigen, schwarzrothgoldenen und mittelalterlichen Träumen, vergebens erturnte sie sich männliche Gesundheit und Kraft; der Mehlthau des Mißtrauens legte sich vergiftend auf die junge Pflanze patriotischer Begeistrung und Schwärmerei, der Geist der Zwietracht ging rastlos umher, auf's neue seinen verderblichen Samen in allen Gauen Deutschlands auszustreuen, und Verrath im Solde des Auslands, das an unsrer Stärke und Einigkeit niemals Wohlgefallen empfand, that das seinige, um im Bunde und mit Hülfe schwachköpfiger und feigherziger Pedanten den nationalen Aufschwung, der so Wunderbares geleistet, und dessen man sich so geschickt bedient hatte, um sich des fremden Tyrannen zu entledigen, als den Beginn allgemeinen Umsturzes zu verdächtigen und die von Vaterlandsliebe trunkenen Seelen zu Verirrungen fortzureißen, welche willkommenen Anlaß zu Einschreitungen boten und zu Enttäuschungen führten, an deren beklagenswerthen Folgen

wir bis zu dieser Stunde durch staatliche und bürger=
liche Schwäche und Unsicherheit zu büßen haben.

So folgten der Schaffung der Wiener Bundesakte
die Karlsbader Beschlüsse, die geheimen Ministerconferenzen
zu Wien und auf dem Johannisberge, und damit Hand
in Hand gingen die politischen Verfolgungen, die Be=
schränkungen der Hochschulen und der Presse, die Unter=
drückung der Burschenschaften und des Turnwesens. Das
war eine sehr traurige Zeit, die Zeit seit 1819, und was
Napoleon noch vor der Entscheidungsschlacht bei Leipzig
durch einen gedungenen Broschürenschreiber dem deutschen
Volke geweissagt, selbst im Fall seiner Besiegung werde
Deutschland nicht einig werden und eine imponirende
Stellung erringen, man werde die Flamme, die man
angefacht, nachderhand als revolutionäres Feuer mit den
Füßen austreten, und die Begeistrung, die man erregt,
um die eigene bedrohte Macht zu retten, mit Undank
lohnen, das sah man in der That jetzt nach und nach
sich verwirklichen. „Auf dem Wiener Congreß," sagt
Jemand in der Allg. Zeitung (1860. Nr. 297) wurde
Deutschland wie Käse zerschnitten und das Volk als
Material zu Austausch und Kompensation gebraucht."
Die Herren praßten an wohlbesetzten Tafeln, suchten sich
in culinarischen Künsten, in Bereitung des delikatesten
Bouillon und der delicatesten Crême, wie bei Schlitten=
fahrten und Bällen durch den auserlesensten Lurus zu
überbieten. Das muß man wissen, um Rückert's ergötz=
lichen „Herr Congreß" nicht unwahr oder abgeschmackt
zu finden.

Sonst entsprach die politische Poesie nach den Be=
freiungskriegen der gewaltsam gehobenen nationalen Stim=
mung und der Unklarheit über Art und Maaß der Frei=
heit, welche man forderte. Ihr dithyrambischer, feuriger
Schwung auf der einen, ihre Unverständlichkeit, ja Un=
faßlichkeit der Gedanken auf der andern Seite, rühren
daher. Sie ist in unsrer Sammlung durch die burschen=
schaftlichen Lieder der Brüder Follen, durch einige

II*

Turnlieder, die recht eigentlich an diese Stelle gehören, und durch Mebold's und Nonne's Schlachtfestlieder, dennoch aber aus guten Gründen durch kein Beispiel der politischen Verirrungen vertreten. Leider ließen die in den Köpfen spukenden mittelalterlichen Ideen kaum einmal dem einzigen praktischen Gedanken einer verfassungsmäßigen Betheiligung des Volks an den öffentlichen Angelegenheiten genügenden Raum; wer möchte aber behaupten, daß Uhland an das gute alte Recht und an die Gelöbnisse der Fürsten am Tage des großen Völkersiegs vergeblich gemahnt habe, wiewohl es freilich eben so gewiß ist, daß man damals die Stimme der Vaterlandsfreunde nicht mehr hören wollte, ja strafbar fand.

Was in Deutschland die Morgenröthe einer besseren Zukunft für das Gesammtvaterland verkündigte, dies waren vornehmlich die, ein entwicklungsfähiges volksthümliches Element in sich tragenden ständischen Verfassungen, welche auf Grund bundesmäßiger Bestimmungen seit 1818 in einigen deutschen Staaten, darunter Bayern in hochherziger Weise vorangehend, eingeführt wurden, während andere ihr Wort erst sehr viel später einlösten. Sonst unterschied sich die neue Ordnung der Dinge, wie sie durch den Vollzug oder vielmehr theilweisen Nichtvollzug der Bundesakte begründet war, von dem früheren Zustande im Wesentlichen nur wenig. Die Bundesakte selbst blieb bestehen mit allen ihren Unvollkommenheiten und Mängeln, die es noch bis heute nicht zu einer wahrhaft politischen Einigung der deutschen Staaten oder nur zu einem weitern Ausbau der Bundesverfassung, wie Zeit und Verhältnisse sie unerbittlich fordern, haben gelangen lassen.

Nach der Unterdrückung der Burschen= und Turnfreiheit kam über Deutschland eine trübe, politisch und sittlich versunkene Zeit, die das nationale Bewußtsein wieder auf den alten, hundertfach zersplitterten Provinzialismus zurückbrachte und abgränzte. Selbst die

Poesie lag gebrochen und geknechtet, und nur einzelne Sangeslaute wagen kaum schüchtern klagend oder spottend aus der täglich üppiger gedeihenden Verflachung der Zeit hervorzutauchen, die in vieler Hinsicht fast schlimmer war als die frühere Erniedrigung durch den äußeren Feind, weil sie in Widerspruch stand mit unsern eigensten tiefsten Gefühlen und ein Produkt des Undanks und Wortbruchs war. Die ewig jungen Körner'schen Schlachtenlieder erklangen wohl auch damals noch in geselligen und festlichen Kreisen, und Reichardt fand erst zu jener Zeit die rechte Weise zu Arndt's „Was ist des Deutschen Vaterland?" Aber mehr und mehr geriethen die großen Tage des Befreiungskampfes in Vergessenheit, die Eisern-Kreuz-Ritter fingen an mit ihren Erinnerungen und Ansprüchen auf der einen, mit ihren conservativen Gesinnungen auf der andern Seite lästig zu werden, und Maßmann und Chamisso konnten jetzt ihre Grolllieder von der Schlacht bei Leipzig singen, während die politische Langeweile einer Menge fader Gesellschafts- und Studentenlieder ihre Entstehung gab, die noch bis heute nicht überall die besseren wollen zum Durchbruch gelangen lassen.

Und doch war es damals zugleich eine Zeit innerlich gährender Kräfte, welche im Familien- und Gesellschaftsleben die Ueberreste alter Gewohnheit und Sitte allmälig aufzehrte, auf religiösem Gebiete mit den Waffen der Vernunft wider den Aberglauben, aber auch wider den Glauben stritt, und durch den warmen Antheil, den ganz Deutschland an den Befreiungskämpfen fremder Völker, der Griechen in den zwanziger Jahren, der Polen seit 1830, nahm, auch bewies, daß sie die nationalen Ideen nicht aufgegeben habe. Die Poesie behandelte diesen Antheil als das, was er in Wirklichkeit war, als ein Zeugniß unsrer Gesinnung, als ein Bekenntniß unsrer eigenen nationalen Hoffnungen, wodurch wir uns in der ungenügenden Gegenwart mit der Zukunft abzufinden suchten. Die hierüber besonders im ersten Abschnitt des sechsten

Buchs mitgetheilten Lieder tragen an ihrer Spitze den Namen desselben Dichterkönigs, dem wir bei allen bedeutsamen Wandlungen unsrer neueren Geschichte mit den nämlichen großen und freien Gesinnungen einer glühenden Vaterlandsliebe als Herold der Gegenwart wie als Propheten der Zukunft begegnen.

Aber auch die französische Revolution vom Jahre Dreißig warf über uns ihre Lichter und Schatten. Die politischen Stürme, welche das westliche Nachbarland in seinen untersten Tiefen aufregten und ihre gewaltsamen Schwingungen auf Deutschland herübertrugen, führten hier zwar rasch zu Gegenwirkungen der traurigsten Art, die um so trauriger waren, je ausschließlicher sie sich im Kreise der bloßen Abwehr auf vereinzelten Punkten bewegten, ohne den Forderungen einer gemeinsamen nationalen That zur volksthümlichen Einigung aller Bundesglieder in positiver Weise gerecht zu werden; aber die erschütternden Vorgänge, deren theilnehmende Zuschauer wir waren, blieben nicht ohne nachhaltig fortwirkenden, aufregenden Einfluß auf das politische Bewußtsein unseres Volks und die in ihm erwachten socialen Bestrebungen, zu deren hauptsächlichsten Trägern und Vertretern sich die Anhänger der ebenso begabten als literarisch-rührigen und emancipationssüchtigen Gruppe des „Jungen Deutschlands" aufwarfen. Von den Tausenden, welche sich damals durch einen meist gänzlich zweck- und ziellosen Eifer für die Sache der Revolution in ihrer Heimath bloßgestellt hatten, fanden die Mehrsten als Flüchtlinge an dem gastlichen Heerde Frankreichs eine Freistätte. Doch traf der Bund, der sich bei den großen nationalen Lebensfragen unsers Vaterlandes als unzureichend und unwirksam erwiesen hatte, mit seinem gegen das „Junge Deutschland" gerichteten Strafbeschluß vom Jahre 1835 eine Macht, die bereits stark in Fleisch und Blut des neuen Geschlechts übergegangen war, und jetzt nicht mehr schaden, aber freilich auch nicht mehr nützen konnte. Pfeiffer's „Deutschland, schlaf ein!" und Hermann Marggraff's

„Wo ist dein Schwert?" deuten wohl die Stimmung, leider aber keinesweges den vollständigen Charakter jener Zeit an, was freilich auch nicht ihr Zweck war.

Inzwischen hatte im Ringen des Liberalismus mit dem Conservatismus und des Constitutionalismus mit dem Absolutismus, deren Kämpfe Presse und Kammern beschäftigten, das früher noch völlig gegenstandslose Streben nach Freiheit allmälig bestimmtere Ziele gewonnen, und Hoffmann von Fallersleben läßt in mehreren seiner kleinen scharfgespitzten Witzliedern ahnen, wie glücklich damals Deutschland gewesen sein müsse, daß es seinen Volksvertretern überließ, für sein Wohl zu wachen. Ueberhaupt wurde damals viel politisch gekannegießert und gedichtet. Doch zeigt sich ein Unterschied. Sprach sich in früheren Zeiten das Vaterlandsgefühl in der Regel stark, mächtig, ernst, in vollen, ungebrochenen Worten und Weisen aus, so wurden jetzt, wie es unsere maßleidigen, unhaltbar spröden, öffentlichen Zustände mit sich brachten, der Hohn, der Spott, der Witz in unsrer politischen Lyrik überwiegend. Sie entwickelte sich auf diese Weise hauptsächlich in den dreißiger Jahren immer schärfer und sachlicher. Dabei war es ein Glück, daß sie von den religiösen Wirren, deren Anfänge in jene Zeit fielen, fast unberührt blieb; für unsern Zweck hätten diese Beziehungen an und für sich keine Berücksichtigung gestattet.

Das Jahr 1840 war für unsere politische Poesie von entscheidender Wichtigkeit. Mit ihm trat in Deutsch= land eine gewaltig nach allen Seiten, im politischen wie im materiellen und geistigen Gebiete, ausgreifende Gähr= ungsperiode ein, in welcher die Kräfte, die während der vorangegangenen Jahre erwacht und in Uebung gekommen waren, bewußt zur That sich zusammenfaßten, eine Periode des besonnenen, thätigen Fortschritts in Allem, was die materiellen Güter und Bedürfnisse des Lebens betrifft, im Landbau, Handel und Gewerbe, in den damit eng verbundenen Erfahrungswissenschaften, im genossenschaft=

lichen Vereinswesen, in der öffentlichen Gesetzgebung und
Gerechtigkeitspflege. Der erste Abschnitt des sechsten Buches
feiert diese Periode als die Zeit der Eisenbahnen, des
Gutenbergfestes, des Kölner Dombaues, des Hamburger
Brandes, lauter Ereignisse, die das nationale Einigkeits=
gefühl des deutschen Volkes theils beurkundeten, theils
aufregten*) und zuletzt nothwendig das Verlangen her=
vorrufen mußten, diese Einigkeit auch auf dem politischen
Felde herbeizuführen. Hier begegnen wir in jener Zeit
ähnlichen Erscheinungen einer Aufregung der Geister zur
That, wie auf den übrigen Lebensgebieten. Es ist wahr,
wir hatten viele Jahre hintereinander so sehr bloßen
Friedensbestrebungen gelebt, daß die politischen Kämpfe
in den Kammern und die socialen in der Presse nur
wie zur Unterhaltung gemacht erscheinen konnten. Und
doch lag darin der Saame für eine neue Zeit. Die Un=
zulänglichkeit, aber auch Unhaltbarkeit der bisherigen

---

*) Auf der Medaille, die im Jahr 1844 zur Erinnerung an die
Ausstellung deutscher Gewerbeerzeugnisse in Berlin geprägt wurde,
erscheint Germania sitzend auf einem Felsstück, an welchem die Worte
eingegraben sind: „Seid einig!" Und Karl Goedecke, der Literar=
historiker, schrieb nach dem Brande von Hamburg an Jakob Grimm,
der damals das deutsche Wörterbuch begonnen hatte:

„Jetzt aber schreibst du, angesichts der Flammen,
In denen Hamburgs stolze Kraft erbebte,
Wie sich die Kraft des deutschen Volks belebte,
Und Aller Herz sich einig schloß zusammen;

Wie sich die Mächt'gen, die dem Thron entstammen,
Der Schwache selbst, an dem das Elend klebte,
Wie sich das Ganz', als wär's Ein Mann, bestrebte,
Die Spur zu tilgen dieser grausen Flammen;

Wie sich die Völker am entfernt'sten Strande
In Mitgefühl mithelfend rasch verbündet,
Den Schlag nachfühlend in dem eignen Lande.

Kein Wort ist würd'ger, daß dein Buch es hegt,
Als diese Gluth, die überall gezündet
Und ihren Glanz um Mit= und Nachwelt legt.

Zustände war dadurch offenbar geworden. Da ertönte, wie König Ludwig in seinem Gedicht „Die Teutschen seit dem Jahre 1840" sagt, der „Lärmschuß aus dem Westen." Das Ministerium Thiers warf die Träume des ersten Napoleon, die auch die des letzten sind, von den natürlichen Grenzen Frankreichs in Bezug auf den Rhein als zündenden Funken in die seit langem ängstlich gespannten Gemüther. Die Zeitungen plauderten darüber, aber Niclas Becker antwortete verständlich und mächtig mit seinem Rheinliede, und der tausendstimmige Widerhall, den es in allen Gauen des deutschen Vaterlandes weckte, vom Brenner bis zu den Kreidefelsen Rügens, und von den Ardennen bis zu den letzten Ausläufern der Sudeten, verkündete den wälschen Prahlhänsen jenseits des Rheins, was sie zu gewärtigen hätten, wagten sie, ihre Träume verwirklichen zu wollen. Und so möge es auch jetzt noch sein!

Das scheinbar so harmlose Becker'sche Lied war epochemachend für unsere politische Poesie. Zum ersten Mal wieder seit den Befreiungskriegen wurde man inne, welche wunderbare, herzenbezwingende Macht im Liede, zumal im politischen Liede wohne, wenn es zur rechten Stunde in die Welt geschleudert wird. Der Dichter wurde von oben herab mit Ehrenbechern und Zuschriften gefeiert, und somit die politische Poesie als Weckerin und Förderin vaterländischer Gesinnung selbst von einer Seite anerkannt und zu Ehren gebracht, die sich bis dahin gegen sie nur spröde verhalten hatte.

Die wunde Stelle unseres nationalen Leidens war getroffen. Die Erinnerung an die Versündigungen, deren wir uns in früheren Zeiten durch feige Aufopferung nationaler Besitzthümer und Rechte schuldig gemacht, erwachte in ihrer ganzen Stärke, mit ihr unser Selbstgefühl, unsere Thatkraft. Alles glaubte jetzt Partei nehmen zu müssen, alles Politik treiben und politische Gedichte machen zu dürfen. Neben der Ruhe des besonnenen Fortschritts suchte die unbedachtsame, sich überstürzende

Haß des Radicalismus aller Richtungen sich geltend zu
machen, und für den unbefangenen Beobachter war es
kein Zweifel mehr, daß hierin die Vorboten großer innerer
Erschütterungen zu erkennen seien. Aber — was ein
Gewinn für uns hätte werden können, wenn wir gewollt
hätten — die französischen Rheingelüste hatten unsern
Blick wieder schärfer der äußeren Politik zugewendet;
der Rhein wurde das Losungswort des Patrioten und
Köln's ehrwürdiger Dom zum hehren Zeichen unsrer
Einigung, unsers gemeinschaftlichen Wollens und Han-
delns, während Fr. Saß uns auch den Straßburger
Münster von neuem in's Gedächtniß rief und zum Hohn
für die Schwäche germanischen Stammgefühls zeigte, bis
zu welchem Maße die dortige Bevölkerung dem deutschen
Wesen und der deutschen Sprache bereits entwöhnt und
entfremdet sei.

Die Sturmpoesie unsrer politischen Presse war niemals rühriger und kecker als in jener Zeit, die man die
Flegeljahre des deutschen Liberalismus nennen könnte.
Wer nur singen und leiern konnte, sang und leierte im
Sinne oder gegen den Sinn des Becker'schen Rheinliedes. Die politische Poesie, mit einmal so allgemein
und glänzend zu Ehren gekommen, wurde professions-
mäßig betrieben, und heftete sich an alles, was einen
Neubau Deutschlands oder auch nur eine größere Einigung seiner Stämme in Aussicht stellte. Und diese Ueberschwenglichkeit, sie verschlug nichts; sie lag in der Zeit
und hat das ihrige gethan, trotz der Auswüchse, die aller
Orten und Enden schrankenlos üppig emporwucherten.
Politische Tendenzgedichte, wie Freiligrath's „Poli-
tisches Glaubensbekenntniß" und seine, eines wahren
Dichters, der, an den Fragen der Zeit sich betheiligend,
seine Stimme im Dienste reiner, schöner Menschlichkeit
und nur für die ewigen sittlichen Güter des Lebens erheben soll, nicht würdigen Ça-ira-Lieder, fanden daher
in unsrer Sammlung, die nicht erbittern, sondern versöhnen, nicht trennen, sondern einigen, nicht in den

Schmutz des Lebens und die Niedrigkeit der Gesinnung herabziehen, sondern erheben, mit großen, schönen, vaterländischen Gefühlen und Entschließungen erfüllen will, keine Aufnahme.

Wohl aber ist es mit hoher Genugthuung anzuerkennen, daß in dem gleichen Grade, wie unsre nationale Anschauung sich gehoben hatte, auch unsere politische Lyrik in ihren besseren Hervorbringungen wieder einen erhabneren, ernsteren Charakter annahm, dem es nicht als ein Mangel angerechnet werden soll, daß er in den Tönen oft sehr hoch griff. Die Lieder von Prutz nehmen in dieser Hinsicht eine sehr hervorragende und würdige Stellung ein. Das schönste Rheinlied sang aber damals (1840) Herwegh, und es entsprach dem Feuer seiner Worte und Rhythmen das köstliche Reiterlied vom folgenden Jahre, das uns schon die That, den Kampf am Rhein lebendig vor Augen führt und in den „Zeichen der Zeit" von Prutz, und in dem „Liebe am Rhein" von Geibel ebenbürtige Nebenbuhler aufzuweisen hat. Wir lassen dabei den Dichtern das Recht, sich über die Widersprüche und Unzulänglichkeiten unsrer deutschen Verhältnisse und Zustände auch in humoristischen und satyrischen Liedern auszusprechen, wie dies damals Hermann Marggraff, Dingelstedt, Jos. Müller, G. Kühne, auch Prutz und einige unbekannte Volksliebdichter gethan haben. Es war noch gar vieles nicht so wie es sein sollte, und Arndt fühlte namentlich wohl, daß es nur dann anders und besser werden würde, wenn Einer wagte, groß zu sein, während der Pseudonym Chlodwig dem alten Fluch unsrer Zwiespältigkeit und Thatlosigkeit scharfschneidende und wuchtvolle Worte lieh und Julius Mosen, wie einst Maßmann und Chamisso, ein Trauerlied auf die Schlacht bei Leipzig sang. Wir hatten uns eben allmälig müde und laß geleiert am Rhein, an Hamburg, am Kölner Dom. Da packte uns das Gefühl der thatenlosen Leere, der schriftstellernden Nichtigkeit, der prahlerischen und doch bedienten-

mäßigen Langweile, das in mehrern Liedern seine Vertretung gefunden hat, die weder durch Inhalt noch
durch Form besonderes Gefallen erregen, aber ihr Spott,
ihr burlesker Witz ist bezeichnend für eine Zeit, aus der
das Jahr 1848 mit allem Großen und Kleinlichen, Er-
habenen und Gemeinen, das es mit sich brachte, hervor-
gehen sollte. Keiner unsrer Dichter aber hat den trüb-
seligen Zustand, in welchem Deutschland sich während
der letzten vierziger Jahre befand, nachdem so viel En-
thusiasmus in Gedichten, Kammerreden und Zeitungs-
artikeln wirkungslos verpufft worden war, treffender, er-
greifender und erhabneren Schwungs geschildert, als der
in zu frühem Tode von uns genommene edle Graf
Moritz v. Strachwitz dies in dem unübertrefflich
schönen und empfindungsvollen Gedichte „Germania"
vom Jahre 1847 gethan hat. Er sah den Keim der
Bürgerkriege in dem fieberhaft träumenden unglücklichen
Vaterlande gähren, und gerne würde ich mit der überaus
herrlichen Schlußstrophe dieses einzigen Liedes:

> „Daß dich Gott in Gnaden hüte,
> Herzblatt du der Weltenblüte,
> Völkerwehre,
> Stern der Ehre,
> Daß du strahlst von Meer zu Meere,
> Und dein Wort sei fern und nah'
> Und dein Schwert, Germania!"

auch dies Buch unsrer Sammlung geschlossen haben,
wenn nicht Herwegh's „Lied vom Hasse" und sein
„Aufruf" geeigneter erschienen wären, den Uebergang zu
dem stürmischen Revolutionsjahr 1848 unmittelbar vor-
zubereiten.

Dem Jahr 1848 und der ihm folgenden Zeit einer
allgemeinen Abspannung ist das vierte Buch gewidmet.
Das Verhältniß, in welchem die Lieder zu den Ereignissen und Stimmungen des Tages stehen, ergibt sich
uns hier von selbst. Wir waren Augen- und Ohren-
zeugen, ja vielleicht Mithandelnde bei den Vorgängen

jener denkwürdigen Zeit, die ihren Eindruck unverlöschlich
uns in die Seele gedrückt haben; wir haben es miterlebt,
wie die gewaltige Aufregung, die, eine Frucht der voran=
gegangenen Jahre, ihren ersten Impuls von Westen her
empfangen hatte, unaufhaltsam bis in das äußerste deutsche
Fischerdorf und die letzte deutsche Gebirgshütte drang,
den lebendiger als je erwachten deutschen Einheitsgedanken
tief in die Gemüther grub und das Volk zu Entschlüssen
und Handlungen fortriß, die alles Bestehende in Frage,
für unser Vaterland jedoch eine neue bessere Zeit in
Aussicht stellten. Niemals waren die Hoffnungen eines
Volks stärker angeregt, niemals aber auch stärker getäuscht
worden, als damals. Sie scheiterten an dem praktischen
Irrthum, daß vom Volke, ohne Zuthun der Fürsten, ein
politischer Neubau Deutschlands zu erwarten sei, und
an der Unmöglichkeit, zu gemeinschaftlicher That so schroffe
Gegensätze zu vereinigen, als hier in den scharfausge=
prägten Parteien der radicalen Democraten und der
conservativen Feudalisten gegeben waren, Parteien, die
nicht nur gegenseitig sich selbst von jeder Betheiligung
am Bau der deutschen Freiheit und Einigkeit auszuschließen
suchten, sondern auch alle jene Elemente, die, zwischen
beiden Extremen sich bewegend, auf historisch berechtigtem
Grunde eine constitutionelle Gestaltung des deutschen
Staatslebens erstrebten. Ein anziehendes und zugleich
wesentliches Zwischenstück in dem großen Drama bildete
die schleswig=holsteinische Frage, die sich der allgemeinsten
Volkstheilnahme erfreute und sich auch in weitem Umfange
der Poesie bemächtigte, aber theils von der egoistischen
Reactionspolitik der Einen, theils von der Kurzsichtigkeit
der Andern eine Abdämpfung erfuhr, in welcher der
Bankerott der gesammten deutschen Bewegung zu Tage
trat. Zu leidenschaftlichen Unsinnigkeiten überspringend
und zu sittlichem Schmutz und Verwüstungsgräuel her=
absinkend, fand die so glorreich und so edlen Aufschwungs
begonnene Erhebung ihr selbstbereitetes, schmachvolles
Grab. Abgemattet schlummerten wir seitdem mitsammt

unfern abgeblichnen nationalen Hoffnungen und Träumen
langfam wieder ein; das politische Interesse machte von
neuem und in viel größerem Maßstabe als früher dem
für Eisenbahnen, Fabriken und Börsenschwindel Platz,
und die Reaction fand daher genügenden Spielraum,
um bewußt und unbewußt in Verbindung mit der
Corruption die Retterin der Gesellschaft zu werden, ein
Verdienst, das durch den Sieg des zweiten Dezember,
der seitdem der Vorkämpfer der europäischen Revolution
geworden ist, seine immerhin zweideutige Bestätigung ge=
funden hat. Ein keinenfalls für die einheitliche Gestalt=
ung Deutschlands ersprießliches Resultat knüpfte sich aber
an den Sturm von 1848 dadurch, daß in Folge desselben
Oesterreichs Einfluß auf Deutschland beinahe völlig auf=
gehoben wurde. Oesterreich blieb seitdem vereinsamt,
und dieser Umstand wurde ihm später um so unvermeid=
licher zu einer Quelle des Verderbens, je weniger es in=
zwischen darauf bedacht war, sein Staatsleben mit libera=
len Formen zu umgeben, unter deren Deckmantel ander=
wärts freilich oft nur die Willkür ihr Spiel trieb.

Wohl niemals ist die politische Poesie ein so un=
mittelbarer Abdruck der geschichtlichen Vorgänge und
Stimmungen gewesen, als im Jahre 1848. So unbe=
fangen auf der einen und gewaltsam auf der andern
Seite die Ereignisse sich entwickelten, so unbefangen und
gewaltsam entwickelte sich auch die dadurch erregte Poesie,
und so extrem die Ansichten und Richtungen waren, aus
welchen jene hervorgingen, so extrem waren auch nach
Inhalt, Form und Färbung die Lieder, worin sie poli=
tischen Ausdruck zu gewinnen strebten. Wie dies aber
in Zeiten allgemeiner politischer Aufregung in der Regel
der Fall ist, so wurde auch damals Mancher zu einem
guten Gedichte angeregt, der weder früher noch später
ein zweites, geschweige ein besseres, gemacht hat. Die
aus dem Jahr 1848 in unsere Sammlung aufgenom=
menen Lieder begleiten die Ereignisse oder die dadurch
hervorgerufenen Stimmungen Schritt für Schritt, von

Monat zu Monat. Pruß fingt bereits im Januar der
heraufſchwebenden Sonne der Freiheit ein Weihelied.
Das Gefühl, die lange Nacht, deren bangen Druck ganz
Deutſchland empfunden, ſei im Verſchwinden, iſt ein
allgemeines. Friedrich Beck begrüßt die franzöſiſche
Februarrevolution ahnungsvoll als ein Ereigniß von
folgenſchwerer Bedeutung und J. B. Vogl das Rauſchen
des ſchwarzrothgoldenen Banners im glühenden Morgen=
roth des jungen Tages und der jungen Freiheit als den
freudigen Wiederhall deutſcher Eintracht und Verbrüder=
ung, die dem langen Haber und Zwieſpalt Platz gemacht.
Friedr. Stolze mahnt in zornglühenden Sturm=
ſchrittsrhythmen, das rächende Schwert für Vaterland
und Volksehre zu ziehen, und auch dieſem Liede, obgleich
einem überwundenen Standpunkt angehörend, gebührte
hier eine Stelle, da es für das damalige Ringen nach
Freiheit bezeichnend iſt, und in ihm von Anfang bis
zu Ende doch nur das Eine und Einzige, was noth
thut, wiederklingt: „Seid einig!“ Es verſteht ſich von
ſelbſt, daß von jenen wilden Liedern Umgang genommen
wurde, die, von radikalen Heißſpornen unter die Barri=
kadenkämpfer geworfen, nur unlautere Gefühle wecken
und, ſtatt zu Verſöhnung und Einigung, zu Haß und
Vernichtung aufregen, womit unſer Buch nichts zu ſchaffen
hat. Die aufgenommenen Lieder beurkunden, daß die
politiſche Poeſie jener Tage in ihren edleren Produktionen
friedlich und verſöhnlich geartet und ihrer Forderungen
und Ziele ſich klar bewußt war. Was ſie verlangt, es
iſt: allgemeines deutſches Recht, Unabhängigkeit vom
Auslande, deutſche Flotte, Freiheit der geiſtigen und
materiellen Entwicklung und, was dies alles in ſich faßt,
auf dem Grunde des alten ein einiges neues deutſches
Reich, das in Geſtaltung und Einrichtung die Bürgſchaft
ruhigen, vernünftigen Fortſchritts in dem vielgegliederten
Innern und die Gewähr dauernder Sicherheit nach außen
in ſich trage. Selbſtverſtändlich fanden daneben auch
jene Gedichte entſprechende Aufnahme, die der fluchwür=

bigen September= und Oktoberscenen gedenken, um sie
der Verabscheuung der Welt preiszugeben und zu zeigen,
was zu vermeiden oder zu thun sei, um Deutschland
vor der Wiederkehr ähnlicher Gräuelzeiten zu bewahren.
Zugleich wird Radetzky's Triumph über die Piemontesen
gefeiert und den Nationalitätsfanatikern eine Fackel vor=
gehalten, woran sie das Undeutsche ihres Gebahrens er=
kennen mögen. Das Gedicht auf den Erzherzog=Reichs=
verweser läutet das deutsche Parlament zu Grabe. Außer=
dem sind diesem traurigen Schauspiel einige dazwischen
gestreute epigrammatische Seufzer oder Glossen gewidmet,
die leicht noch hätten vermehrt werden können. Frisch,
aber wenig erquicklich klingen die Schleswig=Holstein=
lieder durch die Oede der düster grollenden Zeit. Plötzlich
abbrechend, lassen sie der Hoffnung auf eine spätere
glückliche Lösung des Knotens nur geringen Raum, in=
dem sie mit Fr. Lucae's zeitgemäßer Mahnung schließen:
„Wir brauchen keines Fremden Wort," einer Mahnung,
die wir uns heute doppelt sollten gesagt sein lassen. Auch
die Kaiseridee hatte längst in Jul. Sturm's Barbarossa=
lieder ihre poetische Erledigung gefunden, und so bot
ohne Zweifel die Schults'sche Parodie auf Arndt's
Vaterlandslied einen passenden Schluß für dieses Buch.
Abkühlende Aprilflocken des Zweifels hatten sich schon
in die ersten begeisterten Freiheitsrufe des so groß und
edel beginnenden Jahres gemischt; die Bedenken und
Täuschungen aber mehrten sich mit jedem neuen Tage,
bis sie zuletzt das Leben wie die Poesie völlig beherrsch=
ten und durchdrangen.

Eine befriedigende Lösung der politischen Wirren,
eine Ausgleichung der Gegensätze war seit der beklagens=
werthen Zertrümmerung unsrer nationalen Hoffnungen
im Jahre 1848 und seit dem siegreichen Auftreten der
Reaction in den folgenden Jahren um so mehr zu einer
Unmöglichkeit geworden, als letztere bei ihren Bestreb=
ungen ausschließlich nur die staatlichen Sonderinteressen
in's Auge faßte, und daher von dem Allgemeinen, dem

nationalen und bundesstaatlichen Gesammtinteresse des
Vaterlandes, zumal in seinen politischen Verhältnissen
nach außen, ganz und gar nicht mehr die Rede war.
Die zehn Jahre lang sorgfältig genährte Schwäche und
Uneinigkeit des deutschen Volks, die mit Lüge und Täusch=
ung hier, mit Willkür und Gewaltthat dort Hand in
Hand gingen, sowie andrerseits die schon erwähnte Ver=
einsamung Oesterreichs, die eine Frucht der Bewegung
von 1848 war, trugen endlich ihre unvermeidlichen und
unheilvollen Früchte. Der zweite Dezember baute darauf,
und nur darauf, seine Pläne des allgemeinen Umsturzes
der bestehenden europäischen Rechts= und Besitzverhältnisse,
deren Verwirklichung mit dem combinirten Angriff auf
Oesterreichs italienische Besitzungen im Jahre 1859 begann.
Die Berechnung hatte nicht getäuscht. Oesterreich sah sich
in dem blutigen Entscheidungskampfe von seinen natür=
lichen Bundesgenossen verlassen, die in liberaler Selbst=
überhebung mit scheuem Bedenken auf den Kaiserstaat
herabblickten, und jede Solidarität mit ihm glaubten
zurückweisen zu müssen, so lange derselbe in seiner auto=
kratischen und einseitig confessionellen Ausbildung ver=
harre. Dies war die Lage, als der Kampf begann; sie
war es noch, als er mit den Niederlagen und der Macht=
schwächung Oesterreichs endigte, und wer bei dem wunder=
bar einmüthigen Aufschwunge des deutschen Volks im
Frühling den genannten Jahres andere und bessere Er=
folge erwartete, bedachte eben nicht, daß die Geschicke
Deutschlands bei seiner gegenwärtigen Organisation nicht
von den Entscheidungen deutschnationaler Sympathien
und Zwecke, sondern von der Geltendmachung einzel=
staatlicher Sonderinteressen abhängig sind.

Den durch diese Verhältnisse bedingten Ereignissen
und Stimmungen jener Zeit ist das fünfte Buch un=
serer Sammlung gewidmet. Das Leid, die Klage sind
darin überwiegend, Freude und Begeisterung schlagen
wiederholt helle und heiter erregte Töne an, aber sie
vermögen nicht durchzudringen und sich auf der Höhe

der Stimmung zu erhalten, weil immer von neuem
Ereignisse und Vorgänge dazwischentreten, die das Ge=
müth mit Sorge, Furcht, Schmerz erfüllen. Charakte=
ristisch im Allgemeinen ist es für die Poesie jener Tage,
daß sie aller rabikalen Hintergedanken und jedes in diesem
Sinne aufregenden Inhalts entbehrt; sie will nur Eins:
Einigkeit und Thatkraft, in ernster oder humoristischer
Klage sich ergehend, wo sie beides vermißt, in freudigen
Jubel ausbrechend, wo sie beides erreicht wähnt. Un=
zweifelhaft aber gebührte dem König Ludwig die Ehre,
dieses Buch mit seinen Gedichten zu eröffnen. Tiefen
Schmerzes voll hatte er es am Anfang unsers Jahrhunderts
mit ansehen müssen, wie das Land, dessen Krone er später
trug, dem Dienst im Druck der Fremdherrschaft verfallen
war, und jetzt sah er es von einem patriotischen Feuer
und einer kriegerischen gegen den Erbfeind unsrer Nation
gerichteten Begeisterung ergriffen, wie außer ihm kein
zweites deutsches Land, so daß er ausrufen durfte, er
habe nicht vergebens gelebt. Doch die auch ihn mit vor=
ahnend banger Sorge erfüllende Friedenspolitik der nord=
deutschen Großmacht wurde für den Ausgang des Kampfes
entscheidend. Vergebens hatte der greise Arndt sein
neuestes Kriegslied gegen die Wälschen, Wohlmuth
sein schönes Lied vom deutschen Frühling, Redwitz seine
schwungvollen Strophen noch in der elften Stunde gesun=
gen, Oesterreich blieb ohne Hülfe und ohne Aussicht
darauf, und der unbekannte Verfasser des Liedes vom
deutschen Reich hatte Recht zu singen:

„O so viel Macht und Muth und Treue — und so viel Thorheit,
                              Schimpf und Schmach,
O so viel Hoffnung stets auf's Neue — und so viel Unheil, das sie
                              brach!
O so viel Hinterlist und Tücke — und immer wieder Treuvertrau'n:
O nimmer mit so wenig Glücke — war so viel Recht und Kraft zu
                              schau'n!"

Wahrlich! Wäre nicht auf unsere Enttäuschungen
und Niederlagen, auf die Enttäuschungen des edelsten

Wollens und der feurigsten Begeisterung und auf die Niederlagen unsrer sittlichen und materiellen Kräfte die alle deutschen Gemüther versöhnende und mit höheren Einigkeitsgedanken, als die Politik uns gewähren will, erfüllende Schillerfeier gefolgt, so gäbe es keinen Trost, der uns die Verstimmungen, die Leiden und Drangsale jenes verhängnißvollen und unglücklichen Jahres vergessen machen könnte. Ihrer Erinnerung sind daher auch mehrere der gelungensten und im wahrhaft großdeutschen Sinne gedichteten Festlieder gewidmet.

In den Hoffnungen deutscher Einigung, die das Jahr 1860 brachte, erkannte das richtige Gefühl unsrer Poeten keine Bürgschaften sichrer Erfüllung. Noch sind wir über Worte und Versicherungen nicht zum Handeln, zu einer, das was man will bestätigenden, That fortgeschritten, und während wir gestatten, daß die Europa beherrschende Partei des Umsturzes alle Fundamente völkerrechtlichen Bestandes im großartigsten Maßstabe frech und frevelhaft mit Füßen tritt, und die aufgeregten Wogen des Nationalitätenfiebers uns von außen und innen täglich gefahrdrohender bedrängen, wer bürgt uns, daß wir bei solcher Lage der Dinge, unvorbereitet und durch Stammeseifersucht wie Glaubenshaß zerrissen wie wir sind, ehe wir uns dessen versehen, Schlimmeres erfahren könnten, als wir in unsrer Sicherheit vermeinen. Unsern Poeten ist nichts von dem allem entgangen, und der Parodist des Rheinliedes konnte unbedenklich sagen:

> „Sie werden ihn bald haben,
> Den freien deutschen Rhein,
> Wenn selbst den Grund wir graben
> Zu Deutschlands Leichenstein."

Erhebend war die einhellige Begeistrung, womit voriges Jahr zum ersten Mal wieder, seitdem 1819 die letzten Oktoberfeuer erloschen waren, die Erinnerungsfeier an die Schlacht bei Leipzig in allen Gauen deutschen Landes vom Volke begangen wurde, das so geneigt ist, an den Leiden und Freuden des Vaterlandes theilzunehmen und alle Schwingungen und Wandlungen seines Geschickes mitzuempfinden. Möchte es nicht bloß frommer Wunsch bleiben, wenn der Dichter bei der Münchener Feier uns mit der Schwungkraft seines Worts aus der hindämmern= den Trägheit fortgesetzter Thatenlosigkeit zum muthigen Handeln anzuregen sucht, auf daß kein Feind unsers Vaterlandes uns anders als einig wiedersehe, und möchte alsdann, wenn ein neuer Länderräuber seine Schaaren über uns sendet, auch ein Hermann Lingg von neuem singen können, was er zur Feier der Leipziger Schlacht sang:

> „Jauchzet auf, errungen ist der Sieg,
> Hell strahlt im Schwert des tapferen Helden
> Die Morgenröthe der holden Freiheit! —
> Ewig so soll untergehen
> Jeder, der verhöhnt der Völker Recht, —
> Allzeit frevler Uebermuth!"

Hiermit lege ich diese Sammlung, die uns von dem seltenen Reichthum an gesinnungskräftigen, gedankentiefen oder scherzhaft witzigen und spottenden Vaterlandsliedern, welchen wir besitzen, Zeugniß gibt, in die Hände des deutschen Volkes nieder, als ein großes theures Vermächt= niß seines dichterischen Genius und seiner Vaterlandsliebe, in welchem sich seine politischen Stimmungen, Leiden, Freuden und Hoffnungen seit hundert Jahren und da= rüber lebendig abspiegeln, an dem es sich erbauen, zur nationalen Einigung und Eintracht kräftigen, zu todes= muthigem Werke begeistern, zur Verehrung seiner großen Thaten und Männer anregen und geistig wie sittlich stärken und erheben könne.

Manches vergessene, schöne und inhaltreiche politische Lied, welches sonst vielleicht in der journalistischen Zer= streuung verloren gegangen wäre, wurde durch unsere

Sammlung dem verdienten Andenken erhalten, manches neue und bisher ungedruckte durch sie zuerst zur öffentlichen Kunde gebracht. Nach der Farbe des politischen Glaubensbekenntnisses der einzelnen Dichter konnte ich bei der Auswahl nicht fragen, und möglich, daß einzelne Lieder von Verfassern herrühren, die der großdeutschen Richtung in unserm Sinn fernstehen, aber ich glaubte zu ihrer Aufnahme und Deutung im großdeutschen Sinne meinerseits ein Recht zu haben, insofern ich der kleindeutschen Politik eine höhere nationale Berechtigung nicht zuzuerkennen vermag. Ich halte sie für eine Verirrung, die keinen Boden besitzt, besonders seitdem Oesterreich in die Bahn liberaler Institutionen einlenkte und eine prinzipielle Ausscheidung desselben vom deutschen Staatsverbande durch politische und confessionelle Bedenken in keiner Weise noch gerechtfertigt erscheint.

Absichtlich sind, um den reinen, versöhnlichen Eindruck nicht zu trüben, die schärfsten Rügelieder bezüglich der inneren Politik um so lieber weggelassen, als uns inzwischen zum Theil gewährt wurde, was diese an Rechten und Freiheiten für uns forderten. Auch ist bei der Wahl und Textmittheilung der Gedichte alles vermieden und ausgeschlossen, was dem deutschen Stammes- und Glaubenshaß Vorschub geben könnte. Ich weiß, man sucht von gewissen Seiten den einen wie den andern zu schüren. Beides ist gleich verderblich für den Einzelnen wie für das Allgemeine. Man sollte Eintracht von allen Dächern predigen in der einen wie in der andern Beziehung. Der Christ weiß, wo er die Wahrheit zu suchen hat; die Liebe aber steht höher, denn alle Erkenntniß. Auch nicht an einer Stelle, so war es meine Absicht, sollte man in unsrer Sammlung daran erinnert werden, daß unter uns noch in beklagenswerther Weise Glaubensspaltungen bestehen. Ich hoffe daher bei den betreffenden Dichtern Verzeihung zu finden, wenn ich mir aus dem berührten Grunde ein paar Mal kleine Aenderungen oder Auslassungen erlaubte.

Fanden sich von einem und dem andern Liebe be=
deutsame Varianten, so wurden sie aufgenommen. Gab
ich einigen Gedichten andere Ueberschriften, wie sie mir
für den patriotisch anregenden Zweck der Sammlung
passend erschienen, so wird man mir dies hoffentlich
gleichfalls freundlich nachsehen. Die chronologische An=
ordnung des Stoffs war durch den Zweck des Buches
geboten, da die politische Stimmung des Moments durch
gleichzeitige Gedichte vertreten sein sollte. Leider gelang
es nicht überall und bei einigen Gedichten erst, nachdem
sie gedruckt waren, die Zeit ihrer Entstehung zu ermitteln;
bei mehrern blieb für die Einordnung nur die Ver=
muthung, bisweilen der Umstand entscheidend, daß ein
gleichzeitiges Gedicht zur Abspiegelung der Stimmung
nicht aufzufinden war; in letzterm Fall ist das Ent=
stehungsjahr dem Namen des Dichters beigefügt.

Die Angabe der Singweisen ist keine ganz vollstän=
dige. Bei einer zu hoffenden späteren Ausgabe könnte
hier manches nachgetragen werden, und jede Mittheilung,
die mir hierüber durch die Güte gesangskundiger Freunde
dieser Sammlung zufließen möchte, wird mit Dank
entgegen genommen werden. Ebenso würden Mittheil=
ungen über ungenannte Verfasser einzelner Liedertexte
sehr willkommen sein.

Zum Schluß kann ich nicht unterlassen, dem Herrn
Verleger hier meine Anerkennung und meinen Dank dafür
öffentlich auszusprechen, daß er mir gestattet hat, in
vollkommener Freiheit dem Buche nach Umfang und Ein=
richtung diejenige Vollendung zu geben, die seinem hohen
patriotischen Zwecke entspricht.

München, 2. Februar 1861.

Rudolf Marggraff.

Inhalt.

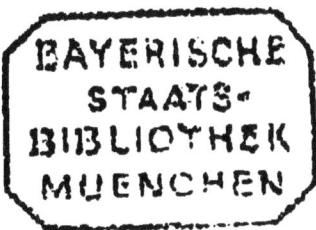
Erstes Buch.

Von der Zeit des zweiten schlesischen Kriegs bis zu den Befreiungskriegen.

Das bedrängte Deutschland.

(Aus der ersten kleineren Sammlung lyrischer Gedichte, die Gleim von seinem Freunde Uz 1749 zum Druck beförderte, wahrscheinlich zur Zeit des zweiten schlesischen Kriegs 1741—45 gedichtet.)

Wie lang' zerfleischt mit eigner Hand
Germanien sein Eingeweide?
Besiegt ein unbesiegtes Land
Sich selbst und seinen Ruhm zu schlauer Feinde Freude?

Sind, wo die Donau, wo der Main
Voll fauler Leichen langsam fließet,
Wo um den rebenreichen Rhein
Sonst Bachus fröhlich ging, wo sich die Elb' ergießet; —

Sind nicht die Spuren unsrer Wuth
Auf jeder Flur, an jedem Strande?
Wo strömte nicht das deutsche Blut?
Und nicht zu Deutschlands Ruhm, nein, meistens ihm
      zur Schande.

Wem ist nicht Deutschland unterthan?
Es wimmelt stets von zwanzig Heeren;
Verwüstung zeichnet ihre Bahn,
Und was die Armuth spart, hilft Uebermuth verzehren.

1

Vor ihnen her entflieht die Lust,
Und in den Büschen, in den Auen,
Wo vormals an geliebter Brust
Der satte Landmann sang, herrscht Einsamkeit und Grauen.

Der Adler sieht entschlafen zu,
Und bleibt bei ganzer Länder Schreien
Stets unerzürnt in träger Ruh,
Entwaffnet und gezähmt von falschen Schmeicheleien.

O Schande, sind wir euch verwandt,
Ihr Deutschen jener bessern Zeiten,
Die feiger Knechtschaft eisern Band
Mehr, als den härt'sten Tod, im Arm der Freiheit scheuten?

Wir, die uns kranker Wollust weihn,
Geschwächt vom Gifte weicher Sitten,
Wir wollen derer Enkel sein,
Die rauh, doch furchtbar frei für ihre Wälder stritten?

Die Wälder, wo ihr Ruhm noch itzt
Um die bemoosten Eichen schwebet,
Wo einst, von Eintracht unterstützt,
Ihr ehrner Arm gesiegt, und Latium gebebet?

Wir schlafen, da die Zwietracht wacht
Und ihre bleiche Fackel schwinget
Und, seit sie uns den Krieg gebracht,
Ihm stets zur Seite schleicht, von Furien umringet.

Ihr Natternheer zischt uns um's Ohr,
Die deutschen Herzen zu vergiften,
Und wird, kömmt ihr kein Hermann vor,
In Hermanns Vaterland ein schmählich Denkmal stiften.

Johann Peter Uz.

An die Deutschen.

Zwischen 1750—55 gedichtet.

Ihr Deutschen, die an Ruhm berühmtern Vätern
weichen,
Verlangt ihr, groß zu sein, so müßt ihr ihnen gleichen,
Nicht an der alten Rauhigkeit;
Die Heldentugend jener Zeit
Ruht nicht auf ungeschlachten Sitten,
Auf nackter Armuth, nackten Hütten.

In Freundschaft Redlichkeit, und ehrner Muth im
Streite,
Der jeden Tropfen Bluts dem Vaterlande weihte,
Und jener unbewegte Sinn,
Der, taub zum niedrigen Gewinn,
Allein der Ehre Stimme kannte,
Für Vaterland und Freiheit brannte:

Das machte Deutschland groß; das eifert nachzuahmen,
So seid ihr deutscher Art; nicht bloß aus deutschem
Saamen.
Ihr starrt? ihr zittert und erbleicht?
Warum irrt euer Blick verscheucht?
Die Ahnung hat mich nicht betrogen:
Zu Sklaven werdet ihr erzogen.

O unsrer Schande Quell, Erziehung deutscher Jugend,
Wer pflanzt in ihre Brust Empfindungen der Tugend
Und Liebe für das Vaterland,
Die unserm Hermann Lorbeern wand?
Wer bildet ihre jungen Seelen,
Noch ehe sie das Laster wählen?

Zur Ueppigkeit verwöhnt, wie kann er edel denken?
Wie soll er sich als Mann zur strengen Tugend lenken?

Und wird er, seiner Pflicht getreu,
Im Schooße fauler Schwelgerei
Nie mit erkauften Uebelthaten
Des Vaterlandes Wohl verrathen?

Ein männliches Geschlecht, stark, alles zu ertragen,
Gleich streitbar, wann der Süd in trägen Sommertagen
Die Wüste Lybiens verließ,
Und wann der alte Nordwind blies,
Und seine furchtbar'n Flügel stürmten,
Die Schnee auf Schnee verderblich thürmten!

Zu welchem Wechsel ist der Völker Glück verdammet!
Ein unberühmtes Volk, das rauher Muth entflammet,
Macht sich der Erde fürchterlich,
Wird üppig und entkräftet sich,
Und fällt nach kurzgenoss'nem Glücke
Schnell in sein erstes Nichts zurücke.

J. P. Uz.

✕✕✕✕

An die deutschen Fürsten.

**Gedichtet während des siebenjährigen Bruderkriegs der Deutschen
(1756 — 63).**

Die deutsche Muse soll nicht jauchzen, sondern klagen;
Denn Deutschland fühlt der Waffen Wuth:
Mars donnert wild einher, und Blut
Umfließet seinen ehrnen Wagen.

Gewaltige der Welt, ihr führet mit Entzücken
Das rauschende Verderben an,
Und euer lächelnd Auge kann
Die Furien des Kriegs erblicken?

Seht! eures Volkes Blut raucht strömend von der Erden:
Ach! dieß betrogne Volk ergab
Sich unter euern Hirtenstab,
Geweidet, nicht gewürgt zu werden.

Der Vater seines Lands, und blieb' er auch verborgen,
Ist nicht geringer als der Held:
Die Sorgen um das Glück der Welt
Sind wahre königliche Sorgen.

Macht euer Land beglückt, anstatt es zu vergrößern!
Ermuntert mit verdientem Preis
Die scheue Wissenschaft, den Fleiß,
Und sucht die Sitten zu verbessern!

Sucht ungebautes Land in Auen umzuschaffen!
Mit rächender Gerechtigkeit
Wacht für der Unschuld Sicherheit,
Und schützt sie mit gerechten Waffen!

So wartet einst auch euch der Name guter Fürsten,
So strahlt mit eurem schönern Ruhm
Der Ehre lichtes Heiligthum
Vor denen, die nach Ländern dürsten.

Umsonst! Sie hören nicht der frommen Muse Klagen;
Sie wollen Krieg, und nun bereits
Brüllt weit umher die Wuth des Streits,
Und alle Nationen zagen.

                                                J. P. U.

Vaterlandslied der deutschen Jungfrau.

1770.

Ich bin ein deutsches Mädchen!
Mein Aug' ist blau, und sanft mein Blick,
Ich hab' ein Herz,
Das edel ist, und stolz, und gut.

Ich bin ein deutsches Mädchen!
Zorn blickt mein blaues Aug' auf den,
Es haßt mein Herz
Den, der sein Vaterland verkennt!

Ich bin ein deutsches Mädchen!
Erköre mir kein ander Land
Zum Vaterland,
Wär mir auch frei die große Wahl!

Ich bin ein deutsches Mädchen!
Mein hohes Auge blickt auch Spott,
Blickt Spott auf den,
Der Säumens macht bei dieser Wahl.

Du bist kein deutscher Jüngling!
Bist dieses lauen Säumens werth,
Des Vaterlands
Nicht werth, wenn du's nicht liebst, wie ich!

Du bist kein deutscher Jüngling!
Mein ganzes Herz verachtet dich,
Der's Vaterland
Verkennt, dich Frembling! und dich Thor!

Ich bin ein deutsches Mädchen!
Mein gutes, edles, stolzes Herz
Schlägt laut empor
Beim süßen Namen: Vaterland!

So schlägt mir's einst beim Namen
Des Jünglings nur, der stolz wie ich
Auf's Vaterland,
Gut, edel ist, ein Deutscher ist!

Fr. Gottlieb Klopstock.

Weissagung.

1773.

Aus des Rosses Auge, des Hufs Erhebung,
Stampfen des Hufs, Schnauben, Wiehern und Sprung
Weissagten die Barden; auch mir
Ist der Blick hell in die Zukunft. *)

Ob's auf immer laste? Dein Joch, o Deutschland,
Sinket dereinst! Ein Jahrhundert nur noch;
So ist es geschehen, so herrscht
Der Vernunft Recht vor dem Schwertrecht!

Denn im Haine brauset' es her gehobnes
Halses, und sprang, Flug die Mähne, dahin
Das heilige Roß, und ein Spott
War der Sturm ihm, und der Strom ihm.

Auf der Wiese stand es, und stampft' und blickte
Wiehernd umher; sorglos weidet' es, sah
Voll Stolz nach dem Reiter hin,
Der im Blut lag an dem Grenzstein!

Nicht auf immer lastet es! Frei, o Deutschland,
Wirst du dereinst! Ein Jahrhundert nur noch;
So ist es geschehen, so herrscht
Der Vernunft Recht vor dem Schwertrecht.

Fr. Gottl. Klopstock.

---

*) Wie bei den Persern herrschte auch bei den alten Deutschen
die Sitte, in wichtigen Angelegenheiten die Entscheidung auserlesenen
Pferden zu überlassen. Zu dem Zwecke wurden, nach Tacitus, Pferde
von weißer Farbe in den heiligen Wäldern und Hainen auf öffent-
liche Kosten unterhalten, die nie einen Sterblichen tragen noch gemeine
Lasten ziehen durften. An die Götterwagen gespannt, wurden sie von
dem Priester und Könige oder dem Vorsteher der Gemeinde begleitet,
die auf ihr Wiehern und Schnauben Acht zu geben hatten. Und keine
Vorbedeutung fand größ'ren Glauben beim Volke wie bei den Vor-
nehmen und Priestern; denn sie hielten sich nur für Diener der
Götter, die Pferde aber für deren Vertraute und für Mitwisser ihrer
Geheimnisse.

xxxx

An den Kaiser.

1778.

O Kaiser! du von neunundneunzig Fürsten
  Und Ständen, wie des Meeres Sand,
Das Oberhaupt, gib uns, wonach wir dürsten,
  Ein deutsches Vaterland!

Und Ein Gesetz und Eine schöne Sprache
  Und redliche Religion!
Vollende deines Stammes schönste Sache
  Auf deines Rudolphs Thron;

Daß Deutschlands Söhne sich wie Brüder lieben,
  Und deutsche Sitt' und Wissenschaft,
Von Thronen ach! so lange schon vertrieben,
  Mit unsrer Väter Kraft

Zurückkehren, daß die holden Zeiten,
  Die Friederich von ferne sieht
Und nicht beförderte, sich um dich breiten
  Und sei'n dein ewig Lied.

Joh. Gottfr. v. Herder.

England und Deutschland.

Stolzes Britanien, du! du raubst von Osten und Westen
  Köstlich duftendes Reis, das dich in Flammen verzehrt,
Glänzender Phönix! — Wir, die deutsche fleißige Biene,
  Sammeln auf jeglicher Flur Honig, und wissen nicht,
              wem!

Joh. Gottfr. v. Herder.

Ueberschätzung der Ausländer.

1781.

Verkennt denn euer Vaterland,
Undeutsche Deutsche! steht und gafft,
Mit blöder Bewundrung großem Auge,
Das Ausland an!

Wettstreitet, wer am lautsten staunt!
Verdorret ist des Siegers Kranz!
Wir rufens euch zu; doch ihr betäubt euch,
Und streitet fort.

Wir spotten eures Kampfes nicht.
Das ist des Mitleids Sprache nicht.
Unglückliche sind uns heilig! Traut uns.
Wir spotten nicht.

Dem Fremden, den ihr vorzieht, kam's
Nie ein, den Fremden vorzuziehn:
Er haßt die Empfindung dieser Kriechsucht!
Verachtet euch,

Weil ihr ihn vorzieht! Faßt ihr nun,
Daß wir auf euch voll Mitleid seh'n?
Ergründet ihr nun, daß ihr unglücklich,
Und heilig seid?

Fr. Gottl. Klopstock.

xxx

Der Kriegsgott an die Friedensdichter.

1788.

O laßt mich geh'n, ihr Herrn Poeten,
Die Welt hat's Schütteln hoch vonnöthen.
  Sie ist so wunderwinzig klein,
  Zu aufgeklärt; zu überfein.

Es würden selbst der Deutschen Knochen
In kurzer Zeit zu Brei verkochen,
   Wenn ich nicht selbst Tuiskons Land
   Durchrüttelte mit erz'ner Hand.

D'rum flucht mir nicht, ihr Herrn Poeten.
Mich hat die Welt gar hoch vonnöthen:
   Klein wird sie in des Friedens Schooß,
   In meinem aber wird sie groß.

Chr. Fr. Dan. Schubart.

∞∞∞

Deutscher Spruch.

Wenn Deutschland seine Würde fühlt,
Nicht mehr mit Auslands Puppen spielt;
Die alte deutsche Sitt' und Art
In Wort und Wandel treu bewahrt;
Den Christenglauben nie verletzt,
Und Wahrheit über Alles schätzt;
Nicht Irrwischlicht Aufklärung nennt,
Weil es die Leuchte Gottes kennt;
Wenn Mannkraft, wie zu Hermanns Zeit,
Den Enkel stählt mit Tapferkeit;
Wenn Deutschland all' dies thut und hält,
So wird's das erste Land der Welt.

Chr. Fr. Dan. Schubart.

xxxx

Reiterlied.

1789.

In bekannter Singweise.

Wohl auf, Kameraden, auf's Pferd, auf's Pferd,
In's Feld, in die Freiheit gezogen;
Im Felde da ist der Mann noch was werth,
Da wird das Herz noch gewogen;
Da tritt kein Anderer für ihn ein,
Auf sich selber steht er da ganz allein!

Aus der Welt die Freiheit verschwunden ist,
Man siehet nur Herrn und Knechte;
Die Falschheit herrschet, die Hinterlist
Bei dem feigen Menschengeschlechte.
Der dem Tod in's Angesicht schauen kann,
Der Soldat allein ist der freie Mann!

Des Lebens Aengsten, er wirft sie weg,
Hat nicht mehr zu fürchten, zu sorgen;
Er reitet dem Schicksal entgegen keck,
Trifft's heute nicht, trifft es doch morgen,
Und trifft es morgen, so lasset uns heut
Noch schlürfen die Neige der köstlichen Zeit.

Von dem Himmel fällt ihm sein lustig Loos,
Braucht's nicht mit Müh' zu erstreben.
Der Fröhner, der sucht in der Erde Schoos,
Da meint er den Schatz zu erheben.
Er gräbt und schaufelt so lang er lebt,
Und gräbt, bis er endlich sein Grab sich gräbt.

Warum weint' die Dirn' und zergrämet sich schier?
Laß fahren dahin, laß fahren!
Er hat auf Erden kein bleibend Quartier,
Kann treue Lieb' nicht bewahren.
Das rasche Schicksal, es treibt ihn fort,
Seine Ruhe läßt er an keinem Ort.

Auf des Degens Spitze die Welt jetzt liegt,
Drum wohl, wer den Degen jetzt führet,
Und bleibt ihr nur wacker zusammengefügt,
Ihr haltet die Welt und regieret!
Es steht keine Krone so fest und so hoch,
Der muthige Springer erreicht sie doch.

Drum frisch Kameraden, den Rappen gezäumt,
Die Brust im Gefechte gelüftet!
Die Jugend brauset, das Leben schäumt,
Frisch auf! eh' der Geist noch verdüftet!
Und setzet ihr nicht das Leben ein,
Nie wird euch das Leben gewonnen sein.

Fr. v. Schiller.

oooo

Rüstet!

1790.

(Als Gefahr von der französischen Republik drohte.)

Wenn eine Macht zu mächtig wird
Und zeigt zu stolzen Muth:
Dann sorge jeder Völkerhirt,
Und wach' auf seiner Hut'.

Dann glaub' er, daß gefährlicher,
Als solche Macht, nichts ist!
Sie wird ein Wolf, der weit umher
Die Völkerhirten frißt.

Kennst du, du deutscher Patriot,
Solch' eine Macht? So sei
Für frühes Kriegesaufgebot,
Und Deutschland bleibe frei!

Wo nicht, so pflüge selbst dein Land,
So geh' an deinen Herd,
So häng' an deine nächste Wand
Den Sattel und das Schwert!

So weide dein geliebtes Roß
Auf deiner besten Flur!
So wohn' auf deinem alten Schloß,
Und iß und schlafe nur.

J. W. L. Gleim.

Gesungen im Zelt.

Die Erde geht, wir gehen mit,
Unwissend, wo wir sind;
Wir geh'n im Dunklen Schritt vor Schritt,
Wir tappen alle blind.

Wir geh'n so manchen schmalen Steg
In Lebens Lust und Leid;
Wir müssen sterben! Tod ist Weg
Von Zeit zu Ewigkeit!

Wir geh'n in jeder Lebensfrist
An eines Grabes Rand!
Ich wüßte nicht, was schöner ist,
Als Tod für's Vaterland!

J. W. L. Gleim.

Feldjäger - Lied.
1794.

Mit Hörnerschall und Lustgesang,
Als ging es froh zur Jagd:
So zieh'n wir Jäger wohlgemuth,
Wann's Noth dem Vaterlande thut,
Hinaus in's Feld der Schlacht.

Gewöhnt sind wir von Jugend auf
An Feld= und Waldbeschwer.
Wir klimmen Berg und Fels empor,
Wir waten tief durch Sumpf und Moor,
Durch Schilf und Dorn einher.

Nicht Sturm und Regen achten wir,
Nicht Hagel, Reif und Schnee.
In Hitz und Frost, bei Tag und Nacht,
Sind wir bereit zu Marsch und Wacht,
Als gält' es Hirsch und Reh.

Wir brauchen nicht zu unserm Mahl
Erst Pfanne, Topf und Rost.
Im Hungersfall ein Bissen Brot,
Ein Labeschluck in Durstesnoth,
Genügen uns zur Kost.

Wo wackre Jäger Helfer sind,
Da ist es wohl bestellt.
Denn Kunst erhöht uns Kraft und Muth;
Wir zielen scharf, wir treffen gut;
Und was wir treffen, fällt.

Und färbet gleich auch unser Blut
Das Feld des Krieges roth:
So wandelt Furcht uns doch nicht an;
Denn nimmer scheut ein braver Mann
Für's Vaterland den Tod.

Erliegt doch rechts, erliegt doch links
So mancher tapfre Held!
Die Guten wandeln Hand in Hand
Frohlockend in ein Lebensland,
Wo Niemand weiter fällt.

Doch trifft denn stets des Feindes Blei?
Verletzt denn stets sein Schwert? —
Ha! öfter führt das Waffenglück
Uns aus dem Mordgefecht zurück,
Gesund und unversehrt.

Und jeder Jäger preist den Tag,
Als er in's Schlachtfeld zog.
Bei Hörnerschall und Becherklang
Ertönet laut der Chorgesang:
„Wer brav ist, lebe hoch!"

Gottfr. Aug. Bürger.

Wir werden wieder Brüder.

1799*).

Wir werden, was wir waren, werden:
Auf ewig sind wir nicht des Himmels und der Erden
Spektakel. — Nein!
Wir werden wieder Brüder
Und, eh' wir's uns versehen, wieder
Die fest vereinten Deutschen sein.

Umsonst, daß ihr den Deutschen bindet:
Er reißt sich los, und dann, was er zerreißbar findet,
Zerreißet er und lohnt
Dem übermüthigen Zertreter
Des Vaterlands und dem Verräther,
Und keiner wird verschont.

J. W. L. Gleim.

---

*) Geschrieben, als Ehrenbreitstein den Franzosen übergeben worden war.

Trinkspruch der Deutschen.

Deutsche Treue, deutscher Wein!
Ganzer und nicht halber Rhein!

J. W. L. Gleim.

∞∞∞

Der Antritt des neuen Jahrhunderts
1800.

An • • •

Edler Freund! Wo öffnet sich dem Frieden,
　Wo der Freiheit sich ein Zufluchtsort?
Das Jahrhundert ist im Sturm geschieden,
　Und das neue öffnet sich mit Mord.

Und das Band der Länder ist gehoben,
　Und die alten Formen stürzen ein;
Nicht das Weltmeer hemmt des Krieges Toben,
　Nicht der Nilgott und der alte Rhein.

Zwo gewalt'ge Nationen ringen
　Um der Welt alleinigen Besitz,
Aller Länder Freiheit zu verschlingen,
　Schwingen sie den Dreizack und den Blitz.

Gold muß ihnen jede Landschaft wägen,
　Und wie Brennus in der rohen Zeit,
Legt der Franke seinen eh'rnen Degen
　In die Wage der Gerechtigkeit.

Seine Handelsflotten streckt der Britte
　Gierig wie Polypenarme aus,
Und das Reich der freien Amphitrite
　Will er schließen wie sein eignes Haus.

Zu des Südpols nie erblickten Sternen
   Drängt sein rastlos ungehemmter Lauf,
Alle Inseln spürt er, alle fernen
   Küsten. — nur das Paradies nicht auf.

Ach, umsonst auf allen Ländercharten
   Spähst du nach dem seligen Gebiet,
Wo der Freiheit ewig grüner Garten,
   Wo der Menschheit schöne Jugend blüht.

Endlos liegt die Welt vor deinen Blicken,
   Und die Schifffahrt selbst ermißt sie kaum,
Doch auf ihrem unermeß'nen Rücken
   Ist für zehen Glückliche nicht Raum.

In des Herzens heilig stille Räume
   Mußt du fliehen aus des Lebens Drang,
Freiheit ist nur in dem Reich der Träume,
   Und das Schöne blüht nur im Gesang.

Fr. v. Schiller.

Bruderbund.

1801.

Setzt euch, Brüder, in die Runde,
Arm in Arm und Hand in Hand!
Feiern wollen wir die Stunde,
Die zum treuen Freundschaftsbunde,
Die zu Brüdern uns verband.
Schalle, Jubellied, und töne,
Hochgefühl, in unf'rer Brust,
Denn wir sind ja Deutschlands Söhne,
Unf'rer Würde uns bewußt.

2

Treue, heil'ge Brudertreue,
Fülle uns're Seele ganz;
Kein Parteigeist je entweihe,
Keine Zwietracht je entzweie
Söhne eines Vaterlands.
Nein, dem Dienst der Treue fröhnet
Jeder gern mit Gut und Blut!
Erbten denn nicht Deutschlands Söhne
Freier Väter Geist und Muth?

Nur der Ehr', der Freiheit weihe
Ich mein blankes Burschenschwert!
Meinen Brüdern schwör' ich Treue,
Und kein falscher Sinn entweihe
Dieses Herz, das euch gehört! —
Auf zum Sternenhimmel töne
Feierlich mein Lied empor!
Hört es, Deutschlands brave Söhne,
Was ich eurem Bunde schwor!

Strakerian.

An Napoleon im November 1802.

Du fliegst mit Windes-Fittigen,
Napoleon, zu hoch in deiner Gloria:
Den Hohen zu erniedrigen,
Darf's eines Hermanns nur und eines Pultawa.

J. W. L. Gleim.

Germanien.
1802.

Deutschland, schlummerst du noch? Siehe, was rings
  um dich,
 Was dir selber geschah! Fühl' es, ermuntre dich,
  Eh' die Schärfe des Siegers
   Dir mit Hohne den Scheitel blößt!

Deine Nachbarin sieh, Polen, wie mächtig einst,
 Und wie stolz! o sie kniet, ehren= und schmuckberaubt,
  Mit zerrissenem Busen
   Vor drei Mächtigen, und verstummt.

Ach, es halfen ihr nicht ihre Magnaten, nicht
 Ihre Edeln, es half keiner der Namen ihr,
  Die aus tapferer Vorzeit
   Ewig glänzen am Sterngezelt.

Und nun, wende den Blick! Schau die zerfallenen
 Trümmer, welche man sonst Burgen der Freiheit hieß,
  Unzerstörbare Nester;
   Ein Wurf stürzte die Sichern hin.

Weiter schaue! Du siehst, ferne in Osten steht
 Dir ein Riese; du selbst lehretest ihn, sein Schwert,
  Seine Keule zu schwingen.
   Zorndorf probte sie auch an dir.

Schau gen Westen! Es droht fertig in jedem Kampf
 Vielgewandt und entglüht, trotzend auf Glück und Macht,
  Dir ein anderer Kämpfer,
   Der dir schon eine Locke nahm.

Und du säumest noch, dich zu ermannen, dich
 Klug zu einen? Du säumst, kleinlich im Eigennuß,
  Statt des polnischen Reichstags,
   Dich zu ordnen, ein mächtig Volk?

Soll dein Name verwehn? Willst du zertheilet auch
Knien vor Fremden? Und ist keiner der Väter dir,
Dir dein eigenes Herz nicht,
Deine Sprache nicht alles werth?

Sprich, mit welcher, o sprich, welcher begehrtest du
Sie zu tauschen? Dein Herz, soll es des Gallier,
Des Kosacken, Kalmucken
Pulsschlag fröhnen? — Ermunt're dich!

Wer sich selber nicht schützt, ist er der Freiheit werth,
Der gewähleten, die nur ihm gegönnet ward?
Ach die Pfeile des Bündels,
Einzeln bricht sie der Knabe leicht.

Höfe schützen dich nicht; ihre Magnaten fliehn,
Wenn kaum nahet der Feind; Insul und Mitra nicht.
Wirf die lähmende Deutschheit
Weg, und sei ein Germanien! — —

Träum' ich, oder ich seh welch einen Genius
Niederschweben? Er knüpft, einig verknüpfet er
Zwei germanische Freundes=
Hände, Preußen und Oesterreich!

Joh. Gottfr. v. Herder.

Beim Fall des Vaterlandes.

1803.

O du Gedank' an's Vaterland,
Wie warst du sonst mir so willkommen:
Gedanke, bis zur Häßlichkeit
Ist deine Schönheit mir verglommen.

Du brachtest in die Seele mir
Das angenehmste Wohlbehagen,
Und nun, was bringst du nun in sie?
Des Patrioten bitt're Klagen.

Entheiligt ist die Heiligkeit,
Die festen Bande sind zerrissen;
Wir haben keinen Willen mehr!
O weh, daß wir gehorchen müssen!

Und wer denn ist's, der nun befiehlt,
Und dem wir aus dem Wege gehen?
Gedank' an's deutsche Vaterland,
Hinweg, du bist nicht auszustehen!

J. W. L. Gleim.

×××

Unmuth!

Der Henker hole sie, die schönen Seifenblasen
Von euerm Freiheitsmuth und seiner Riesenkraft,
Wenn Beides schon im ersten Kampf erschlafft!
Mit Fäusten schlagt den Feind, und nicht mit Redner=
phrasen!

Gottfr. Aug. Bürger.

×××

Deutschlands Klaggesang.

Den Kranz von Rosen legte Germanien
Zur Erd', und streuet Asche sich auf das Haupt;
  Ihr Antlitz welket. Ihre Locken
    Fliegen zerstreuet umher. Was tönen

Für Klageseufzer hoch zu den Wolken auf?
Unüberwindbar=mächtige Königin
  Der Völker, sitzest du als Wittwe
    Nieder am Boden, und schlägst die Brust dir?

„Was athm' ich länger? Ich, die Verachtete!
Des Feindes Beute, Beute der Spottenden.
  Ich ringe zur Geburt, und kann nicht,
    Kann nicht gebären. O welchem Schicksal

Erspar' ich mich? von innen und von außen gleich
Bedrängt, begraben! Neben einander liegt
  Macht, Ehre, Tugend, Glück und Würde.
    War es nicht Höhe, die mir zum Fall ward?

Wo sind die Zeiten, als ich der Erde rings
Gesetze gab, hinüber den Alpen, dort
  Am Belt, der Tiber, an der Schelde,
    Weichsel und Rhone, wo sind die Zeiten?

O gebt mich wieder meinen gefürchteten
Eiskalten Wäldern, wo mich ein Tacitus
  Lobpries, und meine tapfern Söhne,
    Biedere Söhne, die Mutter schützten.

Joh. Gottfr. v. Herder.

Hochgesang.
Weise von A. Methfessel.

Stimmt an mit hellem, hohem Klang,
Stimmt an das Lied der Lieder,
Des Vaterlandes Hochgesang;
Das Waldthal hall' ihn wieder!

Der alten Barden Vaterland,
Dem Vaterland der Treue,
Dir, niemals ausgesung'nes Land,
Dir weih'n wir uns auf's Neue!

Zur Ahnentugend wir uns weih'n,
Zum Schutze deiner Hütten;
Wir lieben deutsches Fröhlichsein
Und alte deutsche Sitten.

Die Barden sollen Lieb' und Wein,
Doch öfter Tugend preisen,
Und sollen biedre Männer sein
In Thaten und in Weisen.

Ihr Kraftgesang soll himmelan
Mit Ungestüm sich reißen,
Und jeder ächte deutsche Mann
Soll Freund und Bruder heißen!*)

Mathias Claudius.

---

*) Von obigem Liede bringt das „deutsche Volksliederbuch"
(Leipzig, 1848) folgende singbarere Fassung der 2., 3. u. 4. Strophe:

Dem neuen deutschen Vaterland,
Dem Vaterland der Freien,
Dem niemals ausgesung'nen Land
Dem weih'n wir uns auf's Neue.

Der Freiheit wollen wir uns weih'n,
Zum Schutze unsrer Hütten,
Wir wollen freie Deutsche sein
Mit freien deutschen Sitten.

Und wie die Barden Lieb' und Wein,
Woll'n wir die Freiheit preisen,
Und wollen biedre Männer sein
In Thaten und in Weisen!

An die Deutschen.

Spottet nicht des Kind's, wenn es mit Peitsch und Sporn,
Auf dem Rosse von Holz, muthig und groß sich dünkt.
   Denn, ihr Deutschen, auch ihr seid
     Thatenarm und gedankenvoll!

Oder kommt, wie der Strahl aus dem Gewölke kömmt,
Aus Gedanken die That? Leben die Bücher bald?
   O ihr Lieben! so nehmt mich,
     Daß ich büße die Lästerung!

Fr. Hölderlin.

An die deutschen Stammgenossen.

Weise von A. Methfessel.

Vom alten deutschen Meer umflossen,
Bis an den alten deutschen Rhein,
Ihr meine Freud- und Leidgenossen,
Mit mir aus einem Blut entsprossen,
Mit euch soll deutscher Friede sein.

Und ob das Alte rings veraltet,
Soll deutscher Sinn fortan besteh'n,
Und ob die Welt sich neu gestaltet,
So lang der Gott der Väter waltet,
Soll das Geschlecht nicht untergeh'n!

Und haltet treu am festen Glauben,
Es glänzen Sterne in der Nacht;
Und wißt, es blühen neu die Lauben,
Und todte Reben bringen Trauben,
Wenn ihren Kreis die Zeit vollbracht.

Es soll mit Gott uns doch gelingen;
Es muß, was Treue sät, gedeih'n;
So laßt die deutschen Becher klingen,
Und Barden deutsche Lieder singen,
Und eure Herzen fröhlich sein!

Denn hoch und herrlich wird vor allen
Erstehen deutsches Volk und Land;
Ich höre Klopstock's Stimme schallen,
Ich seh' die Feuersäule wallen,
Und in der Wolke Gottes Hand.

Schmidt von Lübeck.

Soldatenlied. *)

1805.

Kaiser Franz will abermal
In das Feld marschiren,
Läßt durch seine General'
Alles commandiren.

Durch Prinz Karl, den tapfern Held,
Fußvolk und auch Reiter
Ziehen aus mit uns in's Feld,
Rücken immer weiter!

Rußland schließt sich auch mit an,
Uns zu secundiren,
Und nun hunderttausend Mann
Thun in's Feld marschiren.

---

*) Ist während des österreichisch-französischen Kriegs im Jahre 1805 entstanden und stammt aus Lähn in Schlesien.

Schon ein Theil durch Schlesing geht
Noch in dieser Wochen,
Und ein Theil durch Oesterreich,
Sind schon aufgebrochen.

England spitzt sich jetzt das Ohr,
Thut schon heimlich lachen,
Tritt auf festes Land hervor,
Läßt Kanonen krachen;

Nimmt Frankreich all' Inseln weg
Nebst den Kriegesschiffen,
Die zu Wasser und zu Land
Sein stark angegriffen.

Teutsch und Deutsch.

Während Einige teutsch, deutsch Andere schreiben;
es zeiget
Dieß Uneinigkeit schon, welche so lang uns beherrscht.

König Ludwig.

An die Deutschen.
März 1807.

Auf, ihr Deutschen! auf, und sprengt die Ketten,
Die ein Corse euch hat angelegt!
Eure Freiheit könnet ihr noch retten,
Deutsche Kraft, sie ruhet unbewegt.

Ach! sie ruhte, — doch sie ruhet nimmer,
Daß der eignen Freiheit letztem Schimmer
Werd' beschleuniget der Untergang.
Waffen habt die Brüder ihr zu morden,
Für Den kämpfend, der euch unterjocht,
Deutschlands Kräfte sind nicht kund geworden,
Als noch Deutschland selbst für Deutschland focht.
Für der Unabhängigkeit Vereine
Hatte es nicht Willen, Kräfte keine,
Da noch für Selbstständigkeit es rang.

König Ludwig.

An den Erzherzog Karl.

(Als der Krieg im März 1809 auszubrechen zögerte.)

Schauerlich in's Rad des Weltgeschickes
Greifst du am Entscheidungstage ein,
Und dein Volk lauscht angsterfüllten Blickes,
Welch ein Loos ihm wird gefallen sein.

Aber leicht, o Herr, gleich deinem Leben,
Wage du das heil'ge Vaterland!
Sein Panier wirf, wenn die Schaaren beben,
In der Feinde dicht'sten Lanzenstand!

Nicht der Sieg ist's, den der Deutsche fordert,
Hülflos, wie er schon am Abgrund steht:
Wenn der Kampf nur fackelreich entlodert,
Werth der Leiche, die zu Grabe geht.

Mag er dann in finst're Nacht auch sinken
Von dem Gipfel, halb bereits erklimmt:
Herr, die Thräne wird noch Dank dir blinken,
Wenn dein Schwert dafür nur Rache nimmt.

Heinrich von Kleist.

Als Oesterreich den Krieg erklärte.
15. April 1809.

Was bewegt, wie Geistermacht,
　　Alles Blut? Die Pulse rasen.
　　Hört ihr nicht Trompeten blasen?
Das ist Krieg, sie blasen Schlacht.

Herrlich bricht der gold'ne Tag
　　Durch entwölkte Morgenröthe.
　　Schalle jauchzend d'rein, Trompete!
Schlage, Lied, mit Schwertes Schlag!

Wo der deutsche Boden grünt,
　　Tilgt sie aus, die wälschen Knechte
　　Bonaparte's! Auf das Schlechte
Folg' ein Wort, das sich erkühnt!

Zieh' es muthig, Kaiser Franz,
　　Dieses Schwert der edlen Rache,
　　Für der Freiheit große Sache,
Für der Habsburg alten Glanz!

Held, der um den Feldherrnstab
　　Frischen Lorbeer früh geflochten,
　　Schlag, ein Blitz, dem unterjochten
Alten Teut die Ketten ab!

Wem ein Tropfen deutsches Blut
　　Zornesheiß zum Herzen siedet,
　　Folge dir, in Stahl geschmiedet
An des Hasses rother Glut;

Wer der Heimath freie Luft
　　Frei will athmen, Niemand eigen,
　　Oder unentehrt will steigen
Zu den Ahnen in die Gruft;

Wer ein Ritter ist zum Schwert! —
　　Sind sie todt, die Berlichingen?
　　Hat der Rheinbund euch der Klingen
Deutschen Sinn in Wälsch verkehrt?

Wirf den Schandenbund, Geschlecht
　　Edler Fürsten, ihm zu Füßen!
　　Und ein Blut wird für dich fließen,
Volkestreue, purpurächt.

Eurer Töchter stolzen Schmuck
　　Mußtet ihr um Schmach verkaufen.
　　Auf den Thron der Hohenstaufen
Steigen soll sein Mameluck?

Auf! am Ebro nicht allein
　　Ist ein Heldenstamm entsprossen,
　　Auch allhier in Saragossen
Werden wir dem Tod uns weih'n;

Eh' des Weltverwüsters Reich
　　Wurzeln soll in deutscher Erde. —
　　Auf zu Waffen, auf zu Pferde!
Sammt Romana*) Karl zugleich!

Fr. Aug. v. Stägemann.

---

*) Peter Caro y Sylva, Marquis von Romana, ist jener
kühne, rasch entschlossene und thatkräftige spanische General, der im
Jahre 1807 von Fünen und Jütland aus, wo er, unter Bernadotte's
Oberbefehl, die von Karl IV. dem Kaiser Napoleon als Hülfscorps
für den nordischen Krieg übergebenen 15,000 Spanier commandirte,
beim Ausbruch des Volkskrieges in Spanien gegen die Franzosen mit
dem größten Theil seiner Truppen auf englischen Schiffen sich nach
Spanien zurückbegeben, hier an die Spitze des linken Flügels der
Insurrectionsarmee sich gestellt und namentlich im Anfange des Jahres 1809 einen erfolgreichen Guerillakrieg gegen die Franzosen geführt
hatte, wodurch Ney und Soult gezwungen wurden, Galicien freizugeben.

An den Erzherzog Karl,
am 30. Jahrestage der Schlacht von Aspern.*)

Ueberall von Feinden nur umgeben
Schien vergeblich jedes Widerstreben,
Oest'reich doch erschütterte es nicht.
Strebend nicht nach eitlem leeren Schimmer,
Treu wie sich sein Heer bewiesen immer,
Sterben wollte treu es seiner Pflicht.

Oest'reichs alter Feind war siegestrunken,
Teutschland in Verzweiflung tief versunken,
Ueberzogen lag's in finst'rer Nacht;
Aber Aspern's Blitz es neu erhellte,
Und des Feindes Uebermacht zerschellte,
Hoffnung wurde wieder angefacht.

Schon ein Menschenalter ist vergangen,
Daß der Tod da Tausende umfangen,
Heut vor dreißig Jahren war der Tag,
Wo auf Aspern's blutigem Gefilde
Oest'reichs schönster, höchster Ruhm entquillte,
Wo des Korsen Siegeskrone brach;

Wo der Niebesiegte überwunden,
Hoffnung wiederum die Welt empfunden,
Der Erlösung Morgenröthe sah;
Trübte sich auch noch der Himmelsbogen,
Kamen gleich noch Stürme hergezogen,
Aspern brachte die Errettung nah.

Von Triumphen zu Triumphen eilte,
Oest'reich später, nimmer es verweilte,
Bis des Korsen Thron im Schutte lag,
Der die Völker lange hielt beklommen,
Aber der den Zauber weggenommen:
Aspern's Sieg ist Oest'reichs Ehrentag.

*) Am 21. und 22. Mai 1809.

Neuer Helden Namen können schallen,
Ewig glänzt doch von den teutschen allen
Aspern's Sieger, Karl, er schwellt die Brust,
Zur Nacheif'rung wird er mächtig mahnen,
Freudig folgt der Teutsche seinen Fahnen,
Seines Vaterland's sich stolz bewußt.

Mögen die Jahrhunderte verwehen,
Karl, dein Ruhm wird unversehrt bestehen;
Niemals sinkt er in Vergangenheit;
Ihn kann nie ein Anderer erreichen,
Ewig Großer, steh'st du ohne Gleichen,
Der du Teutschland zweimal hast befreit.

König Ludwig.

Schill's Ausmarsch.

29. April 1809.

Heil dir, heldenmüthig Herz,
Heil dem tapfern Schill,
Der des Vaterlandes Schmerz
Nicht mehr tragen will;

Der des Vaterlandes Schmach
Nicht mehr tragen kann;
Dem die Ehr' im Busen sprach:
Auf und sei ein Mann!

Dessen nie beschimpftes Schwert
Seinem Herrn getreu,
Weiser als die Feder, lehrt,
Was vonnöthen sei.

Weg, demüthiges Gebet!
Feiger Wunsch, zurück!
Wo der Habsburg Banner weht,
Donn're Preußens Stück!

Mit dem Stahl in kühner Faust
Stürzen wir hinein,
Und des Aufruhrs Stimme braust
Durch Gebirg und Hain.

Grimmig brach Tirol die Bahn,
Und der Hesse rächt,
Edel gleich dem alten Ahn,
Sein entehrt Geschlecht.

Und der Fulde kleiner Born
Wird ein schäumend Meer,
Und der still erstickte Zorn
Ras't, ein siegend Heer.

Du mußt aufsteh'n, Mutter Teut's!
Aufsteh'n, die du kniest,
Was verschuldet, war bereits
Schwer von dir gebüßt.

Auf, und allgemeiner Sturm
Sei das Feldgeschrei!
Tritt dem ungeheuren Wurm
Kühn den Kopf entzwei!

Von der Etsch zum Weserstrand
Ein entflammter Strom,
Wüthe grausam, Winfelds Brand,
Und vertilge Rom!

Fr. Aug. v. Stägemann.

Schill.*)

Nicht um mich, ihr treuen Zeitgenossen,
Weint um ein entartetes Geschlecht!
Für das Höchste ist mein Blut geflossen,
Ich fiel nicht als ein Tyrannenknecht.

Unaufhaltsam ward ich fortgezogen,
Kühn den Kampf für Tugend zu besteh'n,
War's ein Wahn, der schmeichelnd mich betrogen,
— O! so war er doch belohnend schön.

Brüder wollt' ich aus Despotenketten,
Aus dem Joch der Sklaverei befrei'n,
Deutschen Sinn und deutsche Freiheit retten
Und Germanien ein Schutzgott sein.

Meine Brust durchglühten heil'ge Flammen,
Rächen wollt' ich edler Brüder Schmach,
Pöbelseelen wollten mich verdammen,
Da auch ich des Schicksals Grimm erlag.

Mögen jetzt die druckgewohnten Feigen,
Die den Tod mehr als die Schande scheu'n,
Sich im Staube vor dem Fremdling beugen,
Knechte kann kein Heldensinn befrei'n.

Mich belohnte mein erhab'ner Glaube,
Als mein Ziel im edeln Kampf ich fand;
Losgerissen von dem Erdenstaube,
Leb' ich in der Freiheit Vaterland.

Soll von **Karl Müchler** sein,
wurde früher dem k. preuß. Staatsrath Friedr.
Aug. v. Stägemann zugeschrieben.

*) Fiel 1809 bei der Erstürmung Stralsund's durch die Franzosen und ihre Verbündeten.

Andreas Hofer. *)

Eigene Volksweise.

Zu Mantua in Banden
Der treue Hofer war,
In Mantua zum Tode
Führt ihn der Feinde Schaar.
Es blutete der Brüder Herz,
Ganz Deutschland, ach, in Schmach und Schmerz,
Mit ihm das Land Tirol.

Die Hände auf dem Rücken
Der Sandwirth Hofer ging
Mit ruhig festen Schritten,
Ihm schien der Tod gering;
Der Tod, den er so manchesmal
Vom Inselberg geschickt in's Thal,
Im heil'gen Land Tirol.

Dem Tambour will der Wirbel
Nicht unter'm Schlägel vor,
Als nun Andreas Hofer
Schritt durch das finst're Thor.
Der Sandwirth noch in Banden frei,
Dort stand er fest auf der Bastei,
Der Mann vom Land Tirol!

Dort soll er niederknieen;
Er sprach: „Das thu' ich nit!
Will sterben, wie ich stehe,
Will sterben, wie ich stritt,
So wie ich steh' auf dieser Schanz';
Es leb' mein guter Kaiser Franz,
Mit ihm das Land Tirol!"

---

*) Wurde am 20. Februar 1810 zu Mantua durch die Franzosen erschossen.

Und von der Hand die Binde
Nimmt ihm der Korporal,
Und Sandwirth Hofer betet
Allhier zum letzten Mal;
Dann ruft er: „Nun so trefft mich recht!
Gebt Feuer! — Ach, wie schießt ihr schlecht!
Ade! Mein Land Tirol!"

Julius Mosen, 1832.

An das deutsche Volk im Jahre 1810.

Warum traf mich nicht aus einer Wolke
Gottes Feuer, eh' in meinem Volke
Ich die Gräuel der Verwüstung sah?
Schmerzlich zuckt es mir durch die Gebeine
Bei der heißen Thräne, die ich weine,
Auf des Vaterlandes Golgatha!

Rechts und links zieht eine wilde Horde,
Mehr noch mit Zerstörung, als mit Morde,
Die mit Stolz das Aehrenfeld zertritt.
Jedes Rechtes blutige Verächter,
Geben sie zur Antwort Hohngelächter,
Wo sie kommen, kommt das Laster mit.

Städte rauchen unter ihrem Tritte,
Und vor ihnen flieht die gute Sitte,
Und von ihren Fäusten trieft das Blut,
Bleicher Schrecken zittert, wo sie wandeln,
Und die Hölle jubelt, wo sie handeln
Mit der Furien entmenschter Wuth.

3*

Der mit blutigen Hyänenklauen
Ließ das Vorrecht seine Grube bauen,
War Verbrecher an der Nation.
Und der erste König, der erlaubte,
Daß man schändlich so das Volk beraubte,
Schwächling. und vergeudete den Thron.

Trennung, Eigennutz und Knechtswuth haben,
Allen öffentlichen Sinn begraben,
Daß der Deutsche nur in Horden lebt;
Und daß dummheitstrunken diese Horden
Um die Wette sich für Fremde morden,
Daß die mild're Menschheit weint und bebt.

Unsre Frucht verzehren fremde Rosse,
Unsre Gauen mähen fremde Trosse,
Eine fremde Sprache zügelt uns.
Fremde Schergen treiben unsre Jugend,
Und mit tiefer stummer Eselstugend
Fördert's links und rechts der edle Duns.

Offen steh'n dem Untergang die Thüren,
Und wir prunken mit den Krebsgeschwüren,
Die ein Rachegeist uns zürnend schlug.
Unsre Werke sind nur Völkerfrohnen,
Und wir sind ein Spott der Nationen,
Kaum zu Satelliten gut genug.

Frommen sind dieß Gottes Strafgerichte,
Weisen unsers alten Unsinns Früchte,
Wo der Eigennutz das Blutrecht hielt,
Wo zur Schmach und Schande seiner Würde,
Wer nur kann, sich losreißt von der Bürde
Und den allgemeinen Beitrag stiehlt.

Was mit Blödsinn vor nicht vielen Jahren
Unsre Nachbarn, die Sarmaten, waren,
Sind wir selbst nun, und was sie jetzt sind,
Werden wir, gleich wildzerfleischten Heerden,
Andern Völkern zum Exempel werden,
Eh' ein Viertel Säculum verrinnt.

Haß und Spaltung herrscht in unsern Stämmen,
Einheit nur kann das Verderben hemmen,
Und die Einheit flieh'n wir wie die Pest.
Eh' man öffentlich, was recht ist, ehret,
Jauchzet man, wenn Gau den Gau verheeret,
Und die Volksschmach wird ein Freudenfest.

Unsre Edlen suchen fremde Ketten,
Wer soll nun das Vaterland erretten?
Jeder theilt sich gierig in den Raub.
Wo der blinde Eigennutz gebietet,
Wo man für Obolen Söldner miethet,
Bleibt man für den Ruf der Ehre taub.

Gleich den Thoren, die nach Schande dürsten,
Blicken in die Wette unsre Fürsten,
Stolz auf Knechtschaft, hin in's fremde Land;
Kriechen dort in dem Clienten=Heere,
Haschen gierig nach Satrapen=Ehre,
Wo man ihnen ihre Fesseln wand.

Halbe Männer, die vor wenig Jahren
Nullen noch in ihrem Volke waren,
Treiben Deutsche mit dem Eisenstab.
Spott ist nun des Vaterlandes Weise,
Und mit Zähneknirschen sinken Greise,
Zeugen bess'rer Zeiten, in das Grab.

Werden unsre aufgehäuften Sünden
Nicht vielleicht noch einen Heiland finden?
Oder soll das Glück der Vormund sein?
Wen noch jetzt ein edler Zorn beweget,
Wem noch reines Blut im Herzen schläget,
Halt' es fluthend, heilig, heiß und rein!

Blicke, Genius des Vaterlandes,
Mit dem Licht gemeineren Verstandes
Auf die Hohen und das Volk herab,
Daß wir Einheit, Freiheit, Recht erwerben,
Oder alle die Geschwächten sterben,
Und die Weltgeschichte gräbt das Grab.

Joh. Gottl. Seume.

Der Königsstuhl bei Rhense.

Am Rhein da stand vor Alters
Ein Stuhl aus grauem Stein,
Und sieben deutsche Fürsten,
Die saßen da am Rhein.

Sie saßen da zu wachen,
Daß Deutschlands König treu
Und unter ihm gesichert
Die heil'ge Freiheit sei.

Und fiel, das Recht zu stören,
Fiel's einem Dränger ein:
Der mußte Antwort geben
Vor'm Königsstuhl am Rhein.

Doch ach, er ist gefallen,
Verloschen seine Spur!
Vom heil'gen Sitz der Väter
Weiß man die Stelle nur.

Und mit ihm ist gefallen,
Doch nicht durch Feindes Hand,
Nein, durch der Kinder Frevel,
Das freie deutsche Land.

Am Rhein, am Rhein da blühen
Nicht uns're Reben mehr,
Die Burgen uns'rer Fürsten,
Die stehn da öd' und leer.

Doch nicht den Muth verloren!
Gemeines darf vergeh'n,
Was tief wie Berge wurzelt,
Muß fest wie Berge steh'n.

Das Leben des Tyrannen,
Wie schwer es drücken mag,
Im Leben eines Volkes
Ist's nur ein schwüler Tag.

Bald bauen wir ihn wieder,
Den Königsstuhl am Rhein,
Da blüht die deutsche Freiheit,
Da blüht der deutsche Wein.

Und sieben deutsche Fürsten,
Die sitzen da zur Stund,
Und schließen neu und fester
Den alten deutschen Bund.

Sie graben eine Satzung
In eh'rne Tafeln ein:
„Der Strom und nicht die Gränze
Von Deutschland sei der Rhein.“

„Wo deutsche Sprache waltet,
Da ist auch deutsches Land,
Und Deutschlands Scepter komme
In keines Fremdlings Hand!"

Alois Schreiber.

xxxx

Deutscher Spruch auf den deutschen Stein.

Das ist der deutsche Stein,
Von Trug und Falsch entblößt;
Wer an den Stein sich stößt,
Das kann kein Deutscher sein.

Das ist der deutsche Stein,
Mit Treu' und Muth betraut;
Wer auf den Stein nicht baut,
Das muß kein Deutscher sein.

Das ist der deutsche Stein,
In Noth und Tod erprobt;
Und wer den Stein nicht lobt,
Das muß ein Wälscher sein.

Fr. Rückert.

xxxx

Gelübde.
Nach eigner Melodie.

Es sei mein Herz und Blut geweiht,
Dich, Vaterland, zu retten,
Wohlan, es gilt, du sei'st befreit,
Wir sprengen deine Ketten;
Nicht fürder soll die arge That,
Wahnwitz und Uebermuth, Verrath,
In deinem Schooß sich betten.

Wer hält, wem frei das Herz noch schlägt,
Nicht frei an deinem Bilde?
Wie kraftvoll die Natur sich regt
Durch deine Waldgefilde.
So blüht der Fleiß, dem Neid zur Qual,
In deinen Städten sonder Zahl
Und jeder Kunst Gebilde.

So spotte Jeder der Gefahr,
Die Freiheit ruft uns Allen.
So will's das Recht, so bleibt es wahr,
Wie auch die Loose fallen;
Ja sinken wir der Uebermacht,
So woll'n wir doch zur ew'gen Nacht
Ruhmreich hinüber wallen.

Friedrich Schlegel.

✕✕✕✕

An die wehrbare Jugend Deutschlands. *)

Weise von Zelter.

Heran, heran, zu Sieg oder Tod!
Jugend! das Vaterland ist in Noth.
Nie kommt ihm der Tag der Rettung wieder,
Kämpfst du nicht diesmal den Feind darnieder!
Jugend! mach' gut, was die Alten versah'n,
Der Ehre Thor ist dir aufgethan.

---

*) Dieses tapfre Kriegslied theilte zuerst Hermann Marggraff in den von ihm 1843 zu Leipzig herausgegebenen „Politischen Gedichten aus Deutschlands Neuzeit" mit. Er erhielt es ausdrücklich für letztere Sammlung von Friedrich Ludwig Jahn, der es aus dem Schatze seines reichen Gedächtnisses mittheilte und nur in den beiden ersten Zeilen der dritten Strophe nicht für Worttreue, aber wohl für Sinntreue stehen konnte. Mill war aus Schlesien gebürtig. Jahn schrieb an Marggraff über ihn: „Er gehörte mit zu dem engern Kreise meiner Freunde auf der hallischen Hochschule, in den letzten Der Jahren des abgewichenen Jahrhunderts. Damals beschäftigte

In's Feld! beflügle dein Geschütz,
Handhabe kräftig Donner und Blitz;
Im Sturmlauf zu Fuß, im Sturmlauf zu Pferde,
Schlag deines Vaterlands Schänder zu Erde,
Schlag hunderttausendarmig darein,
Es kann nicht genug geschlagen sein!

Von Nacht umhüllet beginnst du den Kampf;
Durch Kugelregen und Pulverdampf
Schreit'st du auf blutbedeckten Wegen
Dem Morgenroth der Freiheit entgegen.
Bald, Deutschland, wird leuchten dein Morgenstern,
Und dann ist der goldene Tag nicht mehr fern.

Mill.

Weissagung.

O könnt' ich mich niederlegen,
Weit in den tiefsten Wald,
Zum Haupte den guten Degen,
Der noch von den Vätern alt!

Und dürft' von allem nichts spüren
In dieser dummen Zeit,
Was sie da unten handthieren,
Von Gott verlassen, zerstreut.

---

ihn fast ausschließlich die Runge der Gesunkenen und der sich Er-
hebenwollenden. Eine Geschichte der Vendeerkämpfe hatte er schon damals unter der Feder, die vollendet eine Zierde deutscher Geschicht-
schreibung geworden wäre. Mehr Gedichte von ihm kenne ich nicht,
er war aus Bescheidenheit mit allen seinen Versuchen sehr zurückhal-
tend." Zelter hat dazu eine Weise gesetzt, die Ueberschrift des Gedichtes ist von Jahn.

Von fürstlichen Thaten und Werken,
Von aller Ehr' und Pracht,
Und was die Seele mag stärken,
Verträumend die lange Nacht.

Denn eine Zeit wird kommen,
Da macht der Herr ein End',
Da wird den Falschen genommen
Ihr unächtes Regiment.

Denn wie die Erze vom Hammer,
So wird das lock're Geschlecht
Gehau'n sein von Noth und Jammer
Zu festem Eisen recht.

Da wird das Morgenroth tagen
Hoch über den Wald herauf,
Da gibt's was zu siegen und schlagen,
Da wacht, ihr Getreuen, auf!

Jos. Freiherr v. Eichendorff.

xxxx

Der deutsche Wald.

Weise von Felix Mendelssohn-Bartholdy.

Wer hat dich, du schöner Wald,
Aufgebaut so hoch da droben?
Wohl den Meister will ich loben,
So lang noch mein' Stimm' erschallt,
Lebe wohl! Lebe wohl, du schöner Wald!

Tief die Welt verworren schallt,
Oben einsam Rehe grasen,
Und wir ziehen fort und blasen,
Daß es tausendfach verhallt:
Lebe wohl! Lebe wohl, du deutscher Wald!

Banner, das so kühle wallt!
Unter deinen grünen Wogen
Hast du treu uns auferzogen,
Frommer Sagen Aufenthalt!
Lebe wohl! Lebe wohl, du kühler Wald!

Was wir still gelobt im Wald,
Wollen's draußen ehrlich halten,
Ewig bleiben treu die Alten:
Deutsch Panier, das rauschend wallt!
Lebe wohl! Schirm' dich Gott, du schöner Wald!

Jos. Freiherr v. Eichendorff.

Zweites Buch.
Die Zeit der Befreiungskriege.

——

Geharnischte Sonette.
1813.

1. Des Steins Geduld bricht endlich auch in Stücken.

O daß ich stünd auf einem hohen Thurme,
    Weit sichtbar rings in allen deutschen Reichen,
    Mit einer Stimme, Donnern zu vergleichen,
    Zu rufen in den Sturm mit mehr als Sturme:

Wie lang willst du dich winden gleich dem Wurme,
    Krumm unter beines Feind's Triumphrads Speichen?
    Hat er die harte Haut noch nicht mit Streichen
    Dir g'nug gerieben, daß dich's endlich wurme?

Die Berge, wenn sie könnten, würden rufen:
    Wir selber fühlten mit fühllosem Rücken
    Lang g'nug den Druck von eures Feindes Hufen.

Des Stein's Gedulb bricht endlich auch in Stücken,
    Den Götter zum Getretensein boch schufen —
    Volk mehr als Stein, wie lang darf man dich brücken?

2. Einschreib' ich mein' und meines Volkes Schande.

Was schmied'st du, Schmied? „Wir schmieden Ketten,
Ketten!"
Ach in die Ketten seid ihr selbst geschlagen.
Was pflügst du, Baur? „Das Feld soll Früchte tragen!"
Ja, für den Feind die Saat, für dich die Ketten.

Was zielst du, Schütze? „Tod dem Hirsch, dem fetten."
Gleich Hirsch und Reh wird man euch selber jagen.
Was strickst du, Fischer? „Netz dem Fisch, dem zagen."
Aus eurem Todesnetz, wer kann euch retten?

Was wiegest du, schlaflose Mutter? „Knaben."
Ja daß sie wachsen und dem Vaterlande
Im Dienst des Feindes Wunden schlagen sollen.

Was schreibest, Dichter, du? „In Glutbuchstaben
Einschreib' ich mein' und meines Volkes Schande,
Das seine Freiheit nicht darf denken wollen."

3. Helft, Ritter! Wenn ihr Ritter seid, seid Retter!

Ihr Ritter, die ihr haus't in Euren Forsten,
Ist euch der Helmbusch von dem Haupt gefallen?
Versteht ihr nicht den Panzer mehr zu schnallen?
Ist ganz die Rüstung eures Muth's zerborsten?

Was sitzet ihr daheim in euren Horsten,
Ihr alten Adler, habt ihr keine Krallen?
Hört ihr nicht dorther die Verwüstung schallen?
Seht ihr das Unthier nicht mit seinen Borsten?

Schwingt eure Keulen! denn es ist ein Keuler;
Er wühlt, er droht; voll Gier nach schnödem Futter,
Stürzt er den Stamm, nicht blos des Stammes
Blätter;

Es ist ein Wolf, ein nimmersatter Heuler,
  Er frißt das Lamm, er frißt des Lammes Mutter;
  Helft, Ritter! Wenn ihr Ritter seid, seid Retter!

4. Es gährt gewaltig, wie's noch nie gegohren.

Der Himmel schlägt die Feinde selbst mit Blindheit,
  Daß sie mit blödem Auge nicht erkennen,
  Wie bald gereift sein wird für blut'ge Tennen
  Die Saat, die jetzt noch sproßt in stiller Kindheit,

Wie bald ein Feu'r, das jetzt noch mit Gelindheit
  In Aschen glimmt, wird offnen Muthes brennen,
  Sich spannen werden schon gezuckte Sennen
  In furchtbar einverstandner Gleichgesinntheit.

Es wühlt im Dunkeln, wie's gewühlt schon lange,
  Es gährt gewaltig, wie's noch nie gegohren,
  Und bis zum hellen Ausbruch ist's nicht lange.

Das Kind des Schreckens ruft, noch ungeboren,
  Aus Mutterleib: Ich bin bereit zum Gange!
  Wer ist's, wer bringt mich zu des Lebens Thoren?

5. Statt Golds und Silbers ward erhöht das Eisen!

Nicht mehr das Gold und Silber will ich preisen;
  Das Gold und Silber sank herab zum Tande,
  Weil würdiglich vom ernsten Vaterlande
  Statt Golds und Silbers ward erhöht das
                                    Eisen!

Wer Kraft im Arm hat, geh', sie zu beweisen,
  Ein Eisenschwert zu schwingen ohne Schande,
  Es heimzutragen mit zerhau'nem Rande,
  Und dafür zu empfahn ein Kreuz von Eisen.

Ihr goldnen, silbern' Ordenszeichen alle,
  Brecht vor dem stärkeren Metall in Splitter,
  Fallt, denn ihr rettetet uns nicht vom Falle!

Nur ihr, zukünft'ge neue Eisenritter,
  Macht euch hinfort zu einem Eisenwalle
  Dem Vaterland, das Kern jetzt sucht statt
                   Flitter.

Fr. Rückert.

Kriegslied der freiwilligen Jäger.

Frühjahr 1813.

Frisch auf zum fröhlichen Jagen
Es ist nun an der Zeit,
Es fängt schon an zu tagen,
Der Kampf ist nicht mehr weit!
Auf! laßt die Faulen liegen,
Gönnt ihnen ihre Ruh!
Wir rücken mit Vergnügen
Dem lieben König zu.

Der König hat gesprochen:
Wo sind meine Jäger nun?
Da sind wir aufgebrochen,
Ein wackres Werk zu thun.
Wir woll'n ein Heil erbauen
Für all' das deutsche Land,
Im frohen Gottvertrauen
Mit rüstig starker Hand.

Schlaft ruhig nun, ihr Lieben,
Am väterlichen Heerd,
Derweil mit Feindeshieben
Wir ringen keck bewehrt.

O Wonne, bie zu schützen,
Die uns das Liebste sind!
Hei! laßt Kanonen blitzen,
Ein frommer Muth gewinnt.

Die Mehrsten ziehn einst wieder
Zurück in Sieger-Reih'n,
Dann tönen Jubellieder,
Das wird 'ne Freude sein!
Wie glüh'n davon die Herzen
So froh und stark und weich.
Wer fällt, der kann's verschmerzen,
Der hat das Himmelreich.

In's Feld, in's Feld gezogen,
Zu Roß und auch zu Fuß!
Gott ist uns wohlgewogen,
Schickt manchen frohen Gruß.
Ihr Jäger all' zusammen
Dringt lustig in den Feind;
Die Freudenfeuer flammen,
Die Lebenssonne scheint!

Fr. de la Motte Fouqué.

⬥⬥⬥⬥

Das ruft so laut.

O wie ruft die Trommel so laut!
Wie die Trommel ruft in's Feld,
Hab ich rasch mich dargestellt,
Alles andre, hoch und tief,
Nicht gehört, was sonst mich rief,
Gar danach nicht umgeschaut;
Denn die Trommel,
Denn die Trommel, sie ruft so laut.

O wie ruft die Trommel so laut!
Aus der Thüre rief mit Ach
Vater mir und Mutter nach;
Vater, Mutter, schweiget still,
Weil ich euch nicht hören will,
Weil ich höre nur einen Laut;
Denn die Trommel,
Denn die Trommel, sie ruft so laut.

O wie ruft die Trommel so laut!
An der Ecken, an dem Platz,
Wo ich sonsten bei ihr saß,
Steht die Braut und ruft in Gram:
„Ach, o weh, mein Bräutigam!"
Kann nicht hören, süße Braut;
Denn die Trommel,
Denn die Trommel, sie ruft so laut.

O wie ruft die Trommel so laut!
Mir zur Seiten in der Schlacht
Ruft mein Bruder gute Nacht!
Drüben der Kartätschenschuß
Ruft mit lautem Todtengruß;
Doch mein Ohr ist zugebaut,
Denn die Trommel,
Denn die Trommel, sie ruft so laut.

O wie ruft die Trommel so laut!
Nichts so laut ruft in der Welt,
Als die Trommel in dem Feld
Mit dem Ruf der Ehre ruft;
Ruft sie auch zu Tod und Gruft,
Hab mich nicht davor gegraut;
Denn die Trommel,
Denn die Trommel, sie ruft so laut.

Fr. Rückert.

Aufruf.

1813.

Frisch auf, mein Volk! die Flammenzeichen rauchen!
Hell aus dem Norden bricht der Freiheit Licht,
Du sollst den Stahl in Feindesherzen tauchen,
Frisch auf, mein Volk! die Flammenzeichen rauchen!
Die Saat ist reif, ihr Schnitter, zaudert nicht!
Das höchste Heil, das letzte liegt im Schwerte.
Drück' dir den Speer in's treue Herz hinein,
Der Freiheit eine Gasse! Wasch' die Erde,
Dein deutsches Land mit deinem Blute rein!

Es ist kein Krieg, von dem die Kronen wissen;
Es ist ein Kreuzzug, 's ist ein heil'ger Krieg!
Recht, Sitte, Tugend, Glauben und Gewissen
Hat der Tyrann aus deiner Brust gerissen:
Errette sie mit deiner Freiheit Sieg!
Das Winseln deiner Greise ruft: „Erwache!“
Der Hütte Schutt verflucht die Räuberbrut,
Die Schande deiner Töchter schreit um Rache,
Der Meuchelmord der Söhne schreit nach Blut.

Zerbrich die Pflugschaar, laß den Meißel fallen,
Die Leier still, den Webstuhl ruhig stehn!
Verlasse deine Höfe, deine Hallen!
Vor dessen Antlitz deine Fahnen wallen,
Er will sein Volk in Waffenrüstung sehn.
Denn einen großen Altar sollst du bauen
In seiner Freiheit heil'gem Morgenroth,
Mit deinem Schwert sollst du die Steine hauen,
Der Tempel grünet sich auf Heldentod.

Was weint ihr, Mädchen, warum klagt ihr, Weiber,
Für die der Herr die Schwerter nicht gestählt,
Wenn wir entzückt die jugendlichen Leiber
Hinwerfen in die Schaaren eurer Räuber,
Daß euch des Kampfes kühne Wollust fehlt? —

4*

Ihr könnt ja froh zu Gottes Altar treten,
Für Wunden gab er zarte Sorgsamkeit,
Gab euch in euren herzlichen Gebeten
Den schönen, reinen Sieg der Frömmigkeit.

So betet, daß die alte Kraft erwache,
Auf daß wir stehn, das alte Volk des Siegs!
Die Märtyrer der heil'gen deutschen Sache,
O ruft sie an, als Genien der Rache,
Als gute Engel des gerechten Kriegs!
Luise, schwebe segnend um den Gatten!
Geist unsers Ferdinand, voran dem Zug!
Und all' ihr deutschen freien Heldenschatten,
Mit uns, mit uns, und unsrer Banner Flug!

Der Himmel hilft, die Hölle muß uns weichen!
Drauf, wackres Volk! drauf! ruft die Freiheit, drauf!
Hoch schlägt dein Herz, hoch wachsen deine Eichen,
Was kümmern dich die Hügel deiner Leichen?
Hoch pflanze du die Freiheitsfahne auf! —
Doch stehst du dann, mein Volk, bekränzt vom Glücke,
In deiner Vorzeit heil'gem Siegerkranz:
Vergiß die treuen Todten nicht und schmücke
Auch unsre Urne mit dem Eichenkranz.

Th Körner.

Unsre Zuversicht.

Weise: Aus Feuer war der Geist geschaffen, oder: Wer nur den lieben Gott läßt walten.

Wir rufen dich mit freud'gen Blicken
Und halten fest an deinem Wort;
Die Hölle soll uns nicht berücken
Durch Aberwitz und Meuchelmord;
Und was auch rings in Trümmer geht,
Wir wissen's, daß dein Wort besteht.

Nicht leichten Kampfes siegt der Glaube,
Solch' Gut will schwer errungen sein.
Freiwillig tränkt uns keine Traube,
Die Kelter nur erpreßt den Wein,
Und will ein Engel himmelwärts,
Erst bricht im Tod ein Menschenherz.

Drum mag auch noch im falschen Leben
Die Lüge ihre Tempel bau'n,
Und mögen gold'ne Schurken beben,
Und sich vor Kraft und Tugend grau'n,
Und mit der Freiheit Schwindeldreh'n
Vor dem erwachten Volke steh'n.

Und mögen sich noch Brüder trennen
Und sich im blut'gen Haß entzwei'n,
Und deutsche Fürsten es verkennen,
Daß ihre Kronen Schwestern sei'n,
Und daß, wenn Deutschland einig blieb,
Es einer Welt Gesetze schrieb.

Wir wollen nicht an dir verzagen,
Und treu und festen Muthes sein,
Du wirst den Wüth'rich doch erschlagen,
Und wirst dein deutsches Land befrei'n.
Liegt auch der Tag noch Jahre weit;
Wer weiß, als Du, die rechte Zeit?

Die rechte Zeit zur guten Sache,
Zur Freiheit, zum Tyrannentod!
Vor deinem Schwerte sinkt der Drache
Und färbt die deutschen Ströme roth
Mit Sclavenblut und freiem Blut!
Du treuer Gott, verwalt' es gut!

Th. Körner.

xxxx

Des Sängers Vaterland.

Frühling 1813.
Weise von Fr. Silcher.

Wo ist des Sängers Vaterland?
  Wo edler Geister Funken sprühten,
  Wo Kränze für das Schöne blühten,
  Wo starke Herzen freudig glühten,
  Für alles Heilige entbrannt,
Da war mein Vaterland.

Wie heißt des Sängers Vaterland?
  Jetzt über seiner Söhne Leichen,
  Jetzt weint es unter fremden Streichen;
  Sonst hieß es nur das Land der Eichen,
  Das freie Land, das deutsche Land,
So hieß mein Vaterland!

Was weint des Sängers Vaterland?
  Daß vor des Wüthrich's Ungewittern
  Die Fürsten seiner Völker zittern,
  Daß ihre heil'gen Worte splittern,
  Und daß sein Ruf kein Hören fand:
Drum weint mein Vaterland!

Wem ruft des Sängers Vaterland?
  Es ruft nach den verstummten Göttern,
  Mit der Verzweiflung Donnerwettern,
  Nach seiner Freiheit, seinen Rettern,
  Nach der Vergeltung Rächerhand:
Dem ruft mein Vaterland!

Was will des Sängers Vaterland?
  Die Knechte will es niederschlagen,
  Den Bluthund aus den Grenzen jagen,
  Und frei die freien Söhne tragen,
  Oder frei sie betten untern Sand:
Das will mein Vaterland!

Und hofft des Sängers Vaterland?
Es hofft auf die gerechte Sache,
Hofft, daß sein treues Volk erwache,
Hofft auf des großen Gottes Rache,
Und hat den Rächer nicht verkannt:
Drauf hofft mein Vaterland!

Th. Körner.

xxxx

Lützow's wilde Jagd.
24. April 1813.
Weise von Karl Maria von Weber.

Was glänzt dort vom Walde im Sonnenschein?
  Hör's näher und näher brausen,
Es zieht sich herunter in düsteren Reih'n,
Und gellende Hörner schallen darein,
  Und erfüllen die Seele mit Grausen.
Und wenn ihr die schwarzen Gesellen fragt,
Das ist Lützow's wilde verwegene Jagd.

Was zieht dort rasch durch den finstern Wald,
  Und streift von Bergen zu Bergen?
Es legt sich in nächtlichen Hinterhalt;
Das Hurrah jauchzt und die Büchse knallt,
  Es fallen die fränkischen Schergen.
Und wenn ihr die schwarzen Jäger fragt,
Das ist Lützow's wilde verwegene Jagd.

Wo die Reben dort glühen, dort braus't der Rhein,
  Der Wüthrich geborgen sich meinte;
Da naht es schnell mit Gewitterschein,
Und wirft sich mit rüstigen Armen hinein,
  Und springt an's Ufer der Feinde.
Und wenn ihr die schwarzen Schwimmer fragt,
Das ist Lützow's wilde verwegene Jagd.

Was brauſt dort im Thale die laute Schlacht?
　Was ſchlagen die Schwerter zuſammen?
Wildherzige Reiter ſchlagen die Schlacht,
Und der Funke der Freiheit iſt glühend erwacht,
　Und lodert in blutigen Flammen.
Und wenn ihr die ſchwarzen Reiter fragt,
Das iſt Lützow's wilde verwegene Jagd.

Wer ſcheidet dort röchelnd vom Sonnenlicht,
　Unter winſelnde Feinde gebettet?
Es zuckt der Tod auf dem Angeſicht;
Doch die wackern Herzen erzittern nicht,
　Das Vaterland iſt ja gerettet!
Und wenn ihr die ſchwarzen Gefall'nen fragt,
Das war Lützow's wilde verwegene Jagd.

Die wilde Jagd und die deutſche Jagd,
　Auf Henkersblut und Tyrannen!
Drum, die ihr uns liebt, nicht geweint und geklagt;
Das Land iſt ja frei und der Morgen tagt,
　Wenn wir's auch nur ſterbend gewannen!
Und von Enkeln zu Enkeln ſei's nachgeſagt:
Das war Lützow's wilde verwegene Jagd.

Th. Körner.

Männer und Buben.

Am 17. Auguſt 1813, nach dem Ablauf des Waffenſtillſtandes.

Volksweiſe.

Das Volk ſteht auf, der Sturm bricht los,
Wer legt noch die Hände feig in den Schooß!
Pfui über dich Buben hinter dem Ofen,
Unter den Schranzen und unter den Zofen!
Biſt doch ein ehrlos erbärmlicher Wicht!
Ein deutſches Mädchen küßt dich nicht,

Ein beutſches Lieb erfreut bich nicht,
Unb beutſcher Wein erquickt bich nicht!
Stoßt mit an,
Mann für Mann,
Wer ben Flamberg ſchwingen kann!

Wenn wir bie Schau'r ber Regennacht
Unter Sturmespfeifen wachenb vollbracht;
Kannſt bu freilich auf üppigen Pfühlen
Wollüſtig träumenb bie Glieber fühlen.
Biſt boch ein ehrlos erbärmlicher Wicht! ꝛc.

Wenn uns ber Trompeten rauher Klang
Wie Donner Gottes zum Herzen brang:
Magſt bu im Theater bie Naſe wetzen
Unb bich an Trillern unb Läufern ergötzen.
Biſt boch ꝛc.

Wenn bie Gluth bes Tages verſengenb brückt
Unb uns kaum noch ein Tropfen Waſſers erquickt:
Kannſt bu Champagner ſpringen laſſen,
Kannſt bu bei brechenben Tafeln praſſen.
Biſt boch ꝛc.

Wenn wir vor'm Drange ber würgenben Schlacht
Zum Abſchied an's ferne Treuliebchen gebacht:
Magſt bu zu beinen Maitreſſen laufen
Unb bir mit Golbe bie Luſt erkaufen.
Biſt boch ꝛc.

Wenn bie Kugel pfeift, wenn bie Lanze ſauſt,
Wenn Tob uns in tauſenb Geſtalten umbrauſt:
Kannſt bu am Spieltiſch bein Septleva brechen
Unb mit ber Spabille bie Könige ſtechen.
Biſt boch ꝛc.

Und schlägt unser Stündlein im Schlachtenroth,
Willkommen dann, seliger Wehrmannstod!
Du mußt dann unter seidenen Decken,
Unter Merkur und Latwergen verrecken;
Stirbst als ein ehrlos erbärmlicher Wicht!
Ein deutsches Mädchen beweint dich nicht,
Ein deutsches Lied besingt dich nicht,
Und deutsche Becher klingen dir nicht.
Stoßt mit an,
Mann für Mann,
Wer den Flamberg schwingen kann!

Th. Körner.

Trinklied vor der Schlacht.

1813.

Weise: Feinde ringsum (von Gläser.)

Schlacht, du brichst an!
Grüß't sie in freudigem Kreise,
Laut nach germanischer Weise,
Brüder, heran!

Noch perlt der Wein!
Eh' die Posaunen erdröhnen,
Laßt uns das Leben versöhnen,
Brüder, schenkt ein!

Gott Vater hört,
Was an des Grabes Thoren
Vaterlands Söhne geschworen,
Brüder, ihr schwört!

Vaterlands Hort,
Woll'n wir's aus glühenden Ketten
Todt oder siegend erretten:
Handschlag und Wort!

Hört ihr sie nah'n?
Liebe und Freuden und Leiden!
Tod! Du kannst uns nicht scheiden.
Brüder, stoßt an!

Schlacht ruft! — Hinaus!
Horch', die Trompeten, sie werben!
Vorwärts auf Leben und Sterben!
Brüder, trinkt aus!

Th. Körner.

Gebet vor der Schlacht.

1813.

Kirchenweise: O du fröhliche, o du selige &c. (O sanctissima);
auch eigene Weise von Karl Maria v. Weber.

Hör' uns, Allmächtiger!
Hör' uns, Allgütiger!
Himmlischer Führer der Schlachten!
Vater, dich preisen wir,
Vater, wir danken dir,
Daß wir zur Freiheit erwachten!

Wie auch die Hölle braust,
Gott, deine starke Faust
Stürzt das Gebäude der Lüge!
Führ' uns, Herr Zebaoth!
Führ' uns, breiein'ger Gott!
Führ' uns zur Schlacht und zum Siege!

Führ' uns, fall' unser Loos
Auch tief in Grabes Schooß,
Lob doch und Preis deinem Namen!
Reich, Kraft und Herrlichkeit
Sind dein in Ewigkeit,
Führ' uns, Allmächtiger! Amen!

Th. Körner.

Gebet während der Schlacht.
1813.

Weise von Friedr. Heinr. Himmel.

Vater, ich rufe dich!
Brüllend umwölkt mich der Dampf der Geschütze,
Sprühend umzucken mich rasselnde Blitze.
  Lenker der Schlachten, ich rufe dich!
  Vater, du führe mich!

Vater, du führe mich!
Führ' mich zum Siege, führ' mich zum Tode:
Herr, ich erkenne deine Gebote;
  Herr, wie du willst, so führe mich.
  Gott, ich erkenne dich!

Gott, ich erkenne dich!
So im herbstlichen Rauschen der Blätter,
Als im Schlachten-Donnerwetter,
  Urquell der Gnade, erkenn' ich dich.
  Vater, du segne mich.

Vater, du segne mich!
In deine Hand befehl' ich mein Leben,
Du kannst es nehmen, du hast es gegeben;
  Zum Leben, zum Sterben segne mich.
  Vater, ich preise dich!

Vater, ich preise dich!
S'ist ja kein Kampf für die Güter der Erde;
Das Heiligste schützen wir mit dem Schwerte:
  Drum fallend und siegend preis' ich dich,
  Gott, dir ergeb' ich mich!

Gott, dir ergeb' ich mich!
Wenn mich die Donner des Todes begrüßen,
Wenn meine Adern geöffnet fließen:
  Dir, mein Gott, dir ergeb' ich mich!
  Vater, ich rufe dich!

Th. Körner.

Schwertlied.

Am 26. August 1813, wenige Stunden vor seinem Tode gedichtet.

Weise von Karl Maria von Weber.

Du Schwert an meiner Linken,
Was soll dein heitres Blinken?
Schaust mich so freundlich an
Hab' meine Freude d'ran.
Hurrah!

„Mich trägt ein wack'rer Reiter,
D'rum blink ich auch so heiter,
Bin freien Mannes Wehr,
Das freut dem Schwerte sehr."
Hurrah!

Ja, gutes Schwert, frei bin ich,
Und liebe dich herzinnig,
Als wärst du mir getraut
Als eine liebe Braut.
Hurrah!

„Dir hab' ich's ja ergeben
Mein lichtes Eisenleben,
Ach, wären wir getraut!
Wann holst du deine Braut."
Hurrah!

Zur Brautnachts-Morgenröthe
Ruft festlich die Trompete;
Wenn die Kanonen schrei'n,
Hol' ich das Liebchen ein.
Hurrah!

„O seliges Umfangen!
Ich harre mit Verlangen.
Du, Bräut'gam, hole mich,
Mein Kränzchen bleibt für dich!"
Hurrah!

Was klirrst du in der Scheide,
Du helle Eisenfreude,
So wild, so schlachtenfroh?
Mein Schwert, was klirrst du so?
Hurrah!

„Wohl klirr' ich in der Scheide,
Ich sehne mich zum Streite,
Recht wild und schlachtenfroh!
Drum, Reiter, klirr' ich so."
Hurrah!

Bleib' doch im engen Stübchen!
Was willst du hier, mein Liebchen?
Bleib' still im Kämmerlein;
Bleib', bald hol' ich dich ein.
Hurrah!

„Laß mich nicht lange warten!
O schöner Liebesgarten,
Voll Röslein blutigroth,
Und aufgeblühtem Tod!"
Hurrah!

So komm denn aus der Scheide,
Du, Reiters Augenweide;
Heraus, mein Schwert, heraus!
Führ' dich in's Vaterhaus!
Hurrah!

„Ach, herrlich ist's im Freien,
Im rüst'gen Hochzeitsreihen.
Wie glänzt im Sonnenstrahl
So bräutlich hell der Stahl!"
Hurrah!

Wohlauf! ihr kecken Streiter!
Wohlauf! ihr deutschen Reiter!
Wird euch das Herz nicht warm?
Nehmt's Liebchen in den Arm!
Hurrah!

Erst that es an der Linken
Nur ganz verstohlen blinken,
Doch an die Rechte traut
Gott sichtbarlich die Braut.
Hurrah!

Drum drückt den liebeheißen,
Bräutlichen Mund von Eisen
An eure Lippen fest.
Fluch! wer die Braut verläßt!
Hurrah!

Nun laßt das Liebchen singen,
Daß helle Funken springen!
Der Hochzeitmorgen graut! —
Hurrah! du Eisenbraut!
Hurrah!

Th. Körner.

Des Deutschen Vaterland.

1813.

Weise von G. Reichardt.*)

Was ist des Deutschen Vaterland?
Ist's Preußenland? Ist's Schwabenland?
Ist's wo am Rhein die Rebe blüht?
Ist's wo am Belt die Möve zieht?
O nein, o nein!
Sein Vaterland muß größer sein!

Was ist des Deutschen Vaterland?
Ist's Bayerland? Ist's Steierland?
Ist's wo des Marsen Rind sich streckt?
Ist's wo der Märker Eisen reckt?
O nein, o nein!
Sein Vaterland muß größer sein!

Was ist des Deutschen Vaterland?
Ist's Pommerland? Westphalenland?
Ist's wo der Sand der Dünen weht?
Ist's wo die Donau brausend geht?
O nein, o nein!
Sein Vaterland muß größer sein!

Was ist des Deutschen Vaterland?
So nenne mir das große Land!
Ist's Land der Schweizer? Ist's Thyrol?
Das Land und Volk gefiel mir wohl;
Doch nein, o nein!
Sein Vaterland muß größer sein!

---

*) Die erste bekannte Singweise dieses Liedes rührt von einem
ehemaligen Studenten der Theologie, dem noch jetzt in hohem Alter
auf dem Dorfe Willerstädt (bei Buttstädt im Weimar'schen) lebenden
Prediger Cotta her, die einzige Melodie, die derselbe in seinem
Leben componirt hat. Reichardt vollendete die seinige im Jahre 1825.

Was ist des Deutschen Vaterland?
So nenne mir das große Land?
Gewiß ist es das Oesterreich,
An Ehren und an Siegen reich?
O nein, o nein!
Sein Vaterland muß größer sein!

Was ist des Deutschen Vaterland?
So nenne mir das große Land!
Ist's was der Fürsten Trug zerklaubt,
Vom Kaiser und vom Reich geraubt?
O nein, o nein!
Sein Vaterland muß größer sein!

Was ist des Deutschen Vaterland?
So nenne endlich mir das Land!
So weit die deutsche Zunge klingt
Und Gott im Himmel Lieder singt!
Das soll es sein!
Das, wackrer Deutscher, nenne dein!

Das ist des Deutschen Vaterland,
Wo Eide schwört der Druck der Hand,
Wo Treue hell vom Auge blitzt,
Und Liebe warm im Herzen sitzt,
Das soll es sein!
Das, wack'rer Deutscher, nenne dein!

Das ist des Deutschen Vaterland,
Wo Zorn vertilgt den wälschen Tand,
Wo walsch und falsch hat gleichen Klang,
Und deutsch meint Herzensüberschwang. —
Das soll es sein!
Das ganze Deutschland soll es sein!

Das ganze Deutschland soll es sein!
O Gott, vom Himmel sieh' darein!
Und gieb' uns rechten deutschen Muth,
Daß wir es lieben treu und gut.
Das soll es sein!
Das ganze Deutschland soll es sein! *)

E. M. Arndt.

Der Freiheit Schlachtruf.
1813.
Weise von A. Methfessel.

Der Gott, der Eisen wachsen ließ,
Der wollte keine Knechte;
Drum gab er Säbel, Schwert und Spieß
Dem Mann in seine Rechte,
Drum gab er ihm den kühnen Muth,
Den Zorn der freien Rede,
Daß er bestände bis auf's Blut,
Bis in den Tod die Fehde.

So wollen wir, was Gott gewollt,
Mit rechten Treuen halten,
Und nimmer im Tyrannensold
Die Menschenschädel spalten;
Doch, wer für Tand und Schande ficht,
Den hauen wir zu Scherben,
Der soll im deutschen Lande nicht
Mit deutschen Männern erben. **)

---

*) Eine durch die unseligen politischen Zustände unseres gemein-
samen großen deutschen Vaterlandes leider gerechtfertigte, dem Sänger
obigen Liedes selbst gewidmete Parodie desselben von A. Schults
siehe im vierten Buch dieser Sammlung.
**) Andere Lesart: sterben.

O Deutschland, heil'ges Vaterland!
O deutsche Lieb' und Treue!
Du hohes Land! du schönes Land!
Dir schwören wir auf's neue:
Dem Buben und dem Knecht die Acht!
Der speise Kräh'n und Raben!
So zieh'n wir aus zur Hermannsschlacht,
Und wollen Rache haben.

Laßt brausen, was nur brausen kann,
In hellen, lichten Flammen!
Ihr Deutsche alle, Mann für Mann,
Zum heil'gen Krieg zusammen!
Und hebt die Herzen himmelan
Und himmelan die Hände,
Und rufet alle, Mann für Mann:
Die Knechtschaft hat ein Ende!

Laßt klingen, was nur klingen kann,
Die Trommeln und die Flöten!
Wir wollen heute Mann für Mann
Mit Blut das Eisen röthen,
Mit Henkerblut, Franzosenblut,
O süßer Tag der Rache!
Das klinget allen Deutschen gut,
Das ist die große Sache!

Laßt wehen, was nur wehen kann,
Standarten weh'n und Fahnen,
Wir wollen heut' uns Mann für Mann
Zum Heldentode mahnen.
Auf! fliege, hohes Siegspanier,
Voran den kühnen Reihen!
Wir siegen oder sterben hier
Den süßen Tod der Freien!

E. M. Arndt.

5*

Fahnenschwur.

1813.

Eigene Weise.

Hebt das Herz! hebt die Hand!
Schwöret für die große Sache,
Schwört den heil'gen Schwur der Rache,
Schwöret für das Vaterland!
Schwöret bei dem Ruhm der Ahnen,
Bei der deutschen Redlichkeit,
Bei der Freiheit der Germanen,
Bei dem Höchsten schwöret heut'!

Hebt das Herz! hebt die Hand!
Erd' und Himmel soll ihn hören,
Unsern hohen Schwur der Ehren,
Unsern Schwur für's Vaterland.
Glorreich schwebe, stolzes Zeichen,
Das voran im Streite weht!
Keiner soll von hinnen weichen,
Wo sich dies Panier erhöht!

Hebt das Herz! hebt die Hand!
Wehe muthig, edle Fahne,
Daß sich jede Brust ermahne
Für das heil'ge Vaterland.
Mache, stolzes Ehrenzeichen,
Alle Männer ehrenfest,
Daß sie tausendmal erbleichen,
Eh' nur Einer dich verläßt.

Hebt das Herz! hebt die Hand!
Heil uns dieser Ehrenweihe!
Ewig lebe deutsche Treue;
Ewig blühe deutsches Land!

Freiheit, deutsche Freiheit schwebe
Um die Hütten, um den Thron!
Lug und Trug und Schande bebe!
Und zur Hölle fahre Hohn.

Hebt das Herz! hebt die Hand!
Hebt sie zu der Himmel Meister!
Hebt sie zu dem Geist der Geister!
Hebt sie hoch vom Erdentand!
Daß wir's treu und heilig halten
In Gedanken, Wort und That:
Gott muß doch zuletzt verwalten,
Was der Mensch beschlossen hat.

E. M. Arndt.

~~~

Deutscher Trost.

1813.

Weise von F. W. Berner.

Deutsches Herz, verzage nicht,
Thu, was dein Gewissen spricht,
Dieser Strahl des Himmelslichts:
Thue Recht und fürchte nichts.

Baue nicht auf bunten Schein,
Lug und Trug ist dir zu fein,
Schlecht geräth dir List und Kunst,
Feinheit wird dir eitel Dunst.

Doch die Treue ehrenfest,
Und die Liebe, die nicht läßt,
Einfalt, Demuth, Redlichkeit,
Steh'n dir wohl, du Sohn vom Teut.

Wohl steht dir das grade Wort,
Wohl der Speer, der grade bohrt,
Wohl das Schwert, das offen ficht,
Und von vorn die Brust durchsticht.

Laß den Wälschen Meuchelei,
Du sei redlich, fromm und frei;
Laß den Wälschen Sclavenzier,
Schlichte Treue sei mit dir.

Deutsche Freiheit, deutscher Gott,
Deutscher Glaube ohne Spott,
Deutsches Herz und deutscher Stahl
Sind vier Helden allzumal.

Diese steh'n wie Felsenburg,
Diese fechten alles durch.
Diese halten tapfer aus
In Gefahr und Todesgraus.

Drum, o Herz, verzage nicht,
Thu, was dein Gewissen spricht,
Redlich folge seiner Spur,
Redlich hält es seinen Schwur.*)

E. M. Arndt.

Die Schlacht bei Kulm.

29. und 30. August 1813.

An Dresdens Mauer war ein schwer,
  Ein blutiges Gericht
Von dessen Thron ergangen, der
  Das Recht, das ewig, spricht.

---

*) In dem „Liederbuch für deutsche Turner" (Braunschw., Wester-
mann) hat die letzte Strophe folgende Fassung erhalten:
  Drum, o Herz, verzage nicht,
  Thu, was dein Gewissen spricht,
  Dies dein Licht, dein Weg, dein Hort
  Hält den Tapfern ewig Wort.

Und wie nach Raub in blauer Höh'
   Ein Habicht langsam schwebt,
Sein Auge würgt das Opfer, eh'
   Die Kralle drinnen gräbt:

So über Sachsens Bergen kreist,
   Auf blutig heißer Jagd,
Des Korsen fürchterlicher Geist,
   Zu ordnen neue Schlacht.

Und hoch herab vom Felsgesims
   Entstürzen, götterlos,
Die blinden Schergen seines Grimms
   In Boheims stillen Schoos.

Da, nahe, Teplitz, beines Quells
   Heilsiedendem Krystall,
Da bebt die Erd' und steigt ein Fels,
   Dem Höllenstrom ein Wall.

Da steigt des Brennenkönigs Brust
   Geharnischt, heldengroß.
Gefahr ist unsrer Fürsten Lust,
   Gefahr ihr männlich Loos.

Und Friedrich Wilhelm lenkt, umlaubt
   Von Lichtes gold'nem Sproß,
Den Wetterstrahl auf bessen Haupt,
   Der's wider uns beschloß.

Und Alexanders Grenadier
   Zerschlägt mit starker Faust,
Wie Hagel unter Sturms Panier
   In Pfeilgeschwadern saust:

Und Oestreichs Schwert und Preußens impft
   Des Feindes Blut sich ein,
Denn nur im Blut, das uns beschimpft,
   Wäscht unser Blut sich rein.

Und von den Bergen, horch! es dröhnt
  Wie Ungewitters Zorn.
Kleist donnert Sieg, und Sieg ertönt
  Trompete, Trommel, Horn.

Und Colloredo's Namen gräbt
  Die Mus' in edlen Stein,
Um Ostermann's Gedächtniß webt
  Der Lorbeer einen Hain.

Und Bonaparte wendet trüb
  Den grimmzerriff'nen Blick:
„Die Legionen, Marschall, gieb
  Die Adler mir zurück!"

Friedr. Aug. v. Stägemann.

⊠⊠⊠

Die Leipziger Schlacht.

Wo kommst du her in dem rothen Kleid
Und färbst das Gras auf dem grünen Plan?
Ich komme her aus dem Männerstreit,
Ich komme roth von der Ehrenbahn.
Wir haben die blut'ge Schlacht geschlagen,
Dort müssen die Weiber und Bräute klagen,
Da ward ich so roth.

Sag' an, Gesell, und verkünde mir,
Wie heißt das Land, wo ihr schlugt die Schlacht?
Bei Leipzig trauert das Mordrevier,
Das manches Auge voll Thränen macht,
Da flogen die Kugeln wie Wetterflocken,
Und Tausenden mußte der Athem stocken
Bei Leipzig der Stadt.

Wie heißen, die zogen in's Todesfeld
Und ließen fliegende Banner aus?
Die Völker kamen der ganzen Welt
Und zogen gegen Franzosen aus;
Die Russen, die Schweden, die tapfern Preußen
Und die von dem glorreichen Oesterreich heißen,
Sie zogen all' aus.

Wem ward der Sieg in dem harten Streit?
Wer griff den Preis mit der Eisenhand?
Die Wälschen hat Gott wie die Spreu zerstreut,
Die Wälschen hat Gott verweht wie den Sand,
Viele Tausende decken den grünen Rasen,
Die übrig geblieben, entflohen wie Hasen,
Napoleon mit.

Nimm Gottes Lohn! Habe Dank, Gesell!
Das war ein Klang der das Herz erfreut!
Das klang wie himmlische Cymbeln hell,
Habe Dank der Mähr von dem blutigen Streit!
Laß Wittwen und Bräute die Todten klagen,
Wir singen noch fröhlich in späten Tagen
Die Leipziger Schlacht.

O Leipzig, freundliche Lindenstadt!
Dir ward ein leuchtendes Ehrenmal;
So lange rollet der Jahre Rad,
So lange scheint der Sonnenstrahl,
So lange die Ströme zum Meere reisen,
Wird noch der späteste Enkel preisen
Die Leipziger Schlacht.

E. M. Arndt.

Beichte.

20. Oktober 1813.

Wir haben alle schwer gesündigt,
Wir mangeln allesammt an Ruhm,
Man hat, o Herr, uns oft verkündigt
Der Freiheit Evangelium;
Wir aber hatten uns entmündigt,
Das Salz der Erde wurde dumm,
So Fürst als Bürger, so der Adel,
Hier ist nicht einer ohne Tadel.

Wir haben an der bunten Wange
Der alten Babel uns berauscht,
Und ihrem frechen Lustgesange
Mit keuschem deutschem Ohr gelauscht,
Die Kraft entschwand uns vor dem Klange,
Im Taumel haben wir vertauscht
Mit eckelm Rothwälsch der Garonne
Die Sprache Teuts, der Helden Wonne.

Da kamen über uns gezogen
Die Schmach, die Gräuel ohne Zahl,
Wir bauten mit am Siegesbogen,
Wir saßen mit beim Götzenmahl.
Die nie das freie Haupt gebogen,
Die Männer stolz und rein wie Stahl,
Sie webten wie am Sclavenbande,
Sie prunkten mit dem Schmuck der Schande.

Nun Herr! die Binden sind gefallen
Von Händen, wie von Blick und Ohr;
Laß uns dein gnädig Wort erschallen,
Sei wieder mit uns wie zuvor.
Wir nahen uns des Harzes Hallen,
Wir ziehn durch Vater Hermanns Thor.
O gieb, daß unser Blut erkaufe
Des alten Namens Feuertaufe.

Orakel haben längst geklungen,
Sie deuteten des Riesen Fall;
Vor'm heil'gen Lied der Nibelungen
Verstummte schon der fremde Schall,
Viel deutsche Schwerter sind geschwungen
Bei Moskau wie bei Roncevall.
Acht Monde führt nun schon die Fehde
Ein Volk von deutscher Art und Rede.

Du ziehst, o Herr! im Siegesfluge
Vor deinen treuen Schaaren her;
Man glaubt nicht mehr dem fremden Truge,
Man glaubt der guten alten Mähr',
Die Donau braust's auf ihrem Zuge
Von Schwaben bis in's schwarze Meer,
Daß Deutsche nur für Deutsche fechten
Nach alter Sitte, alten Rechten.

Du hast uns, Herr! der Schuld entladen,
Der Schmach entlud uns unser Schwert;
O fließ uns ferner, Quell der Gnaden,
Wir sammeln uns am freien Heerd,
Wir bergen tief in heil'ger Laden
Des Bundes Worte fromm und werth,
Der junge Bund voll Lust und Ehren,
Der graue Bund soll ewig währen.

Max v. Schenkendorf.

Nachtwächterlied.

Hört Ihr Herr'n und laßt Euch sagen:
Der Feind ist über'n Rhein geschlagen!
Bewahrt das Feuer in Eurer Brust,
Das Euch geholfen zu dieser Lust!
Bewahrt das Licht, Ihr holden Frauen,
Das Ehrenlicht der deutschen Gauen.

Vor allem aber, Ihr Frau'n und Herr'n,
Lobt für's Jahr Dreizehn Gott den Herrn,
Singet und preis't ihn von fern und nah!
Amen, Amen, Victoria!

Fr. de la Motte Fouqué.

Frühlingsgruß an's Vaterland.
1814.
Weise von Bernhard Klein.

Wie mir deine Freuden winken,
Nach der Knechtschaft, nach dem Streit,
Vaterland, ich muß versinken
Hier in deine Herrlichkeit,
Wo die hohen Eichen sausen,
Himmelan das Haupt gewandt,
Wo die starken Ströme brausen:
Alles das ist deutsches Land.

Von dem Rheinfall hergegangen,
Komm' ich von der Donau Quell',
Und in mir sind aufgegangen
Liebessterne mild und hell;
Niedersteigen will ich, strahlen
Soll von mir der Freudenschein
In des Neckars frohen Thalen
Und am silberblauen Main.

Weiter, weiter sollst du bringen,
Du, mein deutscher Freiheitsgruß,
Sollst vor meiner Hütte klingen
An dem fernen Memelfluß.
Wo noch deutsche Worte gelten,
Wo die Herzen, stark und weich,
Zu dem Freiheitskampf sich stellten,
Ist auch heil'ges, deutsches Reich.

Alles ist in Grün gekleidet,
Alles strahlt in jungem Licht,
Anger, wo die Herde weidet,
Hügel, wo man Trauben bricht;
Vaterland, in tausend Jahren
Kam dir solch' ein Frühling kaum!
Was die hohen Väter waren,
Heißet nimmermehr ein Traum!

Aber einmal müßt ihr ringen
Noch in ernster Geisterschlacht,
Und den letzten Feind bezwingen,
Der im Innern drohend wacht:
Haß und Argwohn müßt ihr dämpfen,
Geiz und Neid und böse Lust.
Dann nach schweren, langen Kämpfen
Kannst du ruhen, deutsche Brust.

Segen Gottes auf den Feldern,
In des Weinstocks heil'ger Frucht,
Manneslust in grünen Wäldern,
In den Hütten frohe Zucht;
In der Brust ein frommes Sehnen,
Ew'ger Freiheit Unterpfand;
Liebe spricht in zarten Tönen
Nirgends, wie im deutschen Land.

Ihr in Schlössern, ihr in Städten,
Welche schmücken unser Land,
Ackersmann, der auf den Beeten
Deutsche Frucht in Garben band,
Traute, deutsche Brüder, höret
Meine Worte, alt und neu:
Nimmer wird das Reich zerstöret,
Wenn ihr einig seid und treu.

Max v. Schenkendorf.

Die deutschen Ströme.

1814.

Weise: Sind wir vereint zur guten Stunde (Hanitsch.)

Laßt uns die deutschen Ströme singen
Im deutschen, festlichen Verein,
Und zwischendurch die Gläser klingen,
Denn sie beschenken uns mit Wein.
Auf ihr Töne, laßt uns lauschen,
Die alle jetzt herüberwehn,
Und bald der Welle lautes Rauschen,
Bald ihren leisen Gruß verstehn.

Zuerst gedenkt des alten Rheines,
Der fluthend durch die Ufer schwillt
Und seines goldnen Labeweines,
Der aus der Traube lustig quillt.
Denkt seiner schön bekränzten Höhen
Und seiner Burgen im Gesang,
Die stolz auf jene Fluren sehen,
Die jüngst das deutsche Volk bezwang.

Tief in des Fichtelberges Klüften,
Mit grauen Nebeln angethan,
Umweht von nordlich kalten Lüften,
Beginnt der Main die Heldenbahn.
Er kämpft in muthigem Gefechte,
Sich hin bis zu dem Vater Rhein,
Und drängt, bekränzt mit Weingeflechte,
In seine Ufer sich hinein.

Im Land der Schwaben auferzogen,
Eilt rasch und leicht der Neckar hin,
Wenn auch nicht mit gewölbten Bogen
Gewalt'ge Brücken drüber ziehn;

Doch spiegeln, gleich den schönsten Kränzen,
Sich Dörfer in der klaren Fluth,
Und dunkelblau, mit sanftem Glänzen,
Der Himmel, der darüber ruht.

Gestiegen aus verborgnen Quellen,
Im grünen lustigen Gewand,
Um welches tausend Falten schwellen,
Strömt weit die Donau durch das Land.
Die Städte, die sich drin erblicken,
Erzählen von vergangner Zeit,
Und fragen dann mit stillem Nicken:
Wann wird die alte Pracht erneut? —

Durch alle Gau'n der freien Sachsen
Ergeht sich stolz das Riesenkind;
Es sieht, wie sonst, die Eichen wachsen,
Doch sucht es seinen Wittekind;
Und denkt es der gesunknen Helden,
Dann zögert es im raschen Lauf,
Und wünscht, was alte Sagen melden,
Herauf, aus seiner Fluth herauf.

So nah' dem hochbeglückten Lande,
Wo Zwingherrnblut die Erde trank,
Und nach gelöstem Sclavenbande
Das Römerjoch zu Boden sank;
Vernimm, o Weser, unsre Grüße,
Sie sollen jubelnd zu dir zieh'n,
Voll Ernst und stiller Würde fließe,
Du Freiheitsstrom, zum Weltmeer hin.

Der Weichsel Münden sind uns theuer,
Sie halten Wach' am Landesschild;
Und stürmt die Stepp *) auch ungeheuer,
Sie raf't sich an drei Festen mild.

*) Rußland.

Hier haben Ost und West gerungen,
Der Alle warf, brach nicht hindurch;
Und Graudenz Jungfrau unbezwungen
Schirmt stark, wie sonst, Marienburg.

Bei allen, die zum Meere eilen
In rastlos kühnem Küstenlauf,
Kann der Gesang nicht lange weilen,
Vorkämpfer führt den Reigen auf.
Die Warnow hat den Held gewieget,
Der brach des Zwingherrn Wütherei;
Als Land und See zur Sperr' geschmieget,
Da strömte die Persante frei. *)

Es sei der Oder jetzt gesungen
Der letzte schallende Gesang,
Einst hat ja laut um sie geklungen
Das deutsche Volk im Waffenklang.
Als es sich still und stark erhoben
In seiner ganzen Riesenmacht,
Da half der Helfer ihm von Oben,
Geschlagen ward die Völkerschlacht.

So rauscht ihr Ströme, denn zusammen
In ein gewaltig Heldenlied,
Zum Himmel schlagt, ihr hellen Flammen,
Die ihr im tiefsten Herzen glüht:
Eins wollen wir uns treu bewahren,
Doch eins erwerben auch zugleich:
Du, Herr, beschütz' es vor Gefahren,
Und zu uns komm' dein freies Reich.

Max v. Schenkendorf.

---

*) Strophe 8 und 9 von Friedrich Ludwig Jahn.

Das Lied vom Rhein.
Weise von Ritschl.

Es klingt ein heller Klang,
  Ein schönes deutsches Wort
In jedem Hochgesang
  Der deutschen Männer fort:
Ein alter König hochgeboren,
Dem jedes deutsche Herz geschworen;
  Wie oft sein Name wiederkehrt,
  Man hat ihn nie genug gehört.

Das ist der heil'ge Rhein,
  Ein Herrscher reichbegabt,
Deß Name schon wie Wein
  Die treue Seele labt;
Es regen sich in allen Herzen
Viel vaterländ'sche Lust und Schmerzen,
  Wenn man das deutsche Lied beginnt
  Vom Rhein, dem hohen Felsenkind.

Sie hatten ihm geraubt
  Der alten Würden Glanz,
Von seinem Königshaupt
  Den grünen Rebenkranz;
In Fesseln lag der Held geschlagen,
Sein Zürnen und sein stolzes Klagen,
  Wir haben's manche Nacht belauscht,
  Von Geisterschauern hehr umrauscht.

Was sang der alte Held?
  Ein furchtbar dräuend Lied:
„O weh dir, schnöde Welt,
  Wo keine Freiheit blüht,
Von Treuen los und baar von Ehren.
Und willst du nimmer wiederkehren,
  Mein ach! verstorbenes Geschlecht
  Und mein gebroch'nes deutsches Recht?

6

„O meine hohe Zeit,
　Mein goldner Lenzestag,
Als noch in Herrlichkeit
　Mein Deutschland vor mir lag,
Und auf und ab am Ufer wallten
Die stolzen abligen Gestalten,
　Die Helden weit und breit geehrt
　Durch ihre Tugend und ihr Schwert.

„Es war ein frommes Blut
　In ferner Riesenzeit
Voll kühnem Leuenmuth
　Und mild als eine Maid.
Man singt es noch in späten Tagen,
Wie den erschlug der arge Hagen.
　Was ihn zu solcher That gelenkt,
　In meinem Bette liegts versenkt.

„Ihr Sünder wüthet fort!
　Bald ist der Becher voll:
Der Nibelungen Hort
　Ersteht wohl, wann er soll.
Es wird euch in die Seele grausen,
Wenn meine Schrecken euch umbrausen.
　Ich habe wohl und treu bewahrt
　Den Schatz der alten Kraft und Art.“

Erfüllt ist jenes Wort:
　Der König ist nun frei.
Der Nibelungen Hort
　Ersteht und glänzet neu.
Es sind die alten deutschen Ehren,
Die wieder ihren Schein bewähren:
　Der Väter Zucht und Muth und Ruhm,
　Das heil'ge deutsche Kaiserthum.

Wir huld'gen unserm Herrn,
　Wir trinken seinen Wein:

Die Freiheit sei der Stern,
  Die Loosung sei der Rhein.
Wir wollen ihm auf's Neue schwören:
Wir müssen ihm, er uns gehören.
  Vom Felsen kommt er frei und hehr,
  Er fließe frei in Gottes Meer!

Max v. Schenkendorf.

Straßburger Münster.

In Straßburg steht ein hoher Thurm,
  Der steht vielhundert Jahr,
Es weht um ihn so mancher Sturm;
  Er bleibet fest und klar;
So war auch wohl die fromme Welt,
  Die solches Werk gedacht,
Zu dem sie von dem Sternenzelt
  Den Abriß hergebracht.

Wie sich, ein ewig Heldenmal,
  Das Gotteshaus erhebt,
Aus dem ein heller schlanker Strahl,
  Der Thurm, gen Himmel strebt:
So war auch einst das deutsche Reich,
  So war der deutsche Mann,
Auf starrem Grund, im Herzen weich,
  Das Haupt zu Gott hinan.

Und wie den festen Bau umgibt
  Die schöne Heil'gen=Welt:
So hatte jeder, was er liebt,
  In ihren Schutz gestellt.
Wir wollen vor dem Altar noch
  Ein fromm Gelübde thun,
Dem Erwins Sohn das fremde Joch
  Dereinst noch abzuthun.

6*

Wir sprechen dort ein hohes Wort,
   Ein brünstiges Gebet,
Daß Gott der Deutschen starker Hort
   Verbleibe stet und stet!
Und ob wir wieder heimwärts geh'n,
   Wir wenden unsern Blick
Und schauen nach des Wasgau's Höhn
   Und nach dem Thurm zurück.

Die Bundesfahn' in Feindes Hand?
   Der Thurm in fremder Macht?
Ha, nein! — sie sind vorausgesandt
   Als kühne Vorderwacht.
Wir retten Euch, wir haben's Eil,
   Vergaß euch doch kein Herz,
O Hermannssäul, o Himmelssäul!
   Blickt immer heimathwärts!

Max v. Schenkendorf.

Vom heiligen deutschen Reich.

Juni, 1814.

Volksweise: Erhebt euch von der Erde.

Wenn alle untreu werden,
So bleiben wir doch treu!
Daß immer noch auf Erden
Für euch ein Fähnlein sei,
Ihr Lehrer deutscher Jugend,
Ihr Bilder bess'rer Zeit,
Die uns zu Männertugend
Und Liebestod geweiht.

Wollt nimmer von uns weichen,
Uns immer nahe sein,
Treu, wie die deutschen Eichen
Wie Mond und Sonnenschein!

Einst wird es wieder helle
In aller Brüder Sinn,
Sie kehren zu der Quelle
In Lieb' und Reue hin.

Es haben wohl gerungen
Die Helden dieser Frist,
Und nun der Sieg gelungen,
Uebt Satan neue List;
Doch wie sich auch gestalten
Im Leben mag die Zeit,
Du sollst mir nicht veralten,
O Traum der Herrlichkeit!

Ihr Sterne seid uns Zeugen,
Die ruhig niederschau'n,
Wenn alle Brüder schweigen
Und falschen Götzen trau'n:
Wir woll'n das Wort nicht brechen,
Nicht Buben werden gleich,
Woll'n predigen und sprechen
Vom heil'gen deutschen Reich!

Max v. Schenkendorf.

Deutschlands Blöße.

1814.

Mit wie herrlich weitem Kleide,
Ganz bedeckend deinen Leib,
Könntest du in Sammt und Seide
Prangen, Deutschland, edles Weib!

Da du aus dem Sack der Aschen,
Wo du hieltest lange Rast,
Aufstandst, und dein Kleid gewaschen
In dem Blut der Feinde hast.

Wenn nur in der Hand des Bösen
Deines Kleides nicht ein Stück,
Statt es ganz dir einzulösen,
Man vergessend ließ zurück!

Wenn nur jetzt nicht beine Kinder,
In nicht liebevollem Streit,
Jedes für sich einen Flinder
Riß aus ihrer Mutter Leib!

Mit wie herrlich weitem Kleibe,
Ganz bebeckend beinen Leib,
Könnteft bu in Sammt und Seibe
Prangen, Deutschland, ebles Weib!

Fr. Rückert.

∞∞∞

Freiheitsgesang.

(Schlußchor aus dem vaterländischen Siegesbrama: „Des Epimenibes
Erwachen."

1814.

So rissen wir uns rings herum
Von fremden Banden los!
Nun sind wir Deutsche wiederum,
Nun sind wir wieder groß.
So waren wir und sind es auch
Das edelste Geschlecht,
Von bieberm Sinn und reinem Hauch
Und in der Thaten Recht.

Und Fürst und Volk und Volk und Fürst
Sind alle frisch und neu!
Wie Du dich nun empfinden wirst
Nach eignem Sinne frei.

Wer dann das Innere begehrt,
Der ist schon groß und reich;
Zusammenhaltet euren Werth,
Und euch ist Niemand gleich!

Gedenkt unendlicher Gefahr,
Des wohlvergoss'nen Bluts,
Und freuet euch von Jahr zu Jahr
Des unschätzbaren Guts.
Die große Stadt, am großen Tag,
Die unsre sollte sein!
Nach ungeheurem Doppelschlag
Zum zweitenmal hinein!

Nun töne laut: der Herr ist da!
Von Sternen glänzt die Nacht.
Er hat, damit uns Heil geschah,
Gestritten und gewacht.
Für alle, die ihm angestammt,
Für uns war es gethan,
Und wie's von Berg zu Bergen flammt,
Entzücken flamm' hinan!

Goethe.

━━━━

Die ideologen Deutschen.

Der große Mann aus Corsika
Verhöhnt als Ideologen
Des deutschen Volks Ingenia.
Er hatte, wohlerwogen,
Dazu nach seiner Art das Recht:
Für ihn sprach siegendes Gefecht,
Zu Boden liegendes Geschlecht,
Für jene nur ihr Trachten.

Doch die Ideen nach und nach,
Sie wurden auch zu Thaten,
Und jagten ihn zu seiner Schmach
Hinweg aus unsern Staaten.
Sie traten auf in Fleisch und Blut,
Bewährten sich in Kraft und Muth,
In Krieg und Sieg! — Es ist nicht gut,
Ideen zu verachten.

Melchior Meyr.

xxxx

Teutschlands Heerführer im Befreiungskampf.

Namen der Eroberer verhallen,
Ewig werden Jener ihre schallen,
Welche kühn das Vaterland befreit,
Welche zu dem Siege, zu der Ehre
Herrlich führten Teutschland's tapf're Heere;
Ihre Namen nicht verlöscht die Zeit.

Seinem Vaterlande hingegeben
Hatte Schwarzenberg sich ganz, sein Streben
Ging ausschließlich nach des Guten Sieg;
Ihm gleichviel, ob einst die Welt ihn nennen,
Ob sie sein Verdienst jemals erkennen
Würde, alle Eigenliebe schwieg.

Wenn er's Schwert zog, anzugreifen heißend,
Wie ein Bergstrom alles mit sich reißend,
Stürzt die Feinde Blücher in die Flucht.
Vorwärts! es aus seinem Mund ertönte,
Vorwärts! gen den Feind, der Teutschland höhnte!
Ließ ihn fühlen teutschen Armes Wucht.

Gneis'nau hatt' es weise vorbereitet,
Hatte die Bewegungen geleitet,
Die zu Blücher's Siegeslauf geführt.

Mögen schimmernder gleich And're glänzen,
Würd'ger Keinen wird der Ruhm bekränzen,
Treuer Dank dem Trefflichen gebührt.

Lichtstrahl durch den schwarzumwölkten Himmel,
Dringt gebietend in das Schlachtgewimmel
Wrede's großer Feldherrnblick hinein.
Wenn noch Andere berathend zagen,
Hat die Feinde Wrede schon geschlagen;
Sein ist der Zernichtungsmarsch, ist sein*).

Wilhelm**), hochgepriesen als ein Sieger,
Ist's nicht minder dann, als seiner Krieger
Liebevoller Vater jederzeit.
Wie auch drohen mochten die Gefahren,
Muth, Kaltblütigkeit in ihm, sie waren
Immer selben überlegen weit.

Scharnhorst, York und Kleist und Bülow, Helden,
Wie zugleich das Vaterland sie selten
Hatte, ihnen währt sein heißer Dank,
Und denjenigen, die Oest'reichs Schaaren
Führten, wird die Heimath ihn bewahren,
Wird's dem Welf, der auf der Wahlstatt sank***).

Mag auch alles anders sich gestalten,
Diese Namen werden nie veralten,
Leben fort in der Erinnerung;
Teutschland werden ewig sie begeistern,
Daß kein Feind sich seiner kann bemeistern.
Mächtig ziehet nach der Thaten Schwung.

Konig Ludwig.

---

*) Daß nach der Schlacht vor Arcis sur Aube der Marsch nach Paris, welcher Napoleons Herrschaft zernichtet, ausgeführt wurde, setzte Wrede durch.

**) Wilhelm, Kronprinz, später König von Württemberg.

***) Der regierende Herzog von Braunschweig, welcher am 17. Juni 1815 in dem Treffen bei Quatre-bras in den Niederlanden von einer Flintenkugel getödtet wurde.

Auf Lützow's wilde Jagd.

Töne, die das Herz bewegen,
Die das Innerste erregen,
Neu entflammet ihr den Muth;
Ihr ergreifet mir die Seele,
Jubelnd ich den Kampf mir wähle,
Teutschland, dir gehört mein Blut.

Frisch erschallen Schlachtenlieder,
Kühn durchdringt's die Herzen wieder.
Heilige Begeisterung
Hat das teutsche Volk erhoben,
Hat des Feindes Macht zerstoben,
Gab dem Leben wieder Schwung.

Ja! zurück sind wir getragen
Zu den herrlichst schönsten Tagen,
Die das Vaterland erlebt.
Jede Selbstsucht war vergangen,
Rein und edel das Verlangen,
Das Befreiung nur erstrebt.

Alles Große, was gewesen,
Was von jener Zeit wir lesen,
Lied, du zauberst's frisch hervor;
Uns're Ketten hör' ich sprengen,
Seh' das teutsche Volk sich drängen
Aus der Schmach zum Sieg empor.

Doch es mischt mit diesen Tönen
Sich die Wehmuth, sich dem Schönen
Der Vergänglichkeit Gefühl.
Ach! die Gluth war bald verschwunden,
Die das ganze Volk empfunden,
Schnell ward's in demselben kühl.

Wie der Ruhm, den sie besessen,
Ist Erfahrung schon vergessen;
Kaum erstand der teutsche Sinn,
Sanken wieder zu dem Alten
Gleich die Teutschen, sind zerspalten,
Und dem Feind wird der Gewinn.

König Ludwig.

Ein teutscher Gesang.

Die Menschengeschlechter sie kommen und geh'n,
Doch unerschütterlich bleiben die Eichen;
Ob auch Jahrhunderte schnelle verweh'n,
Wird Vaterlandsliebe noch kräftig besteh'n,
Wird nie und nimmer den Teutschen entweichen.

Es finden die Feinde die Alten uns noch,
Die wir von dem Wahn, von der Schlaffheit genesen,
Die kühn wir zersprengten das eiserne Joch;
Nicht achten dieselben geringe wir doch,
Vergessend nicht das, was früher gewesen.

Nicht brauset, nicht wälzet sich reißend der Rhein,
Nur langsam, geräuschlos kömmt er gezogen,
So bringet der Teutsche, der hasset den Schein,
Gewaltiger Macht in die Feinde hinein,
Wie unaufhaltbar des Rheinstromes Wogen.

Einträchtig das wollen wir immerhin sein,
Nie wurde das einige Teutschland bezwungen,
In Ewigkeit wank' nicht der Teutschen Verein,
Voll Feuer und Kraft wie der rheinische Wein:
Den Sieg hat noch immer die Eintracht errungen!

König Ludwig.

Drittes Buch.

Die Zeit des Wiener Congresses und der Wiederbelebung des deutschnationalen Bewußtseins.

Auf den Wiener Congreß.
1815.

Ich meine, besser war's gewiß,
   Man hätt' ihn gar nicht gehalten;
Nun hat der Fürst der Finsterniß
   Doch wieder Raum zu schalten,
Zu trennen des Bundes starke Macht
Der Erzfeind säet gern über Nacht
   Sein Unkraut unter'm Weizen.

Als ihr Weltretter zur höchsten That
   Als Brüder war't verbündet,
Da wähnten wir schon im Götterrath
   Die neue Welt gegründet.
Und sehen nun verwundrungsvoll
Zum Bau, der nun erst werden soll,
   Nach Wien die Steine fahren.

Wir dachten, es sei in der Gluth
   Das Eisen am Besten zu schmieden;
Nun fassen die Bösen wieder Muth
   Und trotzen auf den Frieden;
Was die herrliche Leipziger Schlacht verscheucht,
Manch giftig Ungeheuer, kreucht
   Auf's neu' aus seinen Löchern.

Helf Gott, ich sei ein falscher Prophet,
　　Doch ahnet mir nichts Gutes,
Als würde wiederum gesä't
　　Eine neue Saat des Blutes:
Das hundertköpf'ge Ungethüm,
Ein Wunder wär' es, wenn von ihm
　　Die Einheit sollte kommen!

Was Noth uns thut, da braucht's wohl nicht
　　Viel Rathens und Kopfbrechens:
Es ist so klar wie Sonnenlicht,
　　Und tausend Zungen sprechen's,
Alle Bäume im Walde reden davon,
Alle Berge Deutschlands stimmen den Ton,
　　Es sagt's ein Strom dem andern.

Nur Ihr, da schon die Sonne scheint,
　　Tappt fort in Eurem Nebel,
Die Ihr den Geist zu regieren meint
　　Mit dem alten hölzernen Hebel;
Doch alle Klugheit dieser Welt
Ist nur auf losen Sand gestellt
　　Und wird am Ende zu Schanden.

An denen hab' meine Seele kein Theil,
　　Ja, ich muß sie verfluchen:
Die Abtrünnigen, die da ihr Heil
　　Bei fremden Göttern suchen.
Die fremde süße Freundlichkeit
Habt ihr geschmeckt doch lange Zeit,
　　Sie wird noch zu Tod Euch hetzen.

O wär' mein Volk doch weise gnug
　　Und jagte fort die Schlechten,
Und legte sein Schicksal sonder Trug
　　In die Hände eines Gerechten!
Viel Köpfe schaffen nur Sturm und Wind;
Wo Zehn um ein Ding zu Rathe sind,
　　Ist der Teufel gewöhnlich der Elfte.

Ein Mann von rechtem Geist und Muth,
   Dem wird das Werk gelingen,
Aus dessen Seel' in höchster Glut
   Wird's wie Musik entspringen;
Der Geist, der schafft doch allein die Welt,
Und wo der Geist nicht Recht behält,
   Wird's nie zum Segen gedeihen.

Wer aber ist der Wundermann,
   Der mag für Tausend gelten,
Der Riese, der wieder erheben kann
   Aus dem Meer versunkene Welten? —
Stein, Hardenberg und Münster heißt
Derselbige dreieine Geist;
   Wie Gott, auch Eins die Dreien.

Ja, wo die Dreie versammelt sind,
   Ist Gott selbst unter ihnen,
Drei solche Männer, treu gesinnt,
   Da ist das Heil erschienen;
Denn diese Drei sind Eins! und Eins,
Trotz alles fremden Gaukelscheins,
   Eins soll auch Deutschland werden.

Wo die Drei bauten den deutschen Bund,
   Stein, Hardenberg und Münster,
Da stünd' er wohl auf Felsengrund,
   Auf Stein und Berg ein Münster,
Wie der deutsche Münster zu Straßburg wohl,
Der auch wieder unser werden soll,
   So wahr uns Gott mag helfen!

Ihr drei Grundpfeiler deutscher Burg,
   Drei Sterne der Weltgeschichte,
Wie Moses, Solon und Lykurg
   Mit unvergänglichem Lichte!
Ihr standet auch vor Gott, gleichwie
Dort Moses auf dem Sinai,
   In Donner und Erdbeben.

O nähmen wir aus Eurer Hand
　　Die Tafel der Gesetze,
Und schwüre das ganze deutsche Land,
　　Daß Niemand sie verletze,
Und wir tanzten um's fremde goldne Kalb
Nicht mehr, halb deutsch, französisch halb,
　　Ein elend Zwitterwesen!

Das Reich muß werden hergestellt,
　　Ein einig Haus von Brüdern,
Dann herrscht es vor als Herz der Welt
　　In all des Leibes Gliedern,
Bedroht zugleich den Ost und West,
Daß Jeder sein Schwert in der Scheide läßt,
　　Und dann wird Fried auf Erden!

Fr. Gottlob Wetzel.

Blücher schreibt.

1815.

„Mein Leipzig, nein, das laß' ich nimmer fahren,
Dort pflanzt' ich meiner Fahnen stolze Masten,
Und schlug zur Messe los in vollen Lasten
Mit scharfer Eisenelle meine Waaren.

„Wir hofften Feste, und ihr laßt uns fasten,
Nicht eure Scheeren braucht, braucht eure Schaaren;
Denn wehren müßt ihr euch, wollt ihr euch wahren,
Und rüsten müßt ihr euch, anstatt zu rasten.

„Die wir errettet aus des Schiffbruchs Trümmern,
Die woll'n uns unser richtig Theil verkümmern,
Kleinmüthige erheben stolz die Stimme.

„Flieg, Preußens Adler, aus in deinem Grimme,
Zeig unsern Feinden deine scharfen Fänge!
Vorwärts! So heißen meine Schlachtgesänge."

Friedrich Förster.

Blücher schreibt abermals.

(Bei der Nachricht von Napoleons Heimkehr von Elba, 1815.)

„Ich wußte heut nicht, was mein Rappe scharrte,
Und was mein Säbel in der Scheide klirrte;
Krieg! heißt die Zeitung, wie's euch auch verwirrte,
Er ist entfloh'n von seiner Insel-Warte.

„Du kommst mir wie gerufen, Bonaparte;
Wenn's auch den Schreibern vor den Augen flirrte,
Längst rief ich, daß man mir mein Schlachtroß schirrte,
Und schon bei Seite legt' ich Spiel und Karte.

„Wie werden nun die stolzen Herr'n geschmeidig!
Ihr stumpfer Flederwisch taugt nicht zum Fegen,
Da seh'n sie bang sich um nach einem Degen.

„Nun, Gott sei Dank, noch ist der meine schneidig;
Ja, ja, ruft nur nach Blücher, eurem Alten;
Ich komme schon, den Schädel ihm zu spalten."

xxx   Friedrich Förster.

Blücher schreibt noch einmal.

Wie lange wollt ihr abern noch und obern,
  Mit Seifenblasen nach Sperlingen zielen
  Und um das Recht mit Federspulen spielen,
Die Flamme glüht, ihr laßt sie schweigend lodern!

Wenn ihr was fördern wollt, so müßt ihr fodern,
  Und müßt mit Keulen schreiben, nicht mit Kielen.
  Geht hin, wo sie um eure Künste fielen
Und betet auf den Feldern, wo sie modern!

Wie mögt ihr solche Gaukelspiele treiben,
  Mit glattem Wort auf glattem Eselsleder,
  Und drohen mit der ungeladnen Flinte?

Wir geben euch die ächte rothe Dinte,
  Wir geben euch die wohlgespitzte Feder,
 Und ganze Länder, um darauf zu schreiben.

oooo   A. Bercht.

Deutschlands Beruf.

1815.

Ja, Herz Europens sollst du, o Deutschland, sein!
So dein Beruf! Es strömt die Empfindung dir
  Aus vollen Adern, kehret strömend
    Wieder zu dir in den vollen Adern!

Gerecht in Spendung, gönnest du jedem Glied,
Was ihm gegeben; eignest, veredelnd, dir
  Das Gute zu von Allen, giebst es
    Allen veredelt zurück, unkundig

Des eitlen Neides, weil du, so gut als reich,
In eigner Fülle schaltend, des Heimischen
  Mit Liebe pflegst, doch auch des Fremden
    Pflegest mit Liebe des weiten Herzens.

Nicht würdig dein, o Mutter Teutonia,
Verkennen deiner Söhne nicht Wenige
  Das Eigne; auch unwürdig dein sind
    Jene, die fremdes Verdienst verkennen.

Denn Herz Europens sollst du, o Deutschland, sein,
Gerecht und wahrhaft, sollst in der Rechten hoch
  Die Fackel heben, die der Wahrheit
    Strahl und die Gluth des Gefühls verbreitet!

Undeutscher ist der blinde Bewundrer nicht
Des Fremden, als des Fremden Verächter; laßt
  Dem Arm die Ehre, laßt dem Fuß sie,
    Denn sie erwarmen an Gluth des Herzens.

            Fr. Leop. Graf zu Stollberg.

Am 18. October 1816.

Weise: Sind wir vereint zur guten Stunde (Hanitsch.)

Wenn heut' ein Geist herniederstiege,
Zugleich ein Sänger und ein Held,
Ein solcher, der im heil'gen Kriege
Gefallen auf dem Siegesfeld,
Der sänge wohl auf deutscher Erde
Ein scharfes Lied, wie Schwertesstreich,
Nicht so, wie ich es künden werde,
Nein! himmelskräftig, donnergleich.

„Man sprach einmal vom Festgeläute,
Man sprach von einem Feuermeer;
Doch was das große Fest bedeute,
Weiß es denn jetzt noch irgend wer?
Wohl müssen Geister niedersteigen,
Von heil'gem Eifer aufgeregt,
Und ihre Wundenmale zeigen,
Daß ihr darein die Finger legt."

„Ihr Fürsten! seid zuerst befraget:
Vergaßt ihr jenen Tag der Schlacht,
An dem ihr auf den Knieen laget,
Und huldigtet der höhern Macht?
Wenn eure Schmach die Völker lösten,
Wenn ihre Treue ihr erprobt,
So ist's an euch, nicht zu vertrösten,
Zu leisten jetzt, was ihr gelobt."

„Ihr Völker! die ihr viel gelitten,
Vergaßt auch ihr den schwülen Tag?
Das Herrlichste, was ihr erstritten,
Wie kommt's, daß es nicht frommen mag?
Zermalmt habt ihr die fremden Horden,
Doch innen hat sich nichts gehellt,
Und Freie seid ihr nicht geworden,
Wenn ihr das Recht nicht festgestellt."

„Ihr Weisen, muß man euch berichten,
Da ihr doch Alles wissen wollt,
Wie die Einfältigen und Schlichten
Für klares Recht ihr Blut gezollt?
Meint ihr, daß in den heißen Gluten
Die Zeit, ein Phönix, sich erneut,
Nur um die Eier auszubruten,
Die ihr geschäftig unterstreut?"

„Ihr Fürstenräth' und Hofmarschälle,
Mit trübem Stern auf kalter Brust,
Die ihr vom Kampf um Leipzig's Wälle
Wohl gar bis heute nichts gewußt,
Vernehmt! an diesem heut'gen Tage
Hielt Gott der Herr ein groß Gericht.
Ihr aber hört nicht, was ich sage,
Ihr glaubt an Geisterstimmen nicht."

„Was ihr gesollt, hab' ich gesungen,
Und wieder schwing ich mich empor;
Was meinem Blick sich aufgedrungen,
Verkünd' ich dort dem sel'gen Chor;
Nicht rühmen kann ich, nicht verdammen,
Untröstlich ist's noch allerwärts;
Doch sah ich manches Auge flammen,
Und klopfen hört' ich manches Herz."

Ludwig Uhland.

∞∞∞

Das gute alte Recht.
Eigne Melodie.

Wo je bei altem gutem Wein
Der deutsche Bürger zecht,
Da soll der erste Trinkspruch sein:
Die Freiheit und das Recht! —

7*

Ein Recht, das uns Gesetze gibt,
Die keine Willkür bricht:
Das offene Gerichte liebt,
Und gültig Urtheil spricht.

Ein Recht, das mäßig Steuern schreibt
Und wohl zu rechnen weiß,
Das an der Kasse sitzen bleibt
Und kargt mit unserm Schweiß.

Ein Recht, das jedem freien Mann
Die Waffen gibt zur Hand,
Damit er stets verfechten kann
Das deutsche Vaterland.

Ein Recht, das Jedem offen läßt
Den Zug in alle Welt,
Das uns allein durch Liebe fest
Am Mutterboden hält.

Ja, wenn wir auch von hinnen sind,
Besteh' es fort und fort,
Und sei für Kind und Kindeskind
Des schönsten Glückes Hort!

Und wo bei altem gutem Wein
Der deutsche Bürger zecht,
Soll stets der erste Trinkspruch sein:
Die Freiheit und das Recht!

L. Uhland.

Bundeslied*).

1817.

Weise: Heil unserm Bunde Heil; oder: God save the king (John Bull.)

Brause, du Freiheitsfang,
Brause, wie Wogendrang
Aus Felsenbrust.
Feig bebt der Knechte Schwarm,
Uns schlägt das Herz so warm,
Uns zuckt der Jünglingsarm
Voll Thatenlust.

Gott Vater, dir zum Ruhm
Flammt Deutschlands Ritterthum
In uns auf's Neu'.
Neu wird das alte Band,
Wachsend wie Feuerbrand:
Gott, Freiheit, Vaterland,
Altdeutsche Treu'!

Stolz, keusch und heilig sei,
Gläubig und deutsch und frei
Hermanns Geschlecht!
Zwingherrschaft, Zwingherrnwitz
Tilgt Gottes Racheblitz.
Euch sei der Herrschersitz:
Freiheit und Recht!

Freiheit, in uns erwacht,
Ist deine Geistermacht,
Heil dieser Stund!
Glühend für Wissenschaft,
Blühend in Jugendkraft
Sei Deutschlands Burschenschaft
Ein Bruderbund.

---

*) Gedichtet 1817 in Jena, ursprünglich als Bundeslied für die
deutsche Burschenschaft.

Schalle, du Liederklang,
Schalle, du Hochgesang,
Aus deutscher Brust;
Ein Herz, ein Leben ganz,
Steh'n wir wie Wall und Schanz',
Bürger des Vaterland's,
Voll Thatenlust. *)

Karl Follen.

---

*) In dem „Liederbuch für deutsche Turner" (Braunschweig, Westermann. 6. Aufl. 8. 1858), hat obiges Lied unter der Ueberschrift „Turnerstaat" in der 1., 3., 4. und 5. Strophe folgende Gestalt erhalten:

„Schalle, du Freiheitsfang,
Walle, wie Wogendrang
Aus Felsenbrust!
Feig bebt der Knechte Schwarm,
Uns schlägt das Herz so warm
Voll Thatenlust.

Muthig und stolz und frei,
Fromm, keusch und gläubig sei
Hermanns Geschlecht!
Zwingherrschaft, Knechtewitz
Malmt Gottes Racheblitz.
Euch sei der Herrschersitz:
Freiheit und Recht.

Freiheit in uns erwacht,
Ist deine Geistermacht,
Dein Reich genaht!
Glühend für Wissenschaft,
Blühend in Jugendkraft,
Sei deutsche Turnerschaft
Ein Bruderstaat!

Sause, du Freiheitsfang!
Brause wie Donnerklang
Aus Wolkenbrust!
Ein Herz, ein Leben ganz,
Steh'n wir wie Wall und Schanz',
Bürgen des Vaterlands,
Voll Thatenlust!"

Vaterlandssöhne.
Um 1818.

Vaterlandssöhne, traute Genossen!
O, wie mein sehnendes Herz sich erschlossen,
Seit wir geflochten den treuen Verein!
O, sei gegrüßet mein Eichenhain!
Liebst du den Hermann, liebst du den Retter
Hofer und Tell, und das feurige Wetter,
Liebst du die Schüler von Schweiz und Tirol,
Luther, den neuen Elias, du wohl?
Und ihn, der noch im Kranze der Dörner
Scheidend hold in die Harfe sang?
Auf dann stieg er im Jubel der Hörner;
Aber den Eichen erzählte von Körner
Nordlands brausender Orgelklang,
Sturmgesang, stolz lockender Klang.

Kennst du die einsam glühende Rose?
Ach, vor der Freiheit Frühlingsgekose
Brach dich der Volksschmach herbstlicher Wind,
Treue Luise, Thusnelbas Kind!
Doch, eh' des Grabgesangs Töne verhallen,
Sprengen die Geister der Ahnen das Grab.
Ha, wie die Hermannstrommeten erschallen,
Schwinget das Volk den gebietenden Stab!
O holde, goldene Wonnetage
Funkensprüh'nder Begeisterung!
Wild in dem Pulverdampf schwankte die Wage!
Jubel erscholl, da verstummte die Klage;
Sternan loderte Freiheitsbrand!
Ach, er schwand, o Vaterland!

Vaterlandssöhne, Todesgenossen!
Wieder im Grab sind die Ahnen verschlossen;
Klagen ertönen, Jubel verstummt;
Sonn' ist in schwarze Trauer gemummt. —

Aber in uns noch brauset die Jugend,
Brauſt, wie der Rhein durch den grünen Plan.
Seht auf dem Maſt ihr die Palme der Tugend?
Rüſtige Brüder, hinan, hinan! —
Ja, bis der Höllendamm zerborſten,
Reißen wir All' in vereinigter Macht!
Feſt wie die Eichen in Teutoburgs Forſten,
D'rin die gedoppelten Adler horſten,
Drängt euch zuſammen: Sturmerwacht!
Steig' aus der Nacht, o Hermannsſchlacht!

Aug. Ludw. Follen.

xxxx

Turnzweck.

Volksweiſe: Erhebt euch von der Erde, oder:
Friſch auf zum fröhlichen Jagen.

Wir zieh'n zum fröhlichen Werke
Hinaus auf die grüne Haid';
Erturnen Kraft und Stärke
Zu manchem kühnen Streit,
Mit Schwertern und mit Lanzen
Erproben wir den Arm;
Und unſer raſches Tanzen
Macht Muth und Blut ſo warm.

Wir wiſſen wohl zu ſagen, —
Juchhei! das macht uns froh, —
Was wir im Herzen tragen,
Wenn wir uns mühen ſo:
Das iſt zu Nutz und Frommen
Dem lieben Vaterland,
Daß, wenn die Feinde kommen,
Viel Streiter ſind zur Hand;

Daß viele muth'ge Herzen
Dem deutſchen Lande glüh'n,
So in Gefahr und Schmerzen
Ihm helfen treu und kühn;

Das ist für Ehr' und Glauben,
Für Freiheit, heil'ges Recht,
Die uns kein Feind soll rauben,
Kein Herr, kein Herrenknecht.

Wir wollen wieder schaffen
Die gute alte Art:
Den kühnen Muth der Waffen
Mit frommem Sinn gepaart.
Wir wollen, wie die Ritter,
Mit blankem Männerschwert
In Sturm und Schlachtgewitter
Verfechten Hof und Herd.

Und was in jenen Tagen
Das Siegesbanner war,
Das wollen wir auch tragen
In jeder Noth und Fahr!
Das Kreuz soll wieder steigen
Als Volkes Schirm und Hort;
Im blut'gen Kampfesreigen
Für Recht und Gotteswort.

So wollen wir uns stärken
Mit rechter Jugendgluth,
Daß nie zu guten Werken
Die Kraft gebricht dem Muth.
Und Alle, die uns verlachen
Mit ihrem schlechten Spott,
Die Feigen, Feilen, Schwachen,
Getröste der liebe Gott!

Christian Sartorius. *)

---

*) Das 1847 bei Heinr. Hoff in Mannheim erschienene „Deutsche
Volksliederbuch" nennt als Verfasser obigen, dort „Turnerlust" über-
schriebenen Liedes L. S. Bauer; doch mit Unrecht, da Letzterem
wahrscheinlich nur die sehr starken und nicht immer glücklichen Aenderungen zuzuschreiben sind, welche der dort mitgetheilte Text des
Liedes erfahren hat.

Turnerlust.

Was zieht dort unten das Thal entlang?
Eine Schaar im weißen Gewand.
Wie muthig brauset der volle Gesang,
Die Töne sind mir bekannt.
Sie singen von Freiheit, Vaterland,
Ich kenne die Schaar im weißen Gewand,
Hurrah, Hurrah, Hurrah,
Die Turner ziehen aus.

Die Turner ziehen in's grüne Feld,
Hinaus zur männlichen Lust,
Daß Uebung kräftig die Glieder stählt
Mit Muth sie füllet die Brust.
Drum schreiten die Turner das Thal entlang,
Drum tönet ihr muthiger froher Gesang,
Hurrah, Hurrah, Hurrah,
Du fröhliche Turnerlust.

O sieh', wie kühn sich der Blick erhebt,
Wenn der Arm den Gegner erfaßt,
Und frei wie der Aar durch die Lüfte schwebt,
Erhebt sich der Turner am Mast.
Dort schaut er weit in die Thäler hinaus,
Dort ruft er's frei in die Lüfte hinaus,
Hurrah, Hurrah, Hurrah,
Du fröhliche Turnerlust.

Er schwingt das Schwert in starker Hand,
Zum Kampfe stählt er den Arm.
O dürft' er's ziehen für's Vaterland,
Es wallt das Herz ihm so warm.
Und sollte sie kommen die herrliche Zeit,
Sie fände den wackeren Turner bereit,
Hurrah, Hurrah, Hurrah,
Wie ging's dann muthig in's Feld!

So wirkt der Turner mit Kraft und Muth,
Mit Frühroths freundlichem Strahl,
Bis spät sich senket der Sonne Gluth,
Und Schatten sich bettet im Thal.
Und klingt der Abendglocken Klang,
Dann zieh'n wir nach Hause mit fröhlichem Sang,
Hurrah, Hurrah, Hurrah,
Du fröhliche Turnerlust!

W. Hauff.

Der Turner Einigkeit.

Eigne Melodie.

Erkräftigt den Körper, den Tempel der Seele,
    Daß würdig sie throne im irdischen Haus!
Erkräftigt den Fuß, daß in Kampf und Beschwerde
Er wurzle in deutscher, in heimischer Erde!
    Ihr haltet, ihr Brüder, im Vaterland aus!
Die Liebe zur Heimath wird fest euch vereinen,
Steht Einer für Alle und Alle für Einen!

Seid einig, ihr Brüder, und haltet zusammen!
    Ein unüberwindlicher Phalanx wir sind!
Erkräftigt den Arm, auf daß stählern er werde,
Wird einst er gezwungen zu greifen zum Schwerte
    Für's Land eurer Väter, für Weib und für Kind!
Und allwärts in Vaterlands Turnergemeinen
Steh' Einer für Alle und Alle für Einen!

Düringer.

Trinklied.

Singweise: Stoßt an! Leipzig soll leben, hurrah hoch! (A. v. Binzer.)

Stoßt an, die Freiheit soll leben! hurrah hoch!
Die Gleichheit kann nur mit Freiheit besteh'n,
Drum laßt uns vor allem die Freiheit erhöh'n;
Frei sei der Mann, frei sei der Mann!

Stoßt an, die Wahrheit soll leben, hurrah hoch!
Wer die Wahrheit erkennt und saget sie nicht,
Der ist ein ehrlos erbärmlicher Wicht;
Wahr sei der Mann, wahr sei der Mann!

Stoßt an, die Zukunft soll leben! hurrah hoch!
Wer im Sturm der Zeiten gleich hängt den Kopf,
Der ist nur ein schwacher und trauriger Tropf;
Der ist kein Mann, der ist kein Mann.

Stoßt an, die Einheit soll leben! hurrah hoch!
Wer den Bruder im Rücken verlästert und schmäht,
Sich schlecht auf die Einheit und Liebe versteht;
Den flieh der Mann, den flieh der Mann.

Stoßt an, der Bruder soll leben! hurrah hoch!
Wer kühn sich der Sache der Menschheit geweiht,
Wer für sie zu leiden den Tod nicht scheut,
Der ist ein Mann, der ist ein Mann.

Stoßt an, Deutschland soll leben! hurrah hoch!
So wird es doch wahrlich nicht lange mehr geh'n,
Wir werden ein schöneres Deutschland noch seh'n;
Deß freut sich der Mann, deß freut sich der Mann! —

Ungenannt.

Bei Auflösung der Burschenschaft in Jena.

26. November 1819.

Eigene Weise von Franz Schubert.
Volksweise: Ich hab' mich ergeben.

Wir hatten gebauet
Ein stattliches Haus,
Und drin auf Gott vertrauet
Trotz Wetter, Sturm und Graus.

Wir lebten so traulich,
So einig, so frei,
Den Schlechten ward es graulich,
Wir hielten gar zu treu.

Sie lugten, sie suchten
Nach Trug und Verrath,
Verläumdeten, verfluchten
Die junge, grüne Saat.

Was Gott in uns legte,
Die Welt hat's veracht't,
Die Einigkeit erregte
Bei Guten selbst Verdacht.

Man schalt es Verbrechen,
Man täuschte sich sehr;
Die Form, die kann zerbrechen,
Die Liebe nimmermehr.

Die Form ist zerbrochen,
Von außen herein,
Doch was man drin gerochen,
Ist eitel Dunst und Schein.

Das Band ist zerschnitten,
War schwarz, roth und gold,
Und Gott hat es gelitten,
Wer weiß was er gewollt.

Das Haus mag zerfallen,
Was hat's denn für Noth?
Der Geist lebt in uns Allen,
Und unsre Burg ist Gott.

Aug. v. Binzer.

Einheit.
1822.

Wo Eine Gluth die Herzen bindet,
Wo Aug' dem Auge nur verkündet,
Was Sehnsucht in dem Herzen spricht;
Wo, wenn der Sturm die Form zerspaltet,
Die Gottheit in den Trümmern waltet,
Kennt man der Liebe Trennung nicht.

Heran, ihr Brüder! Nord und Süden!
Ob euch des Herrschers Wink geschieden,
Laßt uns ein Volk von Brüdern sein:
Schließt ja in Schönbund's weiten Auen,
Von allen Strömen, allen Gauen
Ein Rasen unsre Brüder ein.

Wohl ist der Siegsgesang verklungen,
Ganz anders wird jetzt fortgesungen,
Ganz andre Weisen spielt man vor;
Doch tönt, von Wehmuth fortgetragen,
Ein Ton noch aus den bessern Tagen
Und schlägt an manch empfänglich Ohr.

Hört ihr auf Frühlings leichten Schwingen
Den alten Ton herüberklingen
Von uns'rer Brüder Schlachtgefild?
Der Einklang ist's von tausend Tönen,
Der mächtig in Germaniens Söhnen
Zu der Begeist'rung Wogen schwillt.

So sinket in der Brüder Arme,
Daß Brust an Bruderbrust erwarme,
Daß alte Treue neu erwacht!
Und schwinget hoch die Festpokale
Und ruft's beim frohen Burschenmahle:
Des Volkes Einheit sei's gebracht.

Wilhelm Hauff.

Winter.
1825.

In den Furchen liegt der Schnee
   Dort auf Leipzigs Winnfelds = Auen,
Kommt der Frühling von der Höh,
   Seine Schollen wieder thauen.

Neu ersteht die grüne Saat:
   Sommer sammelt ein die Garben;
Aber keiner denkt der That,
   Die das Feld erkauft mit Narben.

Daß dort Blut der Väter rann,
   Wo das Brod den Söhnen keimet:
Ach, wann bricht der Morgen an,
   Den die Helden dort geträumet? —

Hans Ferdinand Maßmann.

Der Invalid im Irrenhause.
1827.

Leipzig, Leipzig! Arger Boden,
   Schmach für Unbill schafftest du.
Freiheit! hieß es, vorwärts, vorwärts!
   Trankst mein rothes Blut, wozu?

Freiheit! rief ich, vorwärts, vorwärts!
  Was ein Thor nicht alles glaubt!
Und vom schweren Säbelstreiche
  Ward gespalten mir das Haupt.

Und ich lag, und abwärts wälzte
  Unheilschwanger sich die Schlacht,
Ueber mich und über Leichen
  Sank die kalte, finst're Nacht.

Aufgewacht zu grausen Schmerzen,
  Brennt die Wunde mehr und mehr;
Und ich liege hier gebunden,
  Grimm'ge Wächter um mich her.

Schrei' ich wüthend noch nach Freiheit,
  Nach dem bluterkauften Glück,
Peitscht der Wächter mit der Peitsche
  Mich in schnöde Ruh' zurück.

Adelbert v. Chamisso.

xxxx

Schlafe! was willst du mehr?

  Wo sind noch Würm' und Drachen,
Riesen mit Schwert und Speer?
Was kannst du weiter machen?
Schlafe! was willst du mehr?

  Du hast genug gelitten
Qualen in Kampf und Strauß;
Du hast genug gestritten —
Schlafe, mein Volk, schlaf' aus!

  Wo sind noch Würm' und Drachen,
Riesen mit Schwert und Speer?
Die Volksvertreter wachen.
Schlafe, was willst du mehr?

Heinrich August Hoffmann
aus Fallersleben.

xxxx

Auf der Bierbank.

Welch ein Leben! Welch ein Streiten
Für die Wahrheit und das Recht!
 Auf der Bierbank —
Unsre Sitten, unsre Zeiten,
Nein, sie sind fürwahr nicht schlecht!
 Auf der Bierbank.

Weg mit Gilde, Zunft und Innung,
Weg mit allem Rang und Stand!
 Auf der Bierbank —
Hier gilt nur allein Gesinnung,
Hier gilt nur das Vaterland!
 Auf der Bierbank.

Alle Lauheit geht zu Nichte,
Und der Freisinn wird gestählt!
 Auf der Bierbank —
Und dem Gang der Weltgeschichte
Fühlen wir uns mitvermählt —
 Auf der Bierbank.

O wie sind wir treu verbunden
Gutes Muths und gleichgesinnt!
 Auf der Bierbank —
O die süßen lieben Stunden,
Warum fliehn sie so geschwind!
 Auf der Bierbank.

Deutschland ist noch nicht verloren!
Deutschland strotzt von Kraft und Geist
 Auf der Bierbank —
Allem sei der Tod geschworen,
Was nur wälsch und undeutsch heißt,
 Auf der Bierbank.

Hoffmann v. Fallersleb.

Es fehlt nur eine Kleinigkeit.

Weiſe: Ich bin der Doctor Eiſenbart.

Ihr ſeid nicht dumm, ihr ſeid nicht ſchlecht,
Ihr wißt, was Freiheit iſt und Recht,
Ihr liebt die Wahrheit, haßt den Schein,
Ihr wollt auch gern freiſinnig ſein.

Auch habt ihr Alles auf der Welt:
Ihr habt Geſundheit, Freud' und Geld,
Und Weib und Kinder, Hof und Gut —
Doch fehlt euch Ein's: euch fehlt der Muth.

Hoffmann v. Fallersleb.

Wenn der Kaiſer doch erſtände.

Weiſe: Brüder lagert euch im Kreiſe.

Wenn der Kaiſer doch erſtände!
Ach! er ſchläft zu lange Zeit:
Unſre Knechtſchaft hat kein Ende
Und kein End hat unſer Leid.

Auf dem ſchönen deutſchen Lande
Ruht der Fluch der Sklaverei —
Mach uns von der eignen Schande,
Von dem böſen Fluche frei!

Kaiſer Friedrich, auf! erwache!
Mit dem heil'gen Reichspanier
Komm' zu der gerechten Rache!
Und das Volk, das iſt mit dir. —

Ach! es krächzen noch die Raben
Um den Berg bei Tag und Nacht,
Und das Reich, es bleibt begraben,
Weil der Kaiſer nicht erwacht.

Hoffmann v. Fallersleb.

Deutschland, Deutschland über Alles.

Weise: Gott erhalte Franz, den Kaiser (von Joseph Haydn.)

Deutschland, Deutschland über Alles,
Ueber Alles in der Welt,
Wenn es stets zu Schutz und Trutze
Brüderlich zusammenhält,
Von der Maas bis an die Memel,
Von der Etsch bis an den Belt. —
Deutschland, Deutschland über Alles,
Ueber Alles in der Welt!

Deutsche Frauen, deutsche Treue,
Deutscher Wein und deutscher Sang,
Sollen in der Welt behalten
Ihren alten, schönen Klang,
Und zu edler That begeistern
Unser ganzes Leben lang.
Deutsche Frauen, deutsche Treue,
Deutscher Wein und deutscher Sang!

Einigkeit und Recht und Freiheit
Für das deutsche Vaterland!
Danach laßt uns Alle streben
Brüderlich mit Herz und Hand!
Einigkeit und Recht und Freiheit
Sind des Glückes Unterpfand. —
Blüh' im Glanze dieses Glückes,
Blühe, deutsches Vaterland!

Hoffmann v. Fallersleb.

Deutschland, meine Braut.

Wie könnt' ich dein vergessen!
Ich weiß, was du mir bist,
Wenn auch die Welt ihr Liebstes
Und Bestes bald vergißt.

8*

Ich sing' es hell und ruf' es laut:
Mein Vaterland ist meine Braut!
Wie könnt' ich dein vergessen!
Ich weiß, was du mir bist.

Wie könnt' ich dein vergessen!
Dein denk' ich allezeit;
Ich bin mit dir verbunden,
Mit dir in Freud' und Leid.
Ich will für dich im Kampfe stehn,
Und soll es sein, mit dir vergehn.
Wie könnt' ich dein vergessen!
Dein denk' ich allezeit.

Wie könnt' ich dein vergessen!
Ich weiß, was du mir bist.
So lang ein Hauch von Liebe
Und Leben in mir ist.
Ich suche nichts als dich allein,
Als deiner Liebe werth zu sein.
Wie könnt' ich dein vergessen!
Ich weiß, was du mir bist.

Hoffmann v. Fallersleb.

An die deutschen Frauen.

Volksweise.

Wenn die deutschen Männer kämpfen,
Sollen deutsche Frau'n nicht feiern,
Sollen in die Noth des Krieges
Ihre Liebesgaben steuern.

Nicht allein mit treuer Sorge
Die Verwundeten zu pflegen —
Auch in frommgefaltnen Händen
Ruht ein heilungskräft'ger Segen.

P. Gotthard.

Seid mir gegrüßt, ihr deutschen Frauen,
Der schönern Zukunft Morgenroth;
Wem soll vertrau'n, auf wen soll bauen
Das Vaterland in seiner Noth?

Ihr kennt noch frohe deutsche Weise,
Noch deutsche Zucht und Sittsamkeit;
Euch blieb in eurem stillen Kreise
Noch Frohsinn und Zufriedenheit.

Ihr tragt noch nicht die bunten Bänder,
Die man dem Staatsverdienste weiht;
Euch sind noch eure Hausgewänder
Mehr werth als ein Beamtenkleid.

Ihr seid noch nicht verlocket worden
Durch Titel oder andern Tand;
Euch kann noch sein der schönste Orden:
Die Liebe für das Vaterland.

Wohlan! ihr sollt im Kind erwecken
Den Sinn für Vaterland und Recht,
Ihr sollt erzieh'n zum Feindesschrecken
Ein freies, biederes Geschlecht!

Euch muß vertrau'n, auf euch muß bauen
Das Vaterland in seiner Noth!
Seid mir gegrüßt, ihr deutschen Frauen,
Der schönern Zukunft Morgenroth!

Hoffmann v. Fallersleb.

Vermächtniß
der sterbenden Polen an die Deutschen.
1832.

Wir gehn zu Grab erschöpft und laß
Nach manchem kühnen Strauß,
Und athmen unsern Russenhaß
In eure Seele aus.

Es zwang uns Uebermacht in's Joch,
So treu wir uns verschanzt;
Doch weht die weiße Fahne noch,
Auf unser Grab gepflanzt!

Ergreift sie einst, und liebevoll
Gedenkt an unsre Pein!
Der ungeheure Frevel soll
Mit Blut gerochen sein!

Wir neiden unsern Sieger nicht,
Ihn trifft der Zeiten Fluch,
Von ihm und seinem Alba spricht
Das allerspätste Buch.

Stets waltet glücklich ein Tyrann,
Das ist der Menschheit Loos;
Was bleibt dem unterdrückten Mann?
Ein Grab im Erdenschoos.

Doch ihr, gewarnt durch unsre Qual:
Sei's morgen oder heut,
O, seid uns noch ein einzig Mal
Das alte Volk des Teut!

August Graf von Platen-Hallermünde.

xxxx

Deutschland, schlaf ein!

Schlaf' ein, Deutschland, schlaf' ein!
Wer will dich munter halten?
Verschollen ist der harte Sang
Von Hermannslust und Schwerterklang. — Schlaf' ein!

Der Schenkendorf voll Treuen,
Scharnhorst und Schill, die Leuen,
Sie ruh'n in Erden tief und kühl,
Wer zieht vorauf im Lanzenspiel? — Schlaf' ein!

Stumm hängt die Uhlandsharfe,
Die männliche, die scharfe.
Der alte Wächter Arndt am Rhein
Steht wachend, warnend da allein. — Schlaf' ein!

Schlaf' ein, Deutschland, schlaf' ein!
Kennst du voll frischer Töne
Das Lied an Deutschlands Söhne?*)
Ach, der es sang, das Lockenhaupt, —
Follen, mit Liebesgrün umlaubt,
Thront zwischen Alpen fern und hehr,
Und spricht zu Deutschlands Herz nicht mehr. — Schlaf'
ein!

Freimund Pfeiffer.

Wo ist dein Schwert?
1837.

O Menschenwelt, grauhaarig, wundenrissig!
Du abgedienter Krieger, lahm geworden
Durch Marodiren minder als durch Morden,
Unmuthig zum Entschluß, zum Muth unschlüssig!

Kaum strömt das Blut in deinen Adern flüssig,
Das sonst getobt in deinen Völkerhorden!
Wo ist dein Schwert? — Doch schmückst du dich mit
Orden,
Du, nur im alterschwachen Grimme bissig!

Thu's, wie die feisten Murmelthier und Bären,
Ruh auf dem Kanapee, wie die im Winter
Von ihres Fettes Ueberreste zehren!

---

*) Siehe im dritten Buch dieser Sammlung Seite 103.

Noch besser, geh', alt Menschenvolk, und hänge,
Mit rasch entschloss'ner That, mit keck gesinnter,
Dich auf in deiner Lügenstricke Menge!

Hermann Marggraff.

Das bunte Kleid.
1838.

Ich kenn' ein schönes Kleid
Das ist recht groß und weit,
Es ist geschoren ganz glatt;
Nur Schad', daß es jeden Fingerbreit
Eine and're Farbe hat!

Und das kommt davon her:
Viel Schneider waren drüber her;
Ein jeder flickt ein Stück hinein
Und schnitt es zu mit seiner Scheer!
Wie kommt's da ein Ganzes sein? —

Ihr bügelt und bürstet dran,
Setzt'n neuen Kragen an
Und gebt ihm 'n andern Schnitt,
Doch damit ist's nicht gethan.
Ihr macht doch keinen Staat damit.

Und reißen die Näht' entzwei,
So ist's damit vorbei,
Ihr kommt mit eurem Zwirn zu spat.
D'rum lob' ich mir, bei meiner Treu!
Ein Kleid, das wenig Nähte hat!

Dann kommen die Nachbarn her,
Und zerren d'ran hin und her,
Da geh'n die Stücke aus einand —
Da fallen sie gierig d'rüber her.
Abje, du armes Vaterland!

E. Herloßsohn.

Der deutsche Rhein*).
1840.

Eigene Melodie (von G. Reichardt u. A.)

Sie sollen ihn nicht haben
Den freien deutschen Rhein,
Ob sie wie gier'ge Raben
Sich heiser danach schrei'n.

So lang' er ruhig wallend
Sein grünes Kleid noch trägt,
So lang' ein Ruder schallend
In seine Woge schlägt!

Sie sollen ihn nicht haben,
Den freien deutschen Rhein,
So lang' sich Herzen laben
An seinem Feuerwein;

So lang' in seinem Strome
Noch fest die Felsen stehn,
So lang' sich hohe Dome
In seinem Spiegel sehn!

---

*) Deutschland hatte in den letzten beiden Decennien so sehr nur erschlaffenden Friedensbestrebungen gelebt, daß das damalige Ministerium Thiers ein Recht zu haben glaubte, napoleonische Träume von natürlichen Gränzen in Bezug auf den Rhein hegen zu dürfen. Daher die Begeisterung, mit der das Lied flammend in die Herzen der Zeit schlug und dem Dichter Freunde und Verehrer in allen deutschen Gauen gewann.

Sie sollen ihn nicht haben,
Den freien deutschen Rhein,
So lang dort kühne Knaben
Um schlanke Dirnen frein;

So lang die Flosse hebet
Ein Fisch in seinem Grund,
So lang ein Lied noch lebet
In seiner Sänger Mund!

Sie sollen ihn nicht haben,
Den freien deutschen Rhein,
Bis seine Fluth begraben
Des letzten Manns Gebein.

Nikolaus Becker.

Der Rhein.

1840.

Der deutsche Rhein —! Wie klingt das Wort so mächtig!
 Schon sehn wir ihn, den goldig grünen Strom,
Mit heitern Städten, Burgen stolz und prächtig,
 Die Lurlei dort und dort den Kölner Dom!
Der freie Rhein —! Gedächtniß unsrer Siege,
 Du mit dem Blut der Edelsten getauft,
Ruhm unsrer Väter, die in heil'gem Kriege
 Mit Liedern nicht, mit Schwertern dich erkauft! —

Ich sah ihn auch — es war ein böses Zeichen,
 Novemberwolken hingen drüber hin,
Nicht strömen, nein, mich dünkt, ich sah sie schleichen,
 Die goldne Fluth wie eine Bettlerin:
Als klagte sie, daß noch mit Zoll und Banden
 Sie ungestraft der Fremdling knechten darf,
Daß noch ein Wort, verfälscht und mißverstanden,
 Sie von des Meeres keuschen Busen warf.

Ich sah das Land — die Traube sah ich reifen,
   Die rechte Milch, um Männer groß zu ziehn,
Ließ weit hinaus mein flammend Auge schweifen,
   Dem nie ein Traumbild lieblicher erschien:
Ein lautes Echo donnernd fortzutragen
   Schien Strom und Thal und Felsen mir bereit;
Doch — grab heraus: man darf das Wort nicht wagen,
   Das freie Wort, ihr wißt es, ist gefeit!

Wer hat nun Recht zu sagen und zu singen
   Vom freien Rhein, dem freien deutschen Sohn?
O diese Lieder, die so muthig klingen,
   Beim ew'gen Gott, sie dünken mich wie Hohn!
Ja wolltet ihr erwägen und bedenken,
   Welch stolzes Wort von eurer Lippe kam,
Ihr müßtet ja das Auge niedersenken
   Mit bittern Thränen, voller Zorn und Scham!

Es gilt nicht dir, der du zuerst gesungen
   Das stolze Wort vom freien deutschen Rhein,
Das durch die Welt sich adlergleich geschwungen:
   Dich schließ' im Geist in meinen Arm ich ein!
Aus voller Brust ist dir das Lied gequollen
   Und nicht im Käficht hast du es bewahrt:
Frei fliegt es hin, wohin die Winde wollen —
   Du thatest Recht! und das ist Sängerart.

Euch gilt mein Ruf, ihr Fürsten und Vasallen,
   In deren Händen unser Schicksal liegt!
Euch Deutschen gilt es, nah und fern, euch Allen,
   So weit ein Hauch von deutschem Munde fliegt:
Mit euch zuerst müßt ihr den Kampf beginnen!
   Soll unverführt von heiserem Geschrei
Und ungetrübt des Rheines Welle rinnen,
   So seid zuerst ihr selber deutsch und frei!

Denn käme nun die Stunde der Gefahren,
    Die wir am Himmel dämmernd schon gesehn,
Ich meine wohl, ihr würdet bald gewahren,
    Daß es nicht leicht ist, Schlachten zu bestehn;
Nicht jene Burgen werden niedersteigen,
    Die Mädchen küssen, aber kämpfen nicht, —
Die stummen Fische, glaubt mir, werden schweigen,
    Und Ruder brechen, wo ein Reich zerbricht.

'sgibt einen andern, kräftigern Genossen,
    Als jener Trümmer bröckelndes Gestein:
Wer ihm den Arm, den Busen ihm erschlossen,
    Der siegt durch ihn — und auch durch ihn allein!
Ein Feuer ist's, das unauslöschlich zündet,
    Ein Zauberwort, das Mauern niederreißt —
Drum frisch gewagt und euch mit ihm verbündet:
    Es ist der deutsche, ist der freie Geist!

Gebt frei das Wort, ihr Herrn auf euren Thronen,
    So wird das Andre sich von selbst befrei'n.
Wagt's und vertraut! In allen euren Kronen,
    Wo gibt's ein hell'res, edleres Gestein?
Die Presse frei! Uns selber macht zum Richter,
    Das Volk ist reif! Ich wag's und sag' es laut:
Auf eure Weisen baut, auf eure Dichter,
    Sie, denen Gott noch Größres auch vertraut!

Sei deutsch, mein Volk! Verlern' den krummen Rücken,
    An den du selbst unwürdig dich gewöhnt!
Mit freier Stirn, gradaufwärts mußt du blicken,
    Vom eignen Muth gesittigt und verschönt.
Es kann den Fürsten selber nicht gefallen,
    Dies schmeichlerisch demüthige Geschlecht —
Ein offnes Auge! so geziemt es Allen,
    Zu Boden sieht das Thier nur und der Knecht.

So wird's erreicht! Und wenn in künft'gen Tagen
   Das stolze Frankreich unsern Rhein begehrt,
Wir werden es mit Lächeln dann ertragen,
   Dann ohne Lieder, doch die Hand am Schwert.
Denn dann gelang's, ihn ewig fest zu flechten,
   Die goldne Freiheit soll die Fessel sein;
Dann lohnt es sich, bis in den Tod zu fechten,
   Dann, deutsch und frei, dann bleibt er unser Rhein!

Robert Prutz.

Des Rheines Antwort
auf das Becker'sche Lied.

Melodie: Preisend mit viel schönen ꝛc.

Lasset ab mich zu besingen,
 Stellet ein die Litanei,
  Macht mich erst vor allen Dingen,
  Wahrhaft deutsch und wahrhaft frei.

Räumet weg die fremden Zölle,
Räumet weg der Rede Zwang,
  Daß fortan so Wort als Welle
  Ströme frei den Rhein entlang.

Redet erst, wie deutschen Mannen
Ziemt, für euer gutes Recht,
  Sonst im Kampf mit den Tyrannen,
  Russen, Wälschen geht's Euch schlecht.

Bis Ihr so Euch habt erschwungen,
Stellet ein die Litanei,
  Laßt mich lieber unbesungen,
  Nennt mich weder deutsch noch frei!

W. Cornelius.

Lied des Teufels.

Melodie: Es war ein König in Thule.

Da kommen sie hergezogen
Und reden vom freien Rhein;
Sie haben sich's vorgelogen,
Sie müssen's der Welt vorschrei'n.

Die Einen, die reden so täppig,
Die Andern voll Hochmuth sehr,
Die Dritten, die leiern schleppig,
Die Vierten klotzig schwer.

Sie stopfen sich vor dem Sturme
Das halb schon taube Ohr,
Und bauen am Babelthurme,
Und Alles bleibt wie zuvor. *)

Gustav Kühne.

xxxx

Deutschland.
Sommer 1840.

Weise: Wohlauf Kameraden auf's Pferd.

Deutschland ist noch kleines Kind,
Doch die Sonne ist seine Amme;
Sie säugt es nicht mit stiller Milch,
Sie säugt es mit wilder Flamme.

Bei solcher Nahrung wächst man schnell
Und kocht das Blut in den Adern,
Ihr Nachbarskinder hütet Euch,
Mit dem jungen Burschen zu habern!

---

*) Zu folgen Entgegnungen des Becker'schen Liedes möge man
noch die sehr ernste Parodie desselben im fünften Buche vergleichen.

Es ist ein täppisches Rieselein,
Reißt aus dem Boden die Eiche,
Und schlägt Euch damit den Rücken wund
Und die Köpfe windelweiche.

Dem Siegfried gleicht er, dem edlen Fant,
Von dem wir singen und sagen;
Der hat, nachdem er geschmiedet sein Schwert,
Den Amboß entzwei geschlagen!

Ja, du wirst einst wie Siegfried sein,
Und tödten den häßlichen Drachen,
Heisa! wie freudig vom Himmel herab
Wird deine Frau Anime lachen!

Du wirst ihn tödten, und seinen Hort,
Die Reichskleinodien, besitzen.
Heisa! wie wird auf deinem Haupt
Die goldne Krone blitzen!

Heinr. Heine.

Der Rhein soll deutsch verbleiben.
Oktober 1840.
Eigne Weise.

Wo solch ein Feuer noch gedeiht,
Und solch ein Wein noch Flammen speit,
Da lassen wir in Ewigkeit,
Uns nimmermehr vertreiben.
Stoßt an, stoßt an! der Rhein!
Und wär's nur um den Wein,
Der Rhein soll deutsch verbleiben!

Herab die Büchsen von der Wand,
Die alten Schläger in die Hand;
Sobald der Feind dem wälschen Land
Den Rhein will einverleiben.

Haut Brüder, muthig drein!
Der alte Vater Rhein,
Der Rhein soll deutsch verbleiben!

Das Recht' und Link', das Link' und Recht',
Wie klingt es falsch, wie klingt es schlecht!
Kein Tropfen soll, ein feiger Knecht,
Des Franzmanns Mühlein treiben.
Stoßt an, stoßt an! der Rhein,
Und wär's nur um den Wein,
Der Rhein soll deutsch verbleiben!

Der ist sein Rebenblut nicht werth,
Das deutsche Weib, den deutschen Heerd,
Der nicht auch freudig schwingt sein Schwert,
Die Feinde aufzureiben.
Frisch in die Schlacht hinein,
Hinein für unsern Rhein!
Der Rhein soll deutsch verbleiben!

O edler Saft, o lauter Gold,
Du bist kein ächter Sklavensold,
Und wenn ihr Franken kommen wollt,
So laßt vorher euch schreiben:
Hurrah, hurrah, der Rhein,
Und wär's nur um den Wein,
Der Rhein soll deutsch verbleiben!

Georg Herwegh.

Reiterlied.
1841.
(Weise von A. Conradi.)

Die bange Nacht ist nun herum,
Wir reiten still, wir reiten stumm,
Und reiten in's Verderben.

Wie weht so scharf der Morgenwind!
Frau Wirthin noch ein Glas geschwind
Vorm Sterben,

Du junges Gras, was steh'st so grün?
Mußt bald wie lauter Röslein blühn,
Mein Blut soll ja dich färben.
Den ersten Schluck, an's Schwert die Hand,
Den trink' ich, für das Vaterland
Zu sterben,

Und schnell den zweiten hinterbrein,
Und der soll für die Freiheit sein,
Der zweite Schluck vom Herben!
Dies Restchen — nun, wem bring' ich's gleich?
Dies Restchen dir, o römisch Reich,
Zum Sterben,

Dem Liebchen — doch das Glas ist leer,
Die Kugel saust, es blitzt der Speer;
Bringt meinem Kind die Scherben!
Auf! in den Feind wie Wetterschlag!
O Reiterlust, am frühen Tag
Zu sterben!

Georg Herwegh.

Die Teutschen seit dem Jahre 1840.

Endlich ist gelöst des Bannes Siegel,
Freudig sind die Herzen aufgethan,
Und das Leben wird des Denkens Spiegel,
Und zur Wahrheit was erschien als Wahn.

Der Gefühle wehemüth'ge Träume,
Sie verwehen mit der stillen Nacht,
Thaten füllen dann der Sehnsucht Räume,
Wie der lichte, kräft'ge Tag erwacht.

Teutscher Sinn erschien verweht, verloren,
Ewig bleibend nur ein Ideal,
Das nie war, das niemals wird geboren,
Blos ein kalter, lebenloser Strahl.

Doch der Lärmschuß tönte aus dem Westen,
Donnerte durch jegliches Gemüth,
Alle, die Geringsten wie die Besten,
Sind von Lieb zum Vaterland erglüht.

Was die Seelen Wen'ger nur durchdrungen,
Was die Meng' behandelte mit Hohn,
Hält die Deutschen alle fest umschlungen,
Von der niedern Hütte bis zum Thron.

Jetzt, entfesselt seiner alten Bande,
Nicht die Wirklichkeit ihm mehr entrafft,
Lebt der Teutsche seinem Vaterlande,
Der im Träumenbwachen schien erschlafft.

Und der leere Nebel ist zerronnen
Lang darinnen der Gedanke schwamm,
Selbstgefühl und Thatkraft nun durchwonnen
Jugendfeurig jeden teutschen Stamm.

Ja! der heil'ge Funken hat gezündet,
Wärmend, leuchtend dieser Flamme Licht;
Nicht gemessen wird sie, noch ergründet,
Größer wird sie, sie verlöschet nicht.

Der Vereinigung ein hehres Zeichen,
An dem alten Rhein, dem teutschen Ström,
Dem kein anderer vermag zu gleichen,
Rag' gen Himmel Kölns ehrwürd'ger Dom.

Auch sein Bau war lange unterbrochen,
Wie es der Gemeinsinn lange war;
Zwietracht wird doch nie mehr unterjochen;
Ihre Schmach, die stell' sich immer dar.

Zeuge sein wird stets des Doms Vollendung
Teutscher Eintracht und Beharrlichkeit,
Daß vorüber nun ist die Verblendung;
Heil'ges Denkmal einer großen Zeit.

König Ludwig.

Straßburg.
1841.

O Straßburg, o Straßburg
Du wunderschöne Stadt!
Du lugst so weit im Land' umher
Und d'rum gefällst du mir so sehr,
Du wunderschöne Stadt.

Ich zieh', ein armer Bursche,
In dich, du schöne Stadt!
Wie alles heimelnd winkt und blinkt,
Wie schön der goldne Abend sinkt
Auf dich, du schöne Stadt!

Es schirmt dein hoher Münster
Dich, wunderschöne Stadt!
Hoch auf dem Kreuz die Jungfrau steht
Im Abendgold und sieht und sieht,
Für dich, du schöne Stadt!

Gegrüßt seid, lieben Leute,
Gegrüßt seid allzumal,
Hier sieht's so traut, so heimisch aus,
Als ständ' hier meines Vaters Haus
In dieser schönen Stadt.

Ich bin ein armer Bursche,
Vom Wandern matt und müd',
Hier möcht' ich mir wohl Hütten bau'n,
Du hast so wundervolle Frau'n,
Du wunderschöne Stadt!

9*

Sie schlüpfen durch die Gassen,
So munter und so froh,
Du hast so schönen, deutschen Wein,
Du liegst an unserm deutschen Rhein,
Du wunderschöne Stadt!

Ich habe keinen Groschen,
Doch brav und deutsch mein Herz,
Ich komme von der Ostsee her,
Mein Herz ward voll, mein Beutel leer,
Du wunderschöne Stadt!

Was lacht Ihr, lieben Leute,
Was zischt Ihr denn so laut?
„C'est un Allemand! C'est un Allemand!
Was will der im franzö'schen Land,
Was in franzö'scher Stadt!"

„Wiß' er, nous sommes Franzosen,
Wiß' er, wir sind non deutsch,
Wiß' er, wir haben liberté,
Drum rath' ich ihm, toute suite, er geh'
Aus der franzö'schen Stadt!"

O Straßburg, o Straßburg,
Warst einst 'ne deutsche Stadt!
Wer hat den Münster aufgebaut,
Der traurig träumt und trübe schaut
Auf dich, du schöne Stadt?

O Straßburg, o Straßburg!
Warst einst 'ne deutsche Stadt!
Ich wandere über den deutschen Rhein,
Da fällt mir eine Thräne hinein
Um dich, du schöne Stadt.

Friedr. Saß.

Zeichen der Zeit.

1841.

Ich sah einen Knaben, der spielte Krieg
Mit zierlichen zinnernen Truppen.
Da hört' er 'ne Trommel, fuhr auf und schwieg,
In den Ofen warf er die Puppen:
Und sah mit Augen kühn und stolz,
Wie das Metall im Feuer schmolz —
                Spute dich, Knabe!

Ich sah einen Jüngling, der fuhr empor
Und schüttelte seine Locken,
Aus der Dirnen Arm, aus der Zecher Chor,
Ueber sich selbst erschrocken:
Er stand und lauschte vor Scham,
Obschon die Morgenröthe kam —
                Hast du's verschlafen?

Ich sah einen Mann, der stand am Herd,
In seiner Kinder Kreise;
Kugeln goß er und schliff ein Schwert
Und pfiff eine muntere Weise:
Er sah nicht auf, er sprach kein Wort,
Er schliff und pfiff nur lustig fort —
                Wird es bald scharf sein?

Ich sah einen Greis, der sprach bei sich:
„Weh mir elendem Greisen!
Bald donnert die Schlacht nun ohne mich,
Ohne mich nun funkelt das Eisen!
Muß liegen in des Grabes Schooß,
Und oben bricht die Freiheit los" —
                Warte mit Sterben!

                    Robert Prutz.

Gesang bei Grundsteinlegung der Befreiungshalle.

1842.

Heil euch! wack're Männer, muth'ge Krieger,
Die errungen ihr den Heldenkranz,
Heil euch! treue Teutsche, tapf're Sieger,
Ewig währet eurer Thaten Glanz.

Dumpf und finster hat es uns umgeben,
Und kein Teutschland gab es damals mehr;
Ihr doch schwangt auf's Neue es zum Leben,
Siegreich ragt es wieder hoch und hehr.

Daß die Zwietracht schmählich uns gekettet,
Dieß vergessen werde nie, und nie,
Daß die Eintracht uns allein gerettet,
Die der Heimath Ruhm und Sieg verlieh.

Durch der Zeiten weite Ferne schlinge
Immer sich der Eintracht heilig Band,
Jedes Teutschen Seele sie durchdringe,
Unbesiegt bleibt dann das Vaterland.

König Ludwig.

Gegensätze.

1842.

Die Fauste der Dichtung gedeihen gut,
Der Männer Fäuste erschlaffen,
Tagtäglich steigt der Skribenten Muth,
Tagtäglich rosten die Waffen.
Die Zeit wird zum schönsten Leder gegerbt,
Doch Niemand zieht vom Leder,
Die Wehr, die der Sohn vom Vater erbt,
Sind Rothstift und Gänsefeder.

Der Schwertschlag wird zum Raisonnement,
Zur Phrase jede Phase,
Die Herzensgluth zum Echauffement,
Der Zeitschaum zur Seifenblase.
Das Bärtchen wird zierlich zugestutzt
Auf der Weltgeschichte Backe,
Ihre Hose war gar so abgenutzt,
So plump war ihre Jacke.

Nun geht sie im Fräckchen stolz einher,
Mit langen, langen — Manschetten.
Ihre Hände glänzen von Ringen schwer,
Ihre Brust von Orden und Ketten.
Nun muß sie fashionable sein,
Nicht Raucher mehr noch Schnupfer.
Im saubern Paris bestellt sie sein
Die Muster= und Modekupfer.

Man denkt, man stelle Menschen dar
In dieser Affenkomödje.
So travestirt man schon viele Jahr
Die alte histor'sche Tragödje.
Politiker darf jetzt Jeder sein
Nach dem beliebten Muster.
Mit Thiers um die Wette drein
Schreibt jeder Schneider und Schuster.

Ja, leckt nur an dem Zeitungsspeck
Und wischt euch nachher die Finger.
Baut Häuser und Paläste keck
Aus altem und neuem Dünger:
Im Wirbelwinde schon kommt und naht
Ein Gott mit seinem Gerichte —
Und für das geschichtliche Surrogat
Tritt ein die Weltgeschichte!

Hermann Marggraff.

×××××

Deutsche Studenten.

1842.

Chor.

Studenten sind die bravsten Leut',
Sie hungern und studiren heut',
Und zechen und schmausen morgen.

Einer.

Ein gesunder Sinn, ein frischer Muth,
Ihr jungen und alten Knaben,
Die sind zu allen Dingen gut
Und echte Himmelsgaben.
Sie helfen uns Gewalt und Trug
Und Hinterlist zerreiben. —
Drum, bis zum letzten Athemzug,
Laßt uns Studenten bleiben!

Chor.

Studenten sind die bravsten Leut',
Sie hungern und studiren heut',
Und zechen und schmausen morgen.

Einer.

Sie sind die echte Geisteswehr,
Die Landwehr der Gedanken,
Und lieben sie den Schwank auch sehr,
Stehn sie doch sonder Schwanken.
Den Teufel, sei er noch so klug,
Verstehn sie auszutreiben —
Drum, bis zum letzten Athemzug,
Laßt uns Studenten bleiben!

Chor.

Studenten sind die bravsten Leut',
Sie hungern und studiren heut',
Und zechen und schmausen morgen.

Einer.

Sie führen oft für Dies und Das
Und Das und Dies den Hieber;
Doch haben sie das volle Glas
Zu mancher Zeit noch lieber.
Ein guter Hieb, ein voller Zug,
Dabei soll es verbleiben —
Drum, bis zum letzten Athemzug,
Laßt uns Studenten bleiben!

Chor.

Studenten sind die bravsten Leut',
Sie hungern und studiren heut',
Und zechen und schmausen morgen.

Einer.

Auch außer dem Collegium
Gibt's noch ein tüchtig Streben,
Das ganze Sein ist Studium
Und Wissenschaft das Leben.
Das Buch allein ist nur ein Spuck,
Das Leben sei kein Schreiben —
Drum, bis zum letzten Athemzug,
Laßt uns Studenten bleiben!

Chor.

Studenten sind die bravsten Leut',
Sie hungern und studiren heut',
Und zechen und schmausen morgen.

Einer.

Wer wird, wie sie, bis in den Tod
Das Vaterland beschützen?
Des Heldenblutes Rosenroth
Im Kampfgefild verspritzen?

Des Teufels und des Auslands Lug
Mit gleicher Kraft vertreiben?
Drum, bis zum letzten Athemzug,
Laßt uns Studenten bleiben!

Chor.

Studenten sind die bravsten Leut',
Sie hungern und studiren heut',
Und zechen und schmausen morgen.

Hermann Marggraff.

Deutsche Einheit.
1843.

Vergönnt sei euch in Gnaden,
Ihr Deutsche, deutsch zu sein!
Reiht euch an einen Faden,
Den deutschen Zollverein!

Frei sei nun euer Handel
In Leder, Tuch und Wachs,
Was zählt nach Schock und Mandel,
In Eiern, Obst und Flachs!

Frei sei nun euer Handel
In Rüben, Kraut und Speck!
Nur euer Lebenswandel
Sei nicht zu frei und keck!

Nicht greizisch und nicht lippisch,
Noch schleizisch sollt ihr sein!
Vergeßt nur nicht zu schnippisch
Den Paß und Heimathschein!

Hermann Marggraff.

Ein Lied am Rhein.
1843.

Durch diesen Herbstestag voll Sturm
Zum Drachenfels empor die Steige!
Schon winkt zu Haupten mir der Thurm,
Der breite, durch die falben Zweige.
Da steh' ich — rother Sonnenschein —
Umlodert königlich die Klippe;
Zu meinen Füßen braust der Rhein —
Mir schlägt das Herz — o reichet Wein,
Das volle Glas reicht meiner Lippe!

Dir sei's, o deutsches Volk, gebracht,
Dem Einen, großen, wundervollen,
So weit der Himmel um dich lacht
Und über dir die Donner rollen!
Was kümmert's mich, auf Stein und Holz
Wie deiner Wappen Farben streiten!
Ich meine dich, das jüngst noch stolz
In Hamburgs Brand zusammenschmolz,
Korinthisch Erz für alle Zeiten.

Und wieder füllt den Römer mir,
Laßt sprüh'n, laßt sprüh'n, die göld'nen Funken!
Er sei aus vollem Herzen dir
Zum Preis, o deutscher Geist, getrunken;
Dir, der sich aus den Tiefen nährt,
Der gleich dem wilden Sohn der Trauben,
Wenn er im Lenze braust und gährt,
Im Feuer süßer nur sich klärt,
Dir, Geist voll Liebe, Kraft und Glauben.

Und nochmals füllt! Und wenn darein
Die Neigen aus der Flasche troffen:
Es soll darum nicht schlechter sein;
Den letzten Becher unserm Hoffen!

Dem Wort ein fröhlich Auferſteh'n!,
Dem freien Kampfe der Gedanken!
Laßt kühn des Geiſtes Stürme geh'n!
Was Spreu iſt, mag wie Spreu verweh'n,
Was Felſen iſt, wird doch nicht wanken!

Vorwärts! heißt unſer Loſungswort,
Und durch die Reihen rauſcht's im Volke —
Ein Schneegeſtöber dräut vom Nord,
Und dort im Weſten murrt die Wolke —
Vorwärts darum am eignen Heerd,
Daß Jena's Schmach ſich nicht erneue;
Vorwärts! und wenn's der Tag begehrt,
Dann blitz' in jeder Fauſt ein Schwert,
Und Gott mit uns und deutſche Treue!

Emanuel Geibel.

Deutſcher Patriot.

Was iſt, Ihr Herr'n, ein deutſcher Patriot?
An alle Fakultäten dieſe Frage —? —
„Ein Mann, der Sonntags dient dem lieben Gott
Und ſeinem König alle Werkeltage."

Was will, Ihr Herr'n, ein deutſcher Patriot? —
„Für ſich ein Aemtchen, Titelchen und Bändchen,
Für ſeine — ehelichen — Kinder Brod,
Und legitime Fürſten für ſein Ländchen."

Wie denkt, Ihr Herr'n, ein deutſcher Patriot? —
„Wenn's hoch kommt, wie die Allgemeine Zeitung;
Vom Franzmann ſpricht er nur mit Haß und Spott
Und ſchwärmt für Preußens Gaslichts-Welt-Verbreitung.

Was kann, Ihr Herr'n, ein deutſcher Patriot? —
„Recepte, Akten und Kompendien machen,
Laut klagen über ſeines Volkes Noth
Und heimlich in ſein ſichres Fäuſtchen lachen."

Hinaus zum Tempel, deutscher Patriot! —
— Eh' du dich in's Sanctissimum geheuchelt,
Und eh' dein Kuß, Judas Ischarioth,
Die Freiheit, den Messias, rücklings meuchelt!!

Fr. Dingelstedt.

Zunge und Schwert.
1843.

Viele gute, brave Leute
Fochten gestern, fechten heute,
Für des Vaterlandes Rechte
Kühn und dreist in dem Gefechte —
   Mit der Zunge.

Nichts wird ihnen widerstehen,
Alles muß zu Grunde gehen,
Denn sie meinen's wahrlich bieder,
Hauen ein und stechen nieder —
   Mit der Zunge.

Einig sind sie alle — alle!
Daß es Keinem ein nur falle,
Ihre Freiheit zu verletzen,
Bis zu Tod wird man ihn hetzen —
   Mit der Zunge.

Für die Russen und Franzosen
Giebt's in grimmigem Erbosen,
Nur aus Vaterlandes Liebe,
Jetzt schon viele wackre Hiebe —
   Mit der Zunge.

Zungen sind zwar scharfe Waffen,
Doch den Feind bei Seit' zu schaffen,
Möchte sich'rer wohl gelingen
Guten, alten deutschen Klingen —
   Auch mit Schweigen.

Ob wir einig sind und bleiben,
Alle Feinde zu vertreiben,
Wenn sie uns zu necken wagen,
Wird sich zeigen erst beim Schlagen —
Auch mit Schweigen.

Drum, ihr guten, braven Leute,
Fechtet morgen, fechtet heute!
Heißt die kühne Zunge schweigen!
Was ihr könnt, das sollt ihr zeigen
Mit dem Schwerte
Auch mit Schweigen!

Joseph Müller.

Germania's Freier.

Melodie von Heinr. Marschner.

O ich betrübter Freiersmann,
Ich such' nach meiner Braut,
Die ich doch nirgends finden kann,
Ist sie mir schon getraut.
Du bist nicht fern, du bist nicht nah,
Wo find' ich dich, Germania?

Germania!

Du bist nicht schön, du bist nicht jung,
Und doch lieb' ich dich sehr;
Daß ich dich lieb', ist mir genug,
Und das betrübt mich schwer.
Ich ruf' nach dir, du alte Braut,
Ich ruf dich still, ich ruf dich laut,

Germania!

Ich suchte dich am Donaustrand,
Und auch beim Vater Rhein;
Ich suchte dich im Böhmerwald,
An Elbe, Weser, Main.

Allüberall Germania,
Und doch nicht hier, und doch nicht da,
Germania!

Ach bist du Mumie schon, derweil
Mein Herz noch glüht und blüht?
O komm' doch endlich alleweil,
Bevor die Jugend flieht.
Jungfrau, Jungfrau Germania,
Annoch sind deine Freier da,
Germania!

Gustav Kühne.

✕✕✕✕

Der rechte Hermannsarm*).

Bandelhermanns rechten Arm
Stahl ein Dieb — daß Gott erbarm! —
Und ein Diebshallo erschallt
Durch den Teutoburger Wald.

O das Hussa und Hallo
Macht die Zeitungsschreiber froh,
Aber krankes deutsches Reich,
Macht das Zeichen dich nicht bleich?

Nein, mein krankes deutsches Reich,
Wirst durch Zeichen nicht mehr bleich,
Hast der Wahrheit nur zu viel,
Lügenspiel und Schelmenspiel.

---

*) Bekanntlich ist der rechte Arm von dem Standbilde des Cheruskerfürsten Hermann, des Römerbesiegers, das nach dem Entwurf des Bildhauers Ernst Bandel auf der Grotenburg bei Detmold im Teutoburgerwalde errichtet werden sollte, in den vierziger Jahren gestohlen worden.

Schrei zum Dieb! zum Ehrenraub!
Wälze dich in Asch' und Staub!
Moskowit, Franzos, Pandur
Will zerstampfen deine Flur.

Ha der Schande, daß der Knecht,
Daß der Sklave schreibt dein Recht,
Stolzes tapfres Hessenland!
Edles freies Holsteinland!

Daß der Kantschu und der Stock
Klopfen darf den deutschen Rock,
Daß uns Wien und Petersburg,
Mahnt des Arms der Teutoburg!

Kön'ge, Fürsten ohne Zahl —
Fährt in keinen denn ein Strahl,
Blitz von Freiheitstobsgethürst?
Heißt doch Vorderstreiter Fürst.

Hebt für deutschen Ehrenlauf
Keiner denn das Banner auf?
Ach, sein Schwarzrothgolden liegt,
Und die Lüge höhnt und siegt.

O mein Deutschland, dieser Born,
Hätt' er einen Tropfen Zorn,
Nur ein Tröpfchen Hermannsblut,
Augenblicks wär' alles gut.

Ja, mein Deutschland, du wärst da,
Wärst mit allen Herzen da,
Schlügst mit allen Schwertern drein,
Wagte Einer groß zu sein.

E. M. Arndt.

An Deutschland.

Das eben ist der Fluch der bösen That,
Daß sie, fortzeugend, Böses muß gebären;
Das eben ist der Fluch der gift'gen Saat,
Daß sie, entsprossen, trägt nur gift'ge Aehren.
Das ist der Fluch der deutschen Einigkeit,
Daß sie nie einig sich und groß kann zeigen,
Das ist der Fluch der deutschen Niedrigkeit,
Daß sie den Nacken selbst in's Joch muß beugen!

Wer findet jetzt noch deutschen Männermuth,
Der kühn besieget Varus' Legionen?
Wer findet jetzt noch edles deutsches Blut,
Das, Freiheit glühend, bettelt nicht vor Thronen?
Wer findet jetzt noch heil'ge deutsche Kraft,
Die kühn zertritt des Franzmanns falsche Götzen?
Ach, Deutschland, Deutschland, du bist schmacherschlafft,
Stumpf und zertheilt in neun und breißig Fetzen!

Gleich einem Aal zuckst du die Glieder nur,
Den scharf die Messer für den Gaum zerschnitten;
Dein großes Sein verschwand in feiger Spur,
In der du dumpf den Todesstreich gelitten.
In Todesröcheln, schwerer Lethargie,
Liegt deine Stärke, lieget deine Seele,
Du stirbst als Löwe nicht in Energie,
Du stirbst als krank=bigotte Philomele.

Und das, das ist der Fluch, der auf dir ruht,
Die Todesgruft, die du dir selbst gegraben;
Denn wer nicht fechten kann für heil'ges Gut,
Der darf und soll auch keine Freiheit haben.
Das ist der Fluch der feigen Niedrigkeit,
Durch die du selbst dich schlugst in Sklavenbanden;
Das ist der Fluch von deiner Einigkeit,
Daß du die Einigkeit nicht hast verstanden! —

Chlodwig.

xxx

Das Lied von den deutschen Schriftgelehrten.
1844.

Melodie: Was glänzt dort vom Walde im Sonnenschein.

Wer sitzt so geschäftig im Stübchen daheim
Bei der Lampe spärlichen Flammen?
Wer philosophiret und meditirt,
Wer liest, schlägt nach und wer excerpirt
Und schreibt so vieles zusammen?
Ihr fragt: wer können die Männer wohl sein?
Das sind, das sind Deutschlands Schriftgelehrten allein.

Wer bringet so tief in die Wissenschaft,
So tief in die tiefsten Tiefen?
Wer redet hebräisch, griechisch, latein?
Wer lieset chinesisch, und obendrein
Sogar auch die Hieroglyphen?
Ihr fragt: wer können die Männer wohl sein?
Das sind, das sind Deutschlands Schriftgelehrten allein.

Wer weiß vom Himmel und Hölle so viel,
So viel von dem künftigen Leben?
Von Gott und den Engeln und Jesu Christ,
Und was denn der Teufel so eigentlich ist,
Und was sich seit Adam begeben?
Ihr fragt: wer können die Männer wohl sein?
Das sind, das sind Deutschlands Schriftgelehrten allein.

Wer weiß, wie die Erde war, wie sie ist,
Und was wohl daraus noch entstehet?
Wer kennet, was drin ist und drauf ist und drum?
Wer sieht sich genau nach Allem um,
Was fliegt, schwimmt, stehet und gehet?
Ihr fragt: wer können die Männer wohl sein?
Das sind, das sind Deutschlands Schriftgelehrten allein.

Wer schreibt für Gewerbe= und Preßfreiheit?
Wer redet vom Fortschrittsglücke?
Wer bleibet sitzen im Rococo,
Lateinische Narren in Folio
Mit Magisterzopf und Perrücke?
Ihr fragt: wer können die Männer wohl sein?
Das sind, das sind Deutschlands Schriftgelehrten allein.

Wer will von dem deutschen Vaterland
So wenig als möglich nur wissen?
Wer preiset und lobet so ohne Scham
Uns jeden ausländischen Quark und Kram
Für köstliche Leckerbissen?
Ihr fragt: wer können die Männer wohl sein?
Das sind, das sind Deutschlands Schriftgelehrten allein.

Wer lehrt, was erhaben und schön ist und gut,
Was Freiheit und Recht ist und Tugend?
Und ist doch selbst so gesinnungslos,
Alles tüchtigen Wirkens so baar und bloß
Vor einer begeisterten Jugend?
Ihr fragt: wer können die Männer wohl sein?
Das sind, das sind Deutschlands Schriftgelehrten allein.

Wer thut so beseelt für der Menschheit Wohl?
Wer zeigt sich der Freiheit gewogen?
Wer redet für Wahrheit, wer schreibet von Recht,
Und dient der Gewalt als gehorsamer Knecht
Und macht sich zum Hofdemagogen?
Ihr fragt: wer können die Männer wohl sein?
Das sind, das sind Deutschlands Schriftgelehrten allein.

Wer geizet nach Titeln, nach Orden und Geld
Sein ganzes gelehrtes Leben?
Wer ist, wenn man nur ihn erträglich stellt,
Der zufriedenste Mann in der ganzen Welt
Und jeder Regierung ergeben?

10*

Ihr fragt: wer können die Männer wohl sein?
Das sind, das sind Deutschlands Schriftgelehrten allein.

Deutsche Salonlieder,
Zürich und Winterthur 1845.

⋙⋘

Die Völkerschlacht bei Leipzig.

Melodie: Es hatten drei Gesellen ein fein 2c.

Es wollten viel treue Gesellen
Sich kaufen ein Vaterland,
Zu Leipzig mit eisernen Ellen
Ein freies Vaterland.

Bei Leipzig ruhet begraben
Wohl mancher Mutter Kind,
Das Grablied sangen ihm Raben,
Die dort geflogen sind.

Was fraget ihr, Todesgenossen,
Die ihr da unten ruht:
Was half es, daß es geflossen
So viel vom rothen Blut?

Wer kann euch Antwort sagen,
Wer sagen solches Leid?
Wohl euch, daß ihr erschlagen,
Daß ihr erschlagen seid!

J. Mosen.

⋙⋘

Der Jugend.

Weise: Auf ihr Brüder, laßt uns wallen (Stunz.)

Brutus, schläfst du? — deutsche Jugend,
Bist du auch noch nicht erwacht?
Schlafen ist die schönste Tugend,
Die das Alter hat erdacht.

Doch der Jugend ziemt zu handeln,
Ziemt das kühne Wort, die That!
Laß die Alten ruhig wandeln
Den bescheiden stillen Pfad.

Brutus, schläfst du? — drauf zu schlafen,
Suche Lorbeern dir vorerst,
Ehe du zum sichern Hafen
Kampfesmüde wiederkehrst.
Nicht die Folgen lang erwogen,
Frische That und freien Muth!
Scheint den Alten unerzogen
Auch ein solches junges Blut!

Brutus, schläfst du? — Laß den Alten
Ihrer Weisheit Uebermaß,
Die so schön weiß Haus zu halten,
Daß sie niemals sich vergaß.
Die vor lauter Ueberlegen
Nie zum Ziele hingelangt,
Und auf thatenlosen Wegen
Ihrem Grab entgegenwankt.

Brutus, schläfst du? — Horch, schon rufen
Deines Volkes Stimmen dich!
Zu des Ruhmes höchsten Stufen
Hebet nur die Jugend sich!
Nur die Jugend weiß von Thaten,
Sie nur ist die Zeit der Kraft. —
Ha, dein Volk hast du verrathen,
Hast du nichts dafür geschafft.

Ostpreußische Lieder.

Bürgerlied.

Nach der Melodie: „Prinz Eugenius, edler Ritter."

Ob wir rothe, gelbe Kragen,
Helme oder Hüte tragen,
Stiefel tragen oder Schuh:
Oder ob wir Röcke nähen
Und zu Schuhen Drähte drehen:
Das thut, das thut nichts dazu.

Ob wir können präsidiren,
Oder müssen Akten führen,
Ohne Rast und ohne Ruh;
Ob Collegia wir lesen,
Oder aber binden Besen:
Das thut, das thut nichts dazu.

Ob wir stolz zu Rosse reiten,
Oder ob zu Fuß wir schreiten
Fürbaß unserm Ziele zu;
Ob uns Kreuze vorne schmücken,
Oder Kreuze hinten drücken:
Das thut, das thut nichts dazu.

Aber ob wir Neues bauen
Oder Altes nur verdauen,
Wie das Gras verdaut die Kuh;
Ob wir in der Welt was schaffen,
Oder nur die Welt begaffen;
Das thut, das thut was dazu.

Ob im Kopfe Licht und Klarheit
Und im Herzen Gluth und Wahrheit,
Daß es brennt in einem Nu;
Oder ob wir hinter Mauern
Stets im Dunkel träge kauern:
Das thut, das thut was dazu.

Ob wir rüstig und geschäftig,
Wo es gilt zu wirken kräftig,
Immer tapfer greifen zu;
Oder ob wir schläfrig denken:
„Gott wird's wohl im Schlafe schenken!"
Das thut, das thut was dazu.

Drum ihr Bürger, drum ihr Brüder,
Alle eines Bundes Glieder,
Was auch jeder von uns thu' —
Alle, die dies Lied gesungen,
So die Alten wie die Jungen,
Thun wir, thun wir denn dazu!

Königsberger Volkslied.

Gesang deutscher Männer.
Nach eigner Melodie.

Es heult der Sturm, es braust das Meer;
Herbei, ihr Sorgen groß und schwer,
Heran bei Wetter und Regen!
In unsern Adern jauchzet die Lust,
Wir deutschen Männer werfen die Brust
Euch keck und kühn entgegen.

Es heult der Sturm, es braust das Meer;
Mag rings um uns der Feigen Heer
Sich scheu'n vor Gram und Sorgen.
Uns freut Gefahr und Sturmesdrang,
Wir woll'n beim fröhlichen Becherklang
Ausharren zum kommenden Morgen!

Es heult der Sturm, es braust das Meer;
So liegt's auf Deutschland hart und schwer,
Das Vaterland in Ketten.
Es gilt — die Hand an's Herz gelegt,
Wem muthig ein Herz im Busen schlägt —
Das Vaterland zu retten.

Es heult der Sturm, es braust das Meer;
So zieh'n Gefahren um uns her,
Drob lasset heut' uns sorgen!
Und was wir heut' hier Kühnes geschafft,
Das wollen wir mit Muth und Kraft
Vollbringen am kommenden Morgen.

Es heult der Sturm, es braust das Meer;
Es zittert das Erdreich um uns her;
Drum fröhlich, ihr Männer, getrunken.
Dann morgen auf und das Schwert zur Hand,
Bis wir befreit das Vaterland,
Und der Feind zur Hölle gesunken.

Friedrich Lange.

Eisen, Eisen bricht die Noth.

Eigne Melodie.

Noth bricht Eisen! Feige Brut!
Kriecht und duckt Euch, gähnt und ruht!
Laßt Euch knuten, laßt Euch schinden,
Leib und Seel mit Stricken binden,
Mit dem Sprüchlein: Noth bricht Eisen,
Würzet das Bedientenbrod! —
Männer singen andre Weisen:
Eisen, Eisen bricht die Noth!

Noth bricht Eisen! Nein zumal
Faßt das Eisen, faßt den Stahl
Für des Menschen höchste Güter, —
Eurer Rechte treuer Hüter,
Gegen Teufel und Tyrannen
Steht und wehrt Euch bis zum Tod!
Alle kann ein Sprüchlein bannen:
Eisen, Eisen bricht die Noth!

Eisen, Eisen bricht die Noth!
Was dich fesselt, was dir droht,
Armes Volk, von allem Bösen
Kann das Eisen nur erlösen.
Rollt das Rad der Zeit geschwinder,
Flammt der Himmel blutigroth:
Wer bewahrt uns Weib und Kinder!
Eisen, Eisen bricht die Noth.

L. Seeger.

Die deutsche Jungfrau.

Melodie: { Sind wir vereint,
{ Wenn heut ein Geist ꝛc.

Wem soll das Hoch des Herzens tönen?
Der deutschen Jungfrau tön' es laut —
Dem Edelsten von allem Schönen,
Der Jungfrau, unserm Geist vertraut!
Der edlen Jungfrau, die durchdrungen
Vom reinen deutschen Hochgefühl,
Ihr sei dies Männerlied gesungen
Ihr Chor-Gesang zum Saitenspiel.

Der Jungfrau, die mit uns empfindet,
Was noth dem deutschen Vaterland,
Die sich aus Liebe nur verbindet
Mit dem, der tief ihr Herz erkannt —
Der Jungfrau, die den Deutschen ehret,
Weil er als Mann ein Deutscher ist;
Die nur ein deutsches Herz begehret,
Und nicht des Mannes Schätze mißt!

Sie mög' sich selbst das Ziel erkennen,
Das ihr als deutschem Weib gestellt;
Mit dem für Deutschlands Heil entbrennen,
Dem sie sich liebend zugesellt!

Sie mög' als Mutter treu die Söhne
Dem Vaterland zum Ruhm erzieh'n!
Daß kein Geschlecht der Knechtschaft fröhne,
Mög' sie für Volkes Freiheit glüh'n!

Im Weibe blüht des Volkes Ehre;
Durch sie gedeiht das Kraftgeschlecht,
Der Sohn gedenkt der Mutterlehre —
Des Worts für Wahrheit, Freiheit, Recht.
Ja, noch als Mann gedenkt der Knabe,
Was Mutterlieb ihm eingeprägt.
Die Tugend ist des Weibes Gabe,
Auf den Altar des Volks gelegt.

Drum soll das Weib — die Jungfrau leben,
Die Knospe deutscher Herrlichkeit!
Ihr Hoch soll laut den Kreis durchbeben
In Ahnung einer schönern Zeit!
Und wer den Tod im Kampfe findet,
Eh' ihm der Hoffnung Traum gewährt,
Wohl ihm! Die Hand der Jungfrau windet
Den Sargkranz um sein deutsches Schwert.

Harro.

xxxx

Schlachtlied.

Eigne Melodie.

Kein schön'rer Tod ist auf der Welt,
Als wer vor'm Feind erschlagen,
Auf grüner Haid', im freien Feld,
Darf nicht hör'n groß' Wehklagen;
Im engen Bett nur Ein'r allein
Muß an den Todesreihen,
Hier findet er Gesellschaft sein,
Fall'n mit, wie Kräuter im Maien.

Manch frommer Held mit Freudigkeit
Hat zugesetzt Leib und Blute,
Starb sel'gen Tod auf grüner Haid,
Dem Vaterland zu gute.
Kein schön'rer Tod ist in der Welt,
Als wer vor'm Feind erschlagen,
Auf grüner Haid', im freien Feld
Darf nicht hör'n groß' Wehklagen.

Mit Trommelklang und Pfeifengetön
Manch frommer Held ward begraben,
Auf grüner Haid gefallen schön,
Unsterblichen Ruhm thut er haben.
Kein schön'rer Tod ist in der Welt,
Als wer vor'm Feind erschlagen,
Auf grüner Haid', im freien Feld,
Darf nicht hör'n groß' Wehklagen.

Volkslied.

✕✕✕✕

Der Tod für's Vaterland.

Melodie: { Wenn alle untreu werden 2c.
{ Willkommen vielgrüne Rebe 2c.

Das Höchste, was wir kennen,
Ist freies Vaterland;
Das Schönste, was wir nennen,
Ist Tod für's Vaterland: —
Ein Vaterland im Glanze
Von Freiheits-Morgenroth;
Der Freiheit Himmelspflanze
Entsproßt aus Opfertod.

Das Vaterland vor Ketten
Zu schirmen für und für,
Und, ist's umgarnt, zu retten:
Nur darum sterben wir.

Seht, düst're Nebel trüben
Noch Deutschlands Morgenroth
Das Vaterland, ihr Lieben,
Bedarf noch manchen Tod.

Drum wollen wir uns rüsten,
Und rüsten treu und fromm,
Daß, wenn wir sterben müßten,
Der Tod uns wär' willkomm.
Wir wöll'n uns vorbereiten
Zu Opfern gut und treu,
Daß riesengroßen Zeiten
Das Herz gewachsen sei.

Mag droh'n uns mit der Kette
Des Zwingherrn schnödes Heer;
Und wenn er Söldner hätte
So viel als Well'n im Meer, —
Wenn, gleich Gewölk und Gewittern,
Sie uns umklammerten dicht,
Wir Sturmerprobte, wir zittern
Vor Söldnerschaaren nicht.

Der Liebe Strahlen brechen
Der Wolken dunkle Burg;
Fließ unser Blut in Bächen,
Wir rufen muthig: „durch!" —
Und kommt die Todeswunde —
Und brennt in uns'rer Brust,
Dann blüht in Herz und Munde
Erst wahre Lebenslust!

K. Reh.

Ver sacrum.
(Heiliger Lenz.)
Mai 1844.

Das ist der Mai, der heut die Knospe sprengt!
Das ist der Lenz, der holde Liebesbote,
Der jauchzend heut dem jungen Morgenrothe
  Aus Blüthen sich entgegendrängt!
Durch alle Bäume geht ein leises Rauschen,
Und alle Ohren neigen sich und lauschen,
Und alle Herzen fühlen warm und frei
Und grüßen dich, o Blüthenkönig Mai! —

Doch nicht ein Mai für Gras und Bäume blos:
Ein andrer reißt, ersehnt mit tausend Schmerzen,
Ein Frühling heut der Geister und der Herzen
  Sich aus dem Grund der Zeiten los.
Er grüßt uns auch mit Nachtigallenschlägen,
Er streckt uns auch ein sprossend Reis entgegen;
Nun, was sich jung und kräftig fühlt, herbei,
Zum Opferdienst dem Geisterkönig Mai!

Zwar wissen wir, der Sommer ist es nicht,
Noch Größres bleibt die künft'ge Zeit uns schuldig,
Nach dem das Herz sich sehnet ungeduldig,
  Gleichwie das Auge nach dem Licht.
Doch kommt auch dies! Die Knospe muß ja reifen,
Es muß der Kern die Hülle von sich streifen,
Der Wille führt die Thaten doch herbei,
Und immerdar ein Sommer folgt dem Mai! —

Auf seine Früchte deute dieser Kranz!
Voll junger Knospen, sprossender Gedanken,
Soll er sich kühlend um die Schläfe ranken
  Des wundgetretnen Vaterlands;

Ein Weihefrühling, wird er ausgesendet,
Bis sich die Zeit, die nahende, vollendet;
Drum was sich jung und kräftig fühlt, herbei!
Die Fahne weht! Euch Alle ruft der Mai!

Robert Pruß.

Wo sind die Lerchen hingeflogen?
1844.

Wo sind die Lerchen hingeflogen,
Die sonst den jungen Tag begrüßt?
Hoch schwebten sie am Himmelsbogen,
Vom Morgenlüftchen wach geküßt?
Es flog ein Regen süßer Lieder
Herab auf die beglückte Welt,
Und alle Herzen tönten wieder,
Und jedes fühlte sich ein Held.

Jetzt schweigt die Flur; lautlose Schwüle
Liegt ausgegossen weit und breit,
Die Willkür ruht auf seidnem Pfühle
Und freut sich ihrer Sicherheit;
Als hätte mit den freien Kehlen
Sie auch die Herzen stumm gemacht,
Als schwiegen zitternd alle Seelen,
Weil sie die Lippen überwacht!

Ich aber seh' die Wolken steigen
Und Blitze zucken um den Thurm;
Ja, es ist wahr, die Lerchen schweigen,
Allein sie schweigen vor dem Sturm!
Ihr habt das Lied nicht hören wollen,
Euch hat die Lerche nichts gelehrt:
Wohlan, so wird der Donner rollen,
Und statt der Saite klirrt das Schwert!

Robert Pruß.

Den deutschen Dichtern und den deutschen Kammern.

1845.

Was sollst du bauen, Werkmann, für ein Haus? —
So tönt die Frage, Antwort schallt zur Stunde;
Sie brauset wie aus tausendstimmigem Munde:
Bau' uns den Dom der Glaubenseinheit aus!
Nicht jenen alten, steinernen, am Rhein,
Nein, den vom Geist getrag'nen, lebensvollen;
Er soll die Schirmung uns'rer Eintracht sein,
Wenn einst von West und Ost die Wetter grollen!

Was sollst du, Maler, malen für ein Bild? —
Mal' uns, was Deutschland war in schönern Tagen,
Daß die gedrückten Herzen muth'ger schlagen,
Und neu sich öffne uns'res Ruhms Gefild!
Doch mal' uns auch der Väter blinde That;
Den Flammenpinsel tauch' in die Geschichte;
Mal' uns der dreißigjähr'gen blut'gen Saat
Spätreife Frucht und ihre Strafgerichte!

Was sollst du, Dichter, dichten für ein Lied? —
Greif' in des Volkes Leben, in das warme;
Nimm Theil an seiner Lust, an seinem Harme,
Und weih' ihm, was die Muse dir beschied;
Dich selbst beschränkend zeige deine Macht,
Und willst du herrschen, sei dein eig'ner Meister;
So halte auf der Zeiten Zinne Wacht,
Und sing' ein Heldenlied vom Kampf der Geister!

Wem sollst du klingen, Glas, in meiner Hand? —
Kling' Deutschland's Ständen, klinge Deutschland's
                                        Dichtern!
Sie stehen beide vor denselben Richtern,
Auf beide blickt mit Stolz das Vaterland;

Und wie sie beide theilen ein Geschick
Und an der freien Rede fest sich klammern,
So gilt mein Doppelgruß dem Heil und Glück
Der deutschen Dichter und den deutschen Kammern!

Friedrich Beck.

Pereant die Liberalen.

1845.

Pereant die Liberalen,
Die nur reden, die nur prahlen,
Nur mit Worten stets bezahlen,
   Aber arm an Thaten sind;
Die bald hier = bald dorthin sehen,
Bald nach rechts, nach links sich drehen,
Wie die Fahne vor dem Wind:
   Pereant die Liberalen!

Pereant die Liberalen,
Jene blassen, jene fahlen,
Die in Zeitung und Journalen
   Philosophisch sich ergeh'n;
Aber bei des Bettlers Schmerzen,
Weisheitsvoll, mit kaltem Herzen,
Ungerührt vorübergeh'n:
   Pereant die Liberalen!

Pereant die Liberalen,
Die bei schwelgerischen Mahlen,
Bei gefüllten Festpokalen,
   Thurm der Freiheit sich genannt,
Und die doch um einen Titel
Censor werden oder Büttel
Oder gar Denunciant!
   Pereant die Liberalen!

Robert Prutz.

Weh euch, ihr stolzen Hallen.

1846.

Da soll die Hütte Niemand bauen,
Da siedle nie ein Mensch sich an,
Wo man den Dichtern nicht mehr trauen,
Wo man kein Lied mehr hören kann;
Wo man der Leier goldne Saite
Weit schlimmer fürchtet als das Schwert;
Wo zu der Geister frischem Streite
Man weder Raum noch Licht gewährt!

Was nützt es, Tempel zu errichten,
Wenn ihr die Götter selbst vertreibt?
Die Wahrheit sucht ihr zu vernichten,
Was nützt es, daß die Lüge bleibt?
Ihr habt euch selbst das Loos gezogen,
Die Stunde naht, das Maß ist voll!
Und statt der Leier greift den Bogen
Der rächende, der Gott Apoll!

Robert Prutz.

Wintereiche.

1847.

Ein Eichbaum steht im Walde
Von mächtigem Stamm und Haupt,
Der Stamm vom Alter zerspalten,
Das Haupt vom Frost entlaubt.

So bist auch du, mein großes,
Mein schönes Vaterland,
Zerspalten und zerklüftet
Bis an der Wurzel Rand!

So haben Sturm und Kälte
Auch dich zerzaust, entlaubt,
Und dir dein Prachtgeschmeide
Mit frevler Hand geraubt.

Der Purpur, der die Glieder
Dir einst so stolz umhüllt,
Zerrissen hängt er nieder,
Verblichen und zerkrüllt.

Und an des Kleides Lappen
Zerr'n sie noch fort und fort,
Auf daß kein Stück verbleibe
An seinem frühern Ort.

Die Krone, wo man horsten
Dereinst den Adler sah
Hochkräft'gen Flug's, zerborsten
Liegt sie im Staube da.

Und aus dem goldnen Reifen
Fiel Saphir und Rubin,
Die ihr zu allen Zeiten
Ureignen Glanz verlieh'n.

Doch einst, wenn blütensprossend
Der Frühling wiederkehrt,
Dann wird wohl auch die Eiche
Mit neuem Schmuck geehrt.

Dann wird sie wieder grünen
In Zweigen, Aesten, Stamm,
Und hoch der Adler thronen
Mit strahlendem Purpurkamm.

Dann können auch Fink' und Zeisig
Und Lerch' und Nachtigall,
Die jetzt getrennt noch leben,
Sich sammeln überall;

Und in des Laubes Schatten
Ihr sich'res Nest erbau'n
Und all' ihr Thun und Sorgen
Gott unserm Herrn vertrau'n!

Rudolf Marggraff.

xxxx

Deutsche Sprüche.

Trümmer nur sind wir, zerstückelte Glieder des herrlich=
sten Körpers,
Blätter vom Baume gelöst, Spreu von dem Winde
zerweht!

Ob man dich auch, sprach Luther mit Recht, im Mörser
zerstoße
Gleich einem Grützen, so weicht doch nicht die Thor=
heit von Dir.

Rasch und groß im Entschluß zwar bist du, doch klein=
lich im Handeln:
Glühend und frisch ist das Wort, bleich nur und
hinkend die That.

Wenn zwölf Deutsche beisammen steh'n, so sind es ein
Dutzend:
Rufet den Nachbar herbei, thuet euch Jemand ein
Leids.

Fehlt euch, was man Gesinnung so nennt, nichts hat
es zu sagen,
Hängt nur die Fahne heraus, stecket die Schleife euch
vor!
Farbig ist diese wie jene, denn Farben ja gibt es in
Menge!
Wie ihr als Deutsche gesinnt, zeigt die Cocarde am
Hut!

Memmenhaft fürchten wir uns vor unserem eigenen
Schatten,
Schmiegen uns sklavischen Sinns jeglichem fremden
Gelüst,
Tief im Innern zerklüftet in allerlei Stämme und
Stämmchen,
Deren das deutscheste dünkt jedes sich selber zu sein.
Leider gesellt sich dem Dünkel der Haß; drum wird wohl
noch lange
Fehlen das stählerne Band, welches zum Ganzen
uns eint.

———

Nicht durch ein andres vergehet ein Volk, nein! stets
durch sich selber:
Nur aus dem eigenen Kern bringet die Fäulniß des
Baum's.

Rudolf Marggraff.

———

Germania.

1847.

Land des Rechtes, Land des Lichtes,
Land des Schwertes und Gedichtes,
Land der Freien
Und Getreuen,
Land der Adler und der Leuen,
Land, du bist dem Tode nah',
Sieh dich um, Germania!

Dumpf in dir, o Kaiserwiege,
Gährt der Keim der Bürgerkriege!
Tausend Zungen
Sind gedungen,

Tausend Speere sind geschwungen,
Fieberträumend liegst du da:
Schüttle dich, Germania!

Lautes Zürnen, leises Munkeln,
Lüge, die da würgt im Dunkeln,
 Zucht und Glaube
 Tief im Staube,
Und der Zweifel würgt die Taube:
Immer: nein! und nimmer: ja! —
Sage: ja! Germania!

Daß kein Reichsvasall auf's Neue
Breche seines Lehndienst's Treue!
 Der Germanen=
 Fürsten Ahnen
Waren Reiches Unterthanen:
So sei's heute wieder — ja,
Sprich es aus, Germania!

Daß dich Gott in Gnaden hüte,
Herzblatt du der Weltenblüte,
 Völkerwehre,
 Stern der Ehre,
Daß du strahlst von Meer zu Meere,
Und dein Wort sei fern und nah'
Und dein Schwert, Germania!

Moritz Graf von Strachwitz.

⁂

Das Lied vom Hasse.

Nach eigner Melodie.

(Auch nach der Melodie: Wir sind die Könige der Welt ꝛc.)

Wohl auf, wohl über Berg und Fluß
Dem Morgenroth entgegen,
Dem treuen Weib den letzten Kuß,
Und dann zum treuen Degen!

Bis unſre Hand in Aſche ſtirbt,
Soll ſie vom Schwert nicht laſſen;
Wir haben lang genug geliebt,
Und wollen endlich haſſen!

Die Liebe kann uns helfen nicht,
Die Liebe nicht erretten;
Halt' du, o Haß, dein jüngſt Gericht,
Brich du, o Haß, die Ketten!
Und wo es noch Tyrannen gibt,
Die laßt uns keck erfaſſen;
Wir haben lang genug geliebt,
Und wollen endlich haſſen!

Wer noch ein Herz beſitzt, dem ſoll's
Im Haſſe nur ſich rühren;
Allüberall iſt dürres Holz,
Um unſre Gluth zu ſchüren.
Die Ihr der Freiheit noch verbliebt,
Singt durch die deutſchen Straſſen:
„Ihr habet lang genug geliebt,
O lernet endlich haſſen!"

Bekämpfet ſie ohn' Unterlaß,
Die Tyrannei auf Erden,
Und heiliger wird unſer Haß,
Als unſre Liebe, werden.
Bis unſre Hand in Aſche ſtirbt,
Soll ſie vom Schwert nicht laſſen;
Wir haben lang genug geliebt,
Und wollen endlich haſſen!

G. Herwegh.

Aufruf.

Reißt die Kreuze aus der Erden!
Alle sollen Schwerter werden,
Gott im Himmel wird's verzeih'n.
Laßt, o laßt das Verschweißen!
Auf den Ambos legt das Eisen!
Heiland soll das Eisen sein.

Eure Tannen, Eure Eichen —
Habt die grünen Fragezeichen
Deutscher Freiheit Ihr gewahrt?
Nein, sie soll nicht untergehen!
Doch ihr fröhlich Auferstehen
Kostet eine Höllenfahrt.

Deutsche, glaubet Euren Sehern,
Unsre Tage werden ehern,
Unsre Zukunft klirrt in Erz;
Schwarzer Tod ist unser Sold nur,
Unser Gold ein Abendgold nur,
Unsre Noth ein blutend Herz!

Reißt die Kreuze aus der Erden!
Alle sollen Schwerter werden,
Gott im Himmel wird's verzeih'n.
Hört er unsre Feuer brausen
Und sein heilig Eisen sausen,
Spricht er wohl den Segen drein.

Vor der Freiheit sei kein Frieden,
Sei dem Mann kein Weib beschieden
Und kein golden Korn dem Feld;
Vor der Freiheit, vor dem Siege
Seh' kein Säugling aus der Wiege
Frohen Blickes in die Welt!

In den Städten sei nur Trauern,
Bis die Freiheit von den Mauern
Schwingt die Fahne in das Land;
Bis du, Rhein, durch freie Bogen
Donnerst, laß die letzten Wogen
Fluchend knirschen in den Sand.

Reißt die Kreuze aus der Erden!
Alle sollen Schwerter werden,
Gott im Himmel wird's verzeih'n.
Gen Tyrannen und Philister!
Auch das Schwert hat seine Priester,
Und wir wollen Priester sein!

G. Herwegh.

Viertes Buch.

Das Jahr 1848 und die ihm folgenden Jahre allgemeiner politischer Abspannung.

Auch ein Trinklied.

Januar 1848.

Nun noch einmal, wackre Zecher,
Füllet einmal noch die Becher,
Füllt sie schäumend bis zum Rand:
Dieser letzte Becher Allen,
Die als Opfer sind gefallen
Für das heißgeliebte Vaterland!

Selig, die den Tod gefunden
Unter Leichen, unter Wunden,
Auf dem offnen Siegesplan!
Diese wohl sind zu beneiden,
Denn sie durften hoffend scheiden,
Eh' die Schmach sie unsrer Tage sahn.

Doch mit schwerverhaltner Thräne,
Wir gedenken auch an Jene,
Die der Kerker uns entrafft;
Die, wie Blumen thun im Sande,
Welkten in dem Druck der Bande,
In dem Elend der Gefangenschaft!

Oder die in öder Ferne,
Unter fremdem, kaltem Sterne,
Einsam starben und verbannt;
Die in Sehnsucht sich verzehrten,
Die den letzten Blick noch kehrten
Nach dem theuren, undankbaren Land! —

Schweb', o schweb' mit leisen Flügeln,
Schweb', o Lied, zu allen Hügeln,
Wo der Theuren Asche ruht:
Sie auch sind für uns gestorben,
Sie auch haben mitgeworben
Für des Lebens allerhöchstes Gut.

Sag', daß, wie in ihren Tagen,
Auch noch jetzt die Herzen schlagen
Für die Freiheit stolz und heiß;
Sag', daß, ähnlich ihrer Tugend,
Auch noch heute Deutschlands Jugend
Für das Vaterland zu sterben weiß! —

Horch, welch Brausen in den Lüften!
Aus den Gräbern, aus den Grüften,
Flammen schlagen hell hervor:
Kampfplatz ist die Welt geworden,
Schrecken faßt die feilen Horden,
Und der Freiheit Sonne schwebt empor!

Robert Prutz.

Bei der Nachricht von der französischen Februar-Revolution, 1848.

Wie eilt die Zeit! Schon geht's von Mund zu Munde;
Aus Westen, welche Botschaft kam geflogen!
Gewitternächtlich ist es rings umzogen
Und droht mit Kriegesdonnern jede Stunde.

Schon zucken Blitz' um Blitze in der Runde,
Es überstürzen sich des Tages Wogen;
Ein Pfeil ward jählings abgeschnellt vom Bogen,
Und wer bemißt, wie tief er schlug die Wunde?

So eilt die Zeit! — Und keine Macht wird zügeln
Die brausende, eh' sie den Lauf geschlossen;
Ihr folgend muß der Geist sich rasch beflügeln;
Wie weit sie stürme auf den Feuerrossen;
Wer möchte dies mit eitlem Sinn erklügeln?
Im Buch des Schicksals liegt es tief verschlossen!

Friedrich Beck.

Allgemeiner Brand.
März 1848.

Weh! Rings brennet die Stadt! Allorten schon brechen
die Flammen,
Eh' man sich dessen versieht, züngelnd aus Wänden
und Dach!
Jahrlang häuften sich wirr durcheinander die brennbaren
Stoffe,
Wo mit dem Lichte man naht, flammet der Zunder
empor!

Rudolf Marggraff.

Junger Wein.

Hattet mit Reifen von jeglicher Form und von jeglichem
Stoffe
Mächtig die Tonne umschnürt und in den Keller
geschafft.
Aber der Wein, der junge, zersprengte die Bänder und
Schlösser,
Fluthete über das Faß, selbst noch zum Keller hinaus!

Rudolf Marggraff.

Das deutsche Banner.

März 1848.

Weise von K. M. Kunz.

Aus langer dunkler Kerkernacht
Die Freiheit ist erstanden,
Ihr Frühlingshauch erlöst mit Macht
Das Volk aus seinen Banden!
Es hat sein Banner aufgerollt
Das alte deutsche Schwarzrothgold!
Flattre voran, brich uns Bahn!
Mach' die Feinde zu Schanden!

Das Schwarz, das ist der Knechtung Schmach,
Mit der wir schwer geschlagen,
Da wird die deutsche Ehre wach,
Will Schmach nicht länger tragen!
Es braus't und dröhnt, der Donner rollt,
Im Sturme weht das Schwarzrothgold!
Flattre voran 2c.

Das Roth ist heil'ges Martyrblut,
Im heißen Kampf geflossen.
Es ward mit frischem Todesmuth
Vom deutschen Volk vergossen!
Des deutschen Blutes Ehrensold
Floß freudig für das Schwarzrothgold!
Flattre voran 2c.

Das Gold, das ist der Freiheit Licht,
Im heil'gen Kampf gewonnen!
Die Freiheit alle Ketten bricht,
Von List und Trug ersonnen!
Wie glänzt im Morgenlicht so hold
Der jungen Freiheit Schwarzrothgold!
Flattre voran 2c.

Die Zwietracht floh, der Hader schwand,
Ein Band hält uns umschlungen;
Vom Alpenthal zum Nordseestrand
Ist ein Ruf nur erklungen!
Die Brüder, die sich lang gegrollt,
Eint ewig nun das Schwarzrothgold!
Flattre voran 2c.

Nur frisch voran, das Banner hoch,
Und laßt die Trommeln rühren!
Es hat zersprengt der Schande Joch
Und soll zum Sieg uns führen!
Mit uns ist Gott, er hat's gewollt —
Hoch Deutschland, hoch du Schwarzrothgold!
Flattre voran, brich uns Bahn!
Mach' die Feinde zu Schanden!

J. B. Vogl.

Deutsche Volkshymne.
April 1848.

Auf, Brüder, auf! das Schwert zur Hand!
Im Sturmschritt vor, o Vaterland!
Ein Volk! Ein Heer! Ein Wetterschlag!
Nun kommt der Freiheit großer Tag!
Nun Deutschland, sollst du strahlen!
Kokarden auf!
Standarten auf!
Aus Nacht, durch Blut, zum Licht hinauf!
O Glanz! o Sieg! o helle Ruhmesbahn!
Auf, Vaterland! voran!

Auf, Brüder, muthig in den Streit!
Wie auch der Feind Kartätschen speit!
Ein Zorn! Ein Sporn! Ein Racheschrei!
Zu Boden mit der Tyrannei!
Das Volk läßt sich nicht spotten!
Kokarden auf 2c.

Heil Freiheit dir! Du Völkerzier!
Dir leben wir, dir sterben wir!
Fließ hin, o Blut, fließ' in den Sand,
O süßer Tod für's Vaterland!
O schöner Tod der Ehre!
Kokarden auf 2c.

Frisch auf! frisch auf! und einig seid!
So kommt dem Volk die Herrlichkeit.
Ein Herz, Ein Sinn und Ein Panier!
In diesem Zeichen siegen wir!
Das macht den Feind zu Schanden.
Kokarden auf 2c.

Friedrich Stolze.

xxxx

Schlachtgesang.
April 1848.

Wie lagen wir in Todesnacht
    So bang!
Gottlob, daß wieder Ruf zur Schlacht
    Erklang.
Wir schaaren uns nach träger Ruh
    Zu Hauf,
Uns rufen Wald und Ströme zu:
    Wacht auf!

Jetzt steht die deutsche Herrlichkeit
    Erst fest;
Erhebt euch, und die schlimme Zeit
    Vergeßt!
Und wenn das Land den Kaiserglanz
    Verlor:
So streben wir zu frischem Kranz
    Empor.

Die Fahne weht, im Sturme klingt
   Das Horn.
Die Büchse hebt, den Säbel schwingt
   Im Zorn!
Wir schreiten gern auf Feindes Spur
   Zur Schlacht;
Wir sterben gern, wenn Freiheit nur
   Erwacht.

Theodor Creizenach.

Oesterreichs Gruß
an die deutschen Brüder.
April 1848.

Schmettre, du Lerche von Oesterreich,
Hell von der Donau zum Rhein!
Juble! Du kommst aus Morgenroth,
Ziehest im Morgenroth ein.

Schwinge dich Adler von Oesterreich,
Ledig vom fesselndem Band!
Trage die Grüße vom Donaubord
Allem germanischen Land!

Jauchze, du Herze von Oesterreich,
Jauchze mit freudigem Schrei!
Heil Dir, mein deutsches Vaterland,
Einig und mächtig und frei!

Brüder! wir Boten aus Oesterreich
Grüßen Euch treulich mit Sang;
Schlagt Ihr mit freudigem Handschlag ein,
Hat es den rechten Klang!

Anastasius Grün.

Der Bau der deutschen Freiheit*).
April 1848.

Glück auf! Laßt uns bauen
Ein stattliches Haus,
Und brin auf Gott vertrauen,
Trotz West = und Nordsturms Graus.

Erfüllt ward das Hoffen,
Das lang wir genährt;
Das Wort ist eingetroffen,
Die Freiheit ist gewährt.

Das Band, das uns einet,
Bleibt schwarz, roth und gold;
So hatten wir's gemeinet,
Gehofft, geglaubt, gewollt.

Und will man uns stören
Beim heiligen Bau —
Wir bauen fort, das schwören
Wir alle, Mann und Frau.

Und rücken die Feinde
Zum Kriege heran,
Die ganze Landsgemeinde
Steht kampfbereit — Ein Mann.

Und wenn wir auch fallen,
Was hat's denn für Noth?
Der Geist lebt in uns Allen,
Und unsre Burg ist Gott!

Aug. v. Binzer.

---

*) Binzer, damals in den Gebirgen Steiermarks lebend, hat in obigem Liede das alte, bei Auflösung der Burschenschaft in Jena gedichtete Lied (l. Seite 109 dieser Sammlung) fast mit denselben Worten wieder neu gemacht.

Auch ein Hermannsdenkmal.

April 1848.

Zum Himmel hoch sein Flammenschwert gezogen,
Und Roms gebrochne Fasces stolz zu Füßen:
So soll uns bald aus deutschem Urwald grüßen
Des Hermannsdenkmals goldner Siegesbogen.

Ein Siegesdenkmal? Nein, das ist gelogen,
So lang wir römisch Recht noch hören müssen,
Wogegen Er einst auf den Weserwiesen
So todesmuthig in den Kampf geflogen!

Reißt es in Stücke, daß die „Natter" schweige,
Wie dies von unsern Vätern einst geschehen!
Werft es zum Schutt vom heilgen röm'schen Reiche!

Doch aus den Trümmern laßt im Frühlingswehen
Als Hermannsdenkmal unter einer Eiche
Für's deutsche Reich Ein deutsches Recht erstehen!

Heinrich Dippel.

Zum Andenken

des für das Vaterland gefallenen Generals v. Gagern.

Wem gilt der Trommeln ernstes dumpfes Schallen?
Wem gilt der Flöten düstres Klagetönen?
Zu wessen Gruft will denn die Menge wallen?
Ach, einer starb von Deutschlands Heldensöhnen —
Mußt allzufrüh im Freiheitskampfe fallen;
Mußt allzufrüh sich mit dem Tod versöhnen!
Laßt frei dem Todten eure Thränen rinnen,
Er starb für uns im redlichsten Beginnen.

Er kämpfte lange gegen Deutschlands Schande,
Und tiefer Gram blieb in der Brust verschlossen,
Sah schweben an des steilsten Abgrunds Rande
Das Vaterland, die theuren Landsgenossen.
Da dient er fremdem König, fremdem Lande,
Hätt' gern sein Blut für Deutschlands Wohl vergossen:
Kaum mag die Freiheitssonne uns bescheinen,
Muß seinen Tod das Vaterland beweinen!

Laßt nur die Trommeln immer dumpfer schallen,
Spielt nur die düstern Todesmelodien!
Es soll kein Wort an seiner Bahre hallen,
Es schwärmt der Geist in milden Phantasien;
Drei Kugeln brachten einen Held zum Fallen,
Drei Todeswunden auf zum Himmel schrien:
Schlaf' wohl! dein Geist hebt sich empor zum Lichte,
Was du gethan, bewahrt die Weltgeschichte!

Eugen Eberts.

xxxx

Schwarz - Roth - Gold.

Mai 1848.

Am Himmelsblau hat sich entrollt
Dreieinig Schwarz und Roth und Gold,
Drei Farben weh'n vom alten Dom
Den Freiheitsgruß dem deutschen Strom;
Sie wallen hoch, sie wallen rein,
In Gottes heil'gem Sonnenschein.

Am Himmelsblau hat sich entrollt
Dreieinig Schwarz und Roth und Gold,
Erst Schwarz der Nacht, doch jener nicht,
Die schlingt hinab das goldne Licht;
Nein heil'ger Nacht, daraus mit Macht
Der neue goldne Tag erwacht.

Am Himmelsblau hat sich entrollt
Dreieinig Schwarz und Roth und Gold,
Roth mahnt an Purpur wohl und Blut,
An der Zerstörung Flammengluth;
Doch unser Roth mahnt nicht an Tod,
Es ist lebendig Morgenroth.

Am Himmelsblau hat sich entrollt
Dreieinig Schwarz und Roth und Gold,
Sonst mahnt wohl Gold an Sonnenschmuck,
An Sündensold, an Noth und Druck;
Doch unser Gold hat frei entrollt
Der Wahrheit lichtes Sonnengold.

Drei Farben wehn vom alten Dom
Den Freiheitsgruß dem deutschen Strom,
Sie wallen hoch, sie wallen rein
In Gottes heil'gem Sonnenschein;
Sie künden frei, sie künden hold
Aus Nacht und Morgen Tagesgold.

Luise von Plönnies.

Das Lied vom neuen deutschen Reiche.

Juli 1848.

Der Menschheit großer Würfel fiel!
Zerrissen ist der Bund der Lügen!
Die Ehrlichkeit gewann das Spiel
Und läßt sich nimmermehr betrügen.
Hörst du mein Volk der Glocken Klang?
Hörst du der Weltgeschichte Gang?
Die Glocken, horch! so feierlich!
Die Weltgeschichte führet dich
   Zum großen deutschen Reiche.

12*

Der Thränen Nacht sei ausgeweint!
Die Tugend soll nicht ferner darben!
Die große goldne Sonne scheint,
An der die Weltschmerz = Wunden narben!
Der Kerker Thore brecht entzwei!
Dem Landmann gebt die Garben frei,
Daß er bei'm irdnen Krug mit Wein
Sich selber Kaiser dünkt zu sein
    Vom blühenden deutschen Reiche!

Frisch auf, ihr Burschen, frisch zum Pflug!
Und nieder mit den goldnen Aehren!
Laßt Hanf und Flachs für Segeltuch
Das schöne Deutschland jetzt gebären!
Und singt dazu in vollem Chor!
Draus steigt die deutsche Flott' empor
Und kündet aller Welt noch lang,
Daß ihr sie schuft mit Sang und Klang
    Im liederreichen Reiche!

Der Morgen graut! Der Tag ist nah!
Laßt froh die Fahnen sich entfalten!
Bleib wach, bleib wach, Germania,
Und schütze mir den treuen Alten!
Und Jeden, der zum heil'gen Streit
Dir ehrlich Herz und Hand geweiht!
Daß singen man und sagen kann:
Sie stehen All' für einen Mann
    Im einigen deutschen Reiche!

Heinrich Dippel.

An Heinrich von Gagern.
Juli 1848.

Wenn Sturm und Wogen wild im Kampf entbrannten,
Wenn drohend glomm des Aufruhrs tückisch Feuer,
Da standest du mit starker Hand am Steuer:
Das Fahrzeug hält den Lauf; es wird nicht stranden.

Wir werden in der Freiheit Hafen landen,
Ob Klipp und Riff, der Tiefe Ungeheuer,
Der Wogenberge Ungestüm, — Du treuer,
Du edler Held! — sich gegen Dich verbanden.

Dich schützt ein Gott. Denn wem in höchster Noth
Die Rettung eines Volks ward übertragen,
Den schützen höh're himmlische Gewalten.

Drum laßt uns froh dem jungen Morgenroth,
Das jetzt beginnt die Augen aufzuschlagen,
Der Freiheit Banner hoch entgegen halten!

Drei Adler.
August 1848.

Im Land der Schweizer stark und frei
   Da liegt eine Feste gut,
Der sind entstiegen der Adler drei,
   Drei Adler mit kühnem Muth.

Der erste Adler Herr Rudolf war,
   Von Habsburg zubenannt,
Ein Kaiser kraftvoll, fromm und wahr,
   Ein Retter, dem Volk gesandt.

Der schirmte mit seinem Heldenschwert
   Gar wacker das deutsche Land,
Das Neid und Zwietracht arg verheert,
   Zerrissen des Feindes Hand.

Sein mächtig Wort, sein rächender Arm
   Wehrte der rohen Gewalt,
Der Friedenssonne Strahl drang warm
   In die Herzen jung und alt.

Der andre Adler Herr Joseph war,
  Der Zweite zubenannt,
Deß Geist so wunderkühn und klar
  Den Erdball hielt umspannt.

Der schaute mit Augen stark und hell
  Zur Sonne der Freiheit empor,
Und schwang sich auf zu des Lichtes Quell,
  Zu sprengen das goldne Thor.

Wohl krächzt ihm nach voll Neid und Spott
  Des Sumpfes eckle Brut —
„Mir nach!" rief er, und blickte zu Gott
  Mit freudig vertrauendem Muth.

Doch ach! in lichter Sonnenhöh
  Wards einsam ihm und kalt,
Sein Herz durchzuckt ein schneidend Weh,
  Daß keiner ihm nachgewallt.

„Weh euch, die träg und lichtscheu ihr
  Schautet nur erdenwärts;
Ich wollt euch führen zum Lichtrevier —
  Zerrissen habt ihr mein Herz!"

So starb er trauernd im Lichte klar —
  Er mocht' in's Thal nicht zurück,
Manch' Auge suchte den kühnen Aar
  Wohl später mit sehnendem Blick.

Der dritte Adler ist Herr Johann,
  Erzherzog von Oesterreich,
Das ist ein ächter deutscher Mann,
  An Lieb und Treu so reich.

Der kämpfte gar wacker und muthig zu Roß,
  Als Franken uns boten Schmach,
Und jubelte laut, als der fremde Troß
  Den deutschen Schwertern erlag.

Wohl sah er das Land befreit zur Stund',
　Doch frei sah er es nicht —
Da floh er die drückende Luft im Grund,
　Stieg auf zu dem hohen Licht.

„Einsam will ich ersehnen hier
　Der Freiheit Morgenroth;
Und glüht es empor: ich steh' bei dir
　Mein Volk, in Noth und Tod!"

So weilt er im grünen Alpenland
　Bei den Hirten und Jägern sein,
Und Segen strömt von seiner Hand
　In die Hütten und Herzen hinein.

Da schallt es plötzlich vom Thal herauf:
　Der Tag bricht an mit Macht!
Die Völker schaaren sich zu Hauf,
　Steig', Adler, von deiner Wacht!"

Und widerhallt es millionenfach:
　„Ich komme!" ruft es in's Thal,
„Gott segne den jungen Freiheitstag,
　Das einige Deutschland zumal!"

Und Jubel geleitet ihn hin zum Main,
　Wo getagt das a l t e Reich;
Gott schenke seinem Werk Gedeih'n,
　Zu schirmen das n e u e Reich!

Eduard Ziehen.

⟶⟵

Ernst Moritz Arndt und seine deutschen Gegner.
September 1848.

Er sang, bis aus dem Todesschlaf erwachten
Die Deutschen und den Freiheitsfeind vertrieben;
Und frisch und knechtefeind ist er geblieben,
Ob siebzig Jahre Silberhaar ihm brachten.

Ich konnte nie den Rüstigen betrachten,
So stark und treu im Hassen und im Lieben —
Es mußte jeder Zweifel mir zerstieben;
Ihr jungen Leute wagt ihn zu verachten?

Wohl schwankt ein Schiff, wenn ringsum Stürme toben,
Doch unverwandt nach Norden weis't die Nadel,
Wer edel ist, er muß den Edlen loben.

Bewahret haben der Gesinnung Abel
Wir, die zu seinem Preise sich erhoben,
Ihr aber ehret ihn durch euren Tadel.

Hermann Weber.

Zwei österreichische Tage.

I.

6. August 1848.

Victoria! auf Mailands Dom
Der Adler Oestreichs wieder!
Wie blitzt er gen Turin und Rom
Gewitterfroh hernieder!
Wie horstet er so froh und fest
Auf seinem weißen Marmornest
Im Sommersonnenstrahle!
Gott grüß dich, kaiserliches Thier,
In Kronenschmuck, in Siegeszier,
Gott grüß dich tausendmale!

Das war ein ächter Adlerschwung,
Ein Sonntag das voll Glorie:
In Deutschland auf zur Huldigung,
In Wälschland zur Victorie!

Gen Himmel scholl es donnergleich:
Das, Deutschland, bringt dir Oesterreich.
Dir und dem Reichsverweser!
Und seitwärts zogen stumm davon,
Die jüngst noch so voll Spott und Hohn,
Die Herren Piemonteser!

Wie lachten sie, wie dachten sie
Den Flüchtigen zu fangen:
Karl Albert da, Karl Albert hie.
Die wälschen Vögel sangen.
Doch jener hat nach Adlerart
Die Kraft der Schwingen aufgespart,
Der Fänge bis zum Letzten
Verjüngt auf einmal steht er da,
Dein Retter, arme Austria,
Der schier zu Tod gehetzten!

Was ist dir, grauer Stephansthurm,
Daß du so hoch erröthest
Und doch in deinem Grund den Wurm,
Den ekeln, noch nicht tödtest?
Auf, zeig Dich deiner Helden werth!
Gedenke, was du ihrem Schwert.
Was deinem Schilde schuldest;
Zeit ist's, daß du dich auch ermannst
Und die, die du zertreten kannst,
Als Zwingherrn nimmer duldest.

Die Kaiserstadt ein Kinderspott,
Durch Fremdlinge und Knaben, —
Die neuen Türken strafe Gott! —
Zerwühlt und untergraben;
Der Ordnung letztes Band gelöst,
Des Aufruhrs Dolche frech entblößt,
Des Thrones Glanz verdunkelt:
Ach, finstre Wolken nah und fern,
Worin nur tröstlich wie ein Stern
Radetzky's Name funkelt.

O hüte seinen schönen Glanz,
Du ritterlicher Degen,
Und flecht' in deinen Siegerkranz
Des Friedens milden Segen!
Der Thränen floß, des Bluts genug,
Es sei kein Rach'= und Beutezug,
Den deine Adler flogen,
Der Doppelaar kein Vogel Greif,
Die ehrne Kron' kein ehrner Reif,
Um Freier Herz gezogen.

Sprich, Oestreich, deine Kinder frei,
Dich selbst befrei in Wahrheit;
Dein Weg für alle Zukunst sei
Der Weg der Kraft, der Klarheit!
Wie Adler fliegen, flieg auch du
Nicht ab vom Licht, dem Lichte zu
Am deutschen Horizonte,
Dem Sonnenlicht, das seine Bahn
Durch alten Trug und neuen Wahn
Zu dir nie finden konnte.

Das ist die rechte Freiheit nicht.
Die blutroth dich umschimmert,
Die Kron' und Vaterland zerbricht
Und d'raus Systeme zimmert.
Du stehst allein und kannst allein
Nicht deutsch und auch nicht Oestreich sein,
Du wirst ein wüstes Eiland;
Laß ab, laß ab vom Bürgerkrieg!
Zu Wien vollend' ein größ'rer Sieg
Den großen Sieg zu Mailand!

II.

6. Oktober 1848.

Und noch ein Mord! Und wieder eine Woche,
Die rothgezeichnet im Kalender steht!
Ein Brandmal auf dem Antlitz der Epoche,
Das keine Fluth verwäscht, kein Wind verweht!
Lamberg, Lichnowsky, Auerswald und Gagern:
Die Schatten stehen auf und wandern frei,
Und wann wir einst zum Siegsbanquett uns lagern,
So sitzen sie wie Banquo's Geist dabei!

Latour! — so hieß ja wohl der Auvergnate,
Napoleons berühmtester Soldat,
Deß' tapfres Herz mit ihrem Fahnenstaate
Die alte Gard' in's Feld getragen hat?
Und beim Appel vor dem gesammten Heere
Rief seinen Namen stets der Offizier:
Latour! — „Gefallen auf dem Feld der Ehre,
Des Kaiserreiches erster Grenadier!"

Latour! Latour! so rufen wir hinüber
Gen Oesterreich, „an Ehr' und Siegen reich!"
Da wird der Glanz von jenen Ehren trüber,
Da wird der Schimmer dieser Siege bleich!
Erdolcht, erhängt, — so klingt es uns entgegen;
Der Mann im Rath, der General, der Greis,
Ihn schützte nicht sein Amt und nicht sein Degen,
Des Lorbeers Grün, der Locken Silberweiß!

Die rechte Leichenfackel hat gelodert,
Als Wien den alten Helden morden sah;
Im Zeughaus, unter Blut und Asche modert
Dein Ehrenschild, verirrte Austria!
Die sich Radetzky — und sein Heer erstritten
Im heißen Wälschland und um gutes Blut,
O die Trophäe stürzt in Volkes Mitten,
Es stößt sie herostratisch in die Gluth.

Er fiel und Kannibalenfäuste tauchten
Sich tief in das zerriff'ne, warme Herz;
Auf naher Wache die Soldaten rauchten
Tabak dazu, und trieben ihren Scherz.
Sie zerrten seinen Leichnam zur Laterne, —
Ja doch ein Licht, ein schauervolles Licht! —
Es strahlt und brennt durch aller Zeiten Ferne:
„Die Weltgeschichte ist das Weltgericht."

Er fiel, und Deutschlands Genius umnachtet
Ein neuer Gram und eine neue Schaam;
Doch ihm ward dieses Opfer nicht geschlachtet,
Die Schmach dahin, woher die Unthat kam!
Wenn sie begangen ist in Deutschlands Namen,
Es weist die Mitschuld tief empört zurück,
Und ohne Theil an diesem blut'gen Samen,
Verzichtet es auf seiner Ehre Glück.

Entzwei das Tischtuch zwischen uns und jenen,
Nothzüchtigenden Freiern unsrer Zeit,
Die mit des Pöbelwahnsinns wüsten Scenen
Des Weltgeist's großes Drama frech entweiht!
Zeit ist's für Herkules, sich zu entscheiden,
Zu lange schon am Kreuzweg blieb er steh'n:
Auf, laßt uns ehrlich wählen zwischen beiden,
Geht linkwärts Ihr, uns lasset rechtwärts geh'n!

Franz Dingelstedt.

❖

Die junge deutsche Flotte.
Oktober 1848.

Klagt ewig nicht ob trüber Zeiten,
Die Gährung bringt uns edlen Wein!
Schon strahlt durch Nachtgewölk der Leiten
Die Sonne mit dem goldnen Schein:
So keimt auch neu nach Schmach und Weh
Die deutsche Macht auf freier See!

Die Farben, einst in Nacht geborgen,
Sind auf dem freien Meer entrollt,
Und unsrer Flotte jungen Morgen
Verkündet flaggend Schwarz=Roth=Gold!
Dir, junge Flotte, Lieb und Gruß!
Hier wogt das Meer — da fasse Fuß!

Bald fliegen, gleich des Frühlings Schwalben,
Als Freiheitsboten über's Meer
Die Flottenschiffe allenthalben
Mit Deutschlands Flagge hoch und hehr!
Bring' uns der Hansa Macht und Glück,
Du junge Flotte, kühn zurück!

Laß Franken noch und Britten lachen,
Sie hindern nicht, was hier entsprießt;
Bald seh'n sie hoch die deutschen Flaggen,
Die schon Amerika begrüßt!
Und mächtig, wie Amerika,
Steht auf dem Meer Germania!

Doch du, mein Volk, du wirst es wissen,
Nur freien Völkern dient das Meer!
D'rum ein' dich, du so lang zerrissen,
Und stell' die goldne Freiheit her!
Dann wirst du — und nur so allein —
Zu Land und Wasser mächtig sein!

K. S.

xxx

Deutsche Flotte.
1848.

Ihr deutschen Eichen und ihr deutschen Tannen,
Wie hadert ihr mit euren Wurzelknoten,
Daß euer mächtig Leben, gleich dem todten
Granit, sie knechtisch an die Scholle bannen

Ihr wiegt und wogt und rauscht und wollt von bannen,
Zu Deutschlands Küsten fühlt ihr euch entboten,
Zum fernen Meere strebt ihr, um als Boten
Des deutschen Ruhms die Segel aufzuspannen.

Ihr, die der Berg erzeugt aus rauher Hüfte,
Nicht fürder wollt ihr in die Nacht euch senken
Als Todtensärge nur, als Raub der Grüfte;

Nein, Helden sollen eure Kiele lenken,
Als Masten wollt ihr trotzen in die Lüfte,
Die deutsche Flagge hoch in Stürmen schwenken!

K. Locher.

Dein Blut bedarf's.

So spricht der Herr in seinem heilgen Zorne:
„Germania, die du ängstlich rufst und schmachtest,
„Und immer ganz und eins zu werden trachtest,
„Europa geb' ich dir zum Feind, zum Sporne.

„Dein Purpur hängt zerfetzt an manchem Dorne,
„Seit du geborsten auseinander krachtest,
„Und Feinde, winzige, die du verlachtest,
„Sie trachten jetzt nach deinem Wein und Korne.

„Hinfort soll dir nichts mehr den Kranz entraufen,
„Den deine Völker dir vom Haupte stießen,
„Da sie sich spalteten in dreißig Haufen.

„Aufs neue sollen deine Lorbeern sprießen,
„Doch um zur Herrin dich der Welt zu taufen,
„Bedarf's dein Blut. Wohlan, so soll es fließen!"

K. Locher.

Sieg! Sieg!

Die Erde dröhnt von millionen Hufen,
Die Luft erbebt von hunderttausend Lanzen,
Die Meere zittern bei so grimmem Tanzen,
Die Berge wanken in den tiefsten Stufen.

Doch keinen Deutschen hört man Gnade rufen
Und sieht auch keinen furchtsam sich verschanzen,
Verblutend liegen Russen, Dänen, Franzen,
Aus Wunden, welche deutsche Schwerter schufen.

Victoria! so schallen die Trommeten,
Sieg! Sieg! so winken unsre Fahnentücher,
Herr Gott! vernimm denn unser dankbar Beten!

Den Enkeln aber melden Lieder, Bücher,
Die Namen derer, so den Feind zertreten
Mit jenem Karl von Oesterreich und Blücher.

K. Locher.

Ein deutsches Lied.
December 1848.

Nach Teutoburg zog der Deutschen Heer,
Held Hermann ritt vor Allen her:
Das Schwert er schwang,
Hei Waffenklang!
Hei Kampfesruf und Schlachtgesang!
Und Hieb auf Hieb, und Schlag auf Schlag,
O heißer blut'ger Rachetag!
Die Erde raucht von Römerblut;
Ihr Feldherr sank, da sank ihr Muth,
Und Varus Heer erlag. [1]

---

[1] Hermannsschlacht, 9 nach Chr. G.

Nach Merseburg zog der Deutschen Heer,
Held Heinrich ritt vor Allen her:
Gen Himmel wandt'
Er Aug' und Hand:
„O Herr, sei gnädig deinem Land!"
„Hei!" sausen die ungrischen Horden daher,
Zahllos sind sie wie Sand am Meer;
Doch Heinrich bricht sich blutige Bahn,
Das Engelbanner wallt voran:
Entfleuch, Barbarenheer! 1)

Es zog nach Wien der Deutschen Heer,
Held Karl 2) ritt hoch vor Allen her:
Auf, tapf'res Wien!
Die Rächer zieh'n
Schon um die Mauern würgend hin.
— „Willkommen, edler Polenheld! 3)
„Willkommen auf dem Ehrenfeld!" —
Und deutsches Schwert und Polenschwert,
Ha! wie's durch Feindesreihen fährt,
Den stolzen Halbmond fällt. 4)

Nach Zorndorf zog der Deutschen Heer,
Held Friedrich ritt vor Allen her:
Hussah! hurrah!
Der Feind ist da!
Zerschmettre ihn, Borussia!
Da hält sein Erntefest der Tod,
Da färben die Sicheln sich blutigroth;
Da rollen die Donner, da zuckt der Blitz,
Flieh' Ruß'! Wer steht dem alten Fritz!
Sie flieh'n auf sein Gebot. 5)

---

1) Die Ungarnschlacht 933.
2) Prinz Carl von Lothringen.
3) Johann Sobiesky, König von Polen.
4) Türkenschlacht bei Wien 1683.
5) 1758.

Nach Leipzig zog der Deutschen Heer!
Held Blücher ritt vor Allen her:
Glück auf im Feld,
Du greiser Held!
Es gilt die Freiheit einer Welt.
Da heult der Sturm, da braust das Meer,
Da sausen die Kugeln verderbenschwer;
Und als erschien die vierte Nacht,
Da lag besiegt der Feinde Macht,
Da floh das wälsche Heer.

O deutsches Land, du Heldenland!
Wo ist das Volk, das dich bestand?
Du tratst entzwei
Der Tyrannei
Das Schlangenhaupt — und wurdest frei.
Doch in dem eignen Busen dräut
Ein Feind dir schon seit grauer Zeit:
Die Zwietracht ist's! Wenn die erliegt,
Dann stehst du frei und unbesiegt
Und groß in Ewigkeit.

J. Kruger.

Dem Erzherzog Reichsverweser,

bei der Nachricht seines Rücktritts.

Mit Sang und Klang, als Reiches Retter
Begrüßt, im Römer kam er an,
Ein Rauschen ging durch alle Blätter
Auf seiner Triumphatorbahn;
Und nun, da — ungekrönt! — er wieder
Verläßt die Krönungsstadt am Main,
Nun soll sein Gehen ohne Lieder,
Soll klanglos sein Verschwinden sein?

13

Wo sind sie denn, die Patrioten,
Die großen und die kleinen Herrn,
Die damals in der Noth nach Noten
Lobsangen dem Johannis = Stern?
Wohl sah ich ihrer viel erscheinen
Vor ihm glückwünschend und gebückt;
Doch heute seh' ich Keinen, Keinen,
Der ihm die Hand zum Abschied drückt.

Vor jener Sonne, die gen Norden
Verhüllt und zögernd sich erhebt,
Ist bleich der schöne Stern geworden,
Der dienstbar ihr voraufgeschwebt;
Und dennoch war sein Amt das schwerste,
Das jemals einem Stern gesetzt:
Er kam im Grau'n der Nacht der erste
Und schwand im Morgengrau'n zuletzt.

Drum, eh' er ganz hinabgegangen
Am Saum der Alpen von Tirol,
Laßt uns noch einmal ihn umfangen
Mit langem lautem Lebewohl;
Vom Donaustrande bis zur Weser
Erhebt die Stimmen Mann für Mann!
Ein Hoch dem deutschen Reichsverweser,
Ein Hoch dem Erzherzog Johann!

Kredenzt ihm, wie beim Einzugsmahle
Den feierlichen Ehrentrank,
Doch ja nicht in derselben Schale,
Wie Fürstendank, auch Volkesdank!
Das wolle nie, mein Volk, vergessen,
Daß er in Nöthen zu dir kam,
Und daß er, da du nichts besessen,
Als ihn, sich selber dir nicht nahm.

Wohl mag die Neuzeit, die in ätzend
Giftwasser alle Namen taucht,
Und jeden Mann als Waare schätzend,
So rasch ihn mißbraucht, wie verbraucht.
Wohl mag sie auch an diesem nagen,
Seit sie zu „schwach" den „Greis" erfand,
Ei, hatt' er denn ein Schwert zum Schlagen,
Hatt' er zum Handeln eine Hand?

Auf seiner schmalen Höhe stund er,
Vom Abgrund links und rechts umklafft;
Daß er nicht ausglitt, war ein Wunder,
Das Wunder seiner eig'nen Kraft.
Als Haß und Haber und Entzweiung
Die deutsche Erde weit zerriß,
Da hielt er über der Parteiung
Sich aufrecht, — einsam doch gewiß!

Nein, schmäht undankbar nicht den Alten
Auf seines Weges letztem Schritt,
Der viel gelitten, viel gehalten,
Der tiefer als wir alle litt.
War es die Schuld des wackern Mannes,
Daß in der Wüste zu Berlin
Auf ihn, den taufenden Johannes,
Noch kein getaufter Christ erschien?

Zieh heim, gleich allen Zeitpropheten,
Grausam verbüßend fremde Lust!
Die Lüfte, die vom Taunus wehten,
Sie drückten lang schon deine Brust;
Zieh wieder heim und trinke wieder
Den Athem deiner Berge ein,
Und bade die erlösten Glieder
In warmer Lethe von Gastein!

13*

Einst, wann die Fluth des Zeitenstromes
So hoch nicht mehr wie heute geht,
Wann unsres deutschen Einheits=Domes
Glanzvolle Spitze fertig steht:
Dann wird an den granitnen Vesten
Als ächter Eck= und Quaderstein
Der Name Johann bei den Besten
Des deutschen Volks gesegnet sein.

Franz Dingelstedt.

Parlamentarische Glossen.

Köche und Koch.

Viele Köche verderben den Brei! das haben wir Alle
    Jetzo erfahren. — Wo ist, der uns bediene, der Koch?

Das Gefäß.

Wunderbar war das Gefäß, das ihr in Begeistrung
                     geschaffen,
    Herrlichen Glanzes, voll Lust spiegelt der Himmel
                     sich drin;
Doch ihr hämmertet frech und klopftet wie lästige Buben,
    Bis es in Scherben zersprang, schneidig und blutig
                     zugleich.

Blaue Berge.

Vor dem Propheten dereinst aufthürmten sich blauende
                     Berge,
    Muthigen Schrittes genaht, schauet er Bäume voll Frucht.
Uns ach! erschienen die Bäume bedeckt mit den herrlichsten
                     Früchten:
    Näher doch wurden, ihr seht's, blauende Berge daraus!

Rudolf Marggraff.

Entschuldigung.

1849.

Zierlich soll und leicht und schnelle,
Hochgeschürzt auf flinken Zeh'n,
Wie die goldene Libelle
Flatternd auf der blauen Welle,
Zierlich soll mein Liebchen geh'n.

Spritzt indessen ihm ein Tröpschen
Etwa dennoch auf's Gewand!
Ach ihr allerliebsten Tröpschen,
Schüttelt nur nicht gleich die Köpschen —
Gar zu dreckig ist das Land!

Robert Prutz.

Brummkäferchen.

1849.

Brumme, Liebchen, wie ein Käfer,
Brumme du in's Ohr der Schläfer,
Alles liegt in fauler Ruh',
Darum, Liebchen, brumme du —
Brumm!
Brumm!

Brumme, Liebchen, deine Weise,
Brumme laut und brumme leise,
Brumme fort nach altem Brauch,
Nächstens brummt der Donner auch —
Brumm!!
Brumm!!

Robert Prutz.

An Deutschland,
1850.

Deutschland, büß' in Sack und Asche,
Hüll' in Trauer deinen Geist,
Seit so kläglich, Masch' auf Masche,
An dem Netz der Einheit reißt.
Wie? Ist das Gespinnst so mürbe,
Daß du wirklich schon verzagst,
Und — ob es auch ganz verdürbe —
Nun dem Werke feig entsagst?

Weh, daß du auf deinem Posten
Sorglos eingeschlafen bist,
Während dich der West und Osten
Rings umgarnt mit Trug und List!
Wie gepreßt von schweren Quadern
Athmet deine Brust noch kaum;
An der Stirne nur die Adern
Pochen wie von bösem Traum.

Nur zuweilen zuckt im Krampfe
Deine riesige Gestalt;
Nur zuweilen, wie zum Kampfe,
Sieht man deine Faust geballt.
Sprich, träumst du von Bann und Kerker?
Sprich, wohin den Arm du reckst,
Wenn, ein knirschender Berserker,
Du die mächt'gen Glieder streckst?

Träumst du von vergangnen Leiden?
Von der Stämme Eifersucht?
Träumst du von gebrochnen Eiden?
Von Verrath und feiger Flucht?
Von der junkerhaften Sippe,
Die nichts lernt und nichts vergißt,
Der das Vaterland nur Krippe
Für die eigne Kaste ist?

Träumst du von den Ungezähmten,
Die, bethörend und bethört,
Deine beste Thatkraft lähmten,
Deinen schönsten Plan zerstört?
Eine kleine Schaar Genossen,
Fast in Volks= und Fürstenacht,
Hält inzwischen unverdrossen
Ueber deinem Schlummer Wacht:

Bis du, aus dem Schlaf dich rüttelnd,
Wieder auf zum Lichte strebst,
Bis du, deine Glieder schüttelnd,
Dich als ganzer Mann erhebst!
Thue Buß' in Sack und Aschen,
Gönne dir nicht Ruh' noch Rast,
Bis du gänzlich abgewaschen
Deinen jüngsten Mackel hast!

Hermann Marggraff.

Barbarossa.
1850.

Erwacht ist im Kyffhäuser,
Im dunklen Bergeshaus,
Rothbart, der alte Kaiser,
Wischt sich die Augen aus.

Dann ruft er seinem Zwerge,
Dem treuen Diener sein:
„Geh! Horch, ob noch am Berge
Die Unglücksraben schrein."

Der geht und kehrt zur Stunde
Mit schnellem Schritt zurück.
„Du bringst mir frohe Kunde,
Ich seh's am frohen Blick."

„„Ja, Glück und Heil, mein Kaiser!
Die Raben schrein nicht mehr;
Es kreist um den Kyffhäuser
Ein Aar in Lüften hehr.

Und eine Krone funkelt
Auf seinem Haupt so rein,
Daß sie mit Glanz verdunkelt
Der Morgensonne Schein.

Auch hält er in der Klaue
Ein blankgeschliffen Schwert,
Von dem es durch die Gaue
Wie Wetterleuchten fährt.

Und rings um den Kyffhäuser
Erschallt dem Donner gleich
Der Ruf: „Hoch unser Kaiser
Und hoch das deutsche Reich!"

Da sprühet Freudenblitze
Herrn Rothbarts Heldenblick,
Er springt von seinem Sitze,
Er wirft das Haupt zurück.

„Dank für die frohe Kunde
Und lebe wohl mein Zwerg!
Es schlägt die Abschiedsstunde,
Es treibt mich aus dem Berg.

Aufwärts geh'n meine Bahnen,
Das wird ein Jubel sein,
Kehrt endlich bei den Ahnen
Der Barbarossa ein."

Er drückt die Hand dem Zwerge,
Er schreitet aus der Gruft,
Schon steht er vor dem Berge
In freier Gottesluft.

Und späht und spricht voll Kummer:
„Den Adler seh ich nicht;
Es trübte wohl der Schlummer
Der alten Augen Licht.

Keine Krone seh ich funkeln,
Seh auch kein blankes Schwert,
Ich seh nur, wie dem dunkeln
Gewölk ein Blitz entfährt."

Er lauscht, doch am Kyffhäuser
Erschallt dem Donner gleich
Kein Ruf: Hoch unser Kaiser
Und hoch das deutsche Reich!

Da thut sein Haupt er neigen:
„Gern hielt ich mich für taub,
Hört' ich nicht von den Eichen
Fallen das trübe Laub."

Doch will er weiter schreiten,
Ob ihm das Herz auch schwer,
Da braust von allen Seiten
Um ihn ein Rabenheer.

Sie fliegen dem alten Kaiser
Am Haupte dicht vorbei,
Und rings um den Kyffhäuser
Erschallt ihr wüst Geschrei.

Da flüchtet er zurücke
In seinen stillen Berg,
Und spricht mit finsterm Blicke:
„Du hast geträumt, mein Zwerg!"

Und setzt sich traurig wieder
An seinen Tisch von Stein;
Es sinkt das Haupt ihm nieder,
Der Kaiser schlummert ein.

Der Zwerg mit düstern Mienen
Spricht dumpf, vernehmlich kaum:
„Wenn mir ein Traum erschienen,
War's nicht mein eigner Traum."

Und kauert stumm sich nieder
Im dunklen Zauberberg:
So schlafen beide wieder,
Der Kaiser und sein Zwerg.

Wie lange? — Gott mag's wissen,
Es steht in seiner Hand;
Er schütz' dich, mein zerrissen,
Gespalten Vaterland!

Julius Sturm.

xxxx

Radetzky - Lied.

Weise: Eine feste Burg ist unser Gott.

Wohlauf, mein Lied, im Jubelton!
  Stimm an die hellen Weisen!
Nicht Cäsar, nicht Napoleon, —
  Radetzky willst du preisen!
Erobrer nennt die große Welt,
Doch größer ist wer Treue hält;
Ein neuer Cid Campeador
Hielt er das Banner hoch empor
  Für seinen Herrn und Kaiser.

Ein Wetter ging im Westen los,
  Der Boden schien zu schwanken;
Empörung rollte Stoß auf Stoß,
  Europa's Throne wanken;
O Austria, du edles Bild,
Wie tobten deine Feinde wild;
Sie raubten Sonne dir und Licht,
Sie höhnten dich in's Angesicht,
  Zerbrachen deine Krone.

Es wucherte des Bösen Saat,
　　Da war es Zeit zu retten;
Gott züchtigte die Frevelthat
　　Und löste deine Ketten;
Er sandte den Befreier dir;
Radetzky war's, der Helden Zier;
Er führte kühn dein Heer im Sturm;
Er war dein Fels, er war dein Thurm,
　　An dem die Wogen brächen.

Radetzky war's, der Feldmarschall,
　　Der Vater der Soldaten;
Es drang vom Po der Wiederhall
　　Von seinen Waffenthaten;
Da ging wie eine Sonne auf,
O Habsburg, dir sein Siegeslauf,
Und wieder hob der Doppelaar
Die Schwinge, die gebrochen war,
　　Zum stolzen Flügelschlage.

Der Feldherr stand, es stand sein Heer
　　Fest in den Ungewittern;
Hart war die Prüfung, bang und schwer;
　　Sie konnt' ihn nicht erschüttern;
Rasch traf den Sarden Schlag auf Schlag;
Und bei Custozza, welch' ein Tag!
Gott hielt ein ernstes Strafgericht;
Das Schwert Italiens zerbricht
　　Der Sieger von Novara.

Und makellos, so strahlt sein Bild,
　　Als er den Kampf geschlagen;
Wer hat, wie er, so stark und mild
　　Des Sieges Glück getragen?
Wie fühlt sein biedres warmes Herz
Des Kriegers Noth, den fremden Schmerz!

Dieß ist die ächte Heldenart,
Die sich den frommen Sinn bewahrt
  Im blut'gen Spiel der Schlachten.

D'rum auf, mein Sang, im Jubelton!
  Stimm' an die hellen Weisen!
Nicht Cäsar, nicht Napoleon, —
  Radetzky laßt uns preisen!
Ihr Dichter, webt aus Duft und Glanz
Des Liedes Blumen ihm zum Kranz;
Hoch, hoch der alte Feldmarschall,
So tönt es laut im Wiederhall,
  Und seine Tapfern Alle!

Friedrich Beck.

xxxx

Schleswig-Holstein-Lieder.

1.

Schleswig-Holsteinisches Volkslied*).

1842.

Weise von C. G. Bellmann.

Schleswig-Holstein, meerumschlungen,
  Deutscher Sitte hohe Wacht!
Wahre treu, was schwer errungen,
  Bis ein schön'rer Morgen tagt!
Schleswig-Holstein, stammverwandt,
  Wanke nicht, mein Vaterland!
Schleswig-Holstein, stammverwandt,
  Wanke nicht, mein Vaterland!

---

*) In Gedanken und Anlage von K. Fr. Heinr. Straß.
Des Liedes obige Fassung, in der es zum ersten Mal im August
1845 auf dem großen deutschen Sängerfest zu Würzburg gesungen
und späterhin Volkslied wurde, ist Eigenthum von M. F. Chemnitz,
der bereits im Sommer 1842 den Straß'schen Text für das Liederfest
zu Schleswig dichterisch umgestaltet hatte.

Ob auch wild die Brandung tose,
 Fluth auf Fluth, von Bai zu Bai
O laß blüh'n in deinem Schooße
 Deutsche Tugend, deutsche Treu;
Schleswig = Holstein, stammverwandt,
 Bleibe treu, mein Vaterland!
Schleswig = Holstein, stammverwandt,
 Treu dem deutschen Vaterland!

Doch, wenn inn're Stürme wüthen,
 Drohend sich der Nord erhebt,
Schütze Gott die holden Blüthen,
 Die ein milb'rer Süd belebt;
Schleswig = Holstein, stammverwandt,
 Stehe fest, mein Vaterland!
Schleswig = Holstein, stammverwandt,
 Dich hält deutscher Treue Band!

Gott ist stark auch in den Schwachen,
 Wenn sie gläubig ihm vertrau'n;
Zage nimmer und dein Nachen
 Wird trotz Sturm den Hafen schau'n.
Schleswig = Holstein, stammverwandt,
 Harre aus, mein Vaterland!
Schleswig = Holstein, stammverwandt,
 Hoffe auf das Vaterland!

Von der Woge, die sich bäumet,
 Längs dem Belt am Ostseestrand,
Bis zur Fluth, die ruhlos schäumet
 An der Düne flücht'gem Sand.
Schleswig = Holstein, stammverwandt,
 Stehe fest, mein Vaterland!
Schleswig = Holstein, stammverwandt,
 Dich hält fest die Bruderhand!

Und wo an des Landes Marken
   Silbern blinkt die Königsau,
Und wo rauschend stolze Barken
   Elbwärts zieh'n zum Holstengau.
Schleswig = Holstein, stammverwandt,
   Bleibe treu, mein Vaterland!
Schleswig = Holstein, stammverwandt,
   Dort ist auch das deutsche Land!

Theures Land, du Doppeleiche
   Unter Einer Krone Dach,
Stehe fest und nimmer weiche,
   Wie der Feind auch dräuen mag!
Schleswig = Holstein, stammverwandt,
   Wanke nicht, mein Vaterland!
Schleswig = Holstein, stammverwandt,
   Uns verbindet deutsches Band!

✕✕✕✕

2.

Schleswig - Holstein an Deutschland.
1850.

Ein alter Fluch, ein schwerer Fluch!
Und wär' er gar nicht zu lösen?
Wär' noch der Warnung nicht genug?
Nach dem Bösen blieben die Bösen.
Wohl hab' ich oft in dunkler Nacht
Mit Schmerz an dich, mein Volk, gedacht:
„Wer könnt' den Deutschen widersteh'n,
Wenn sie nur miteinander geh'n!"

Ein alter Fluch, ein schwerer Fluch!
Jahrhundertlanges Verderben.
Ein graus Gemisch von Lug und Trug,
Bis Deutschland ging' in Scherben!

Des Spruches Wort verkehrt in Hohn
Der Dänen Mund, der Newa Sohn:
„Wir werden Deutschland widersteh'n,
Weil sie nicht miteinander geh'n."

Ein alter Fluch, ein schwerer Fluch!
Es ruft aus klaffenden Wunden:
Dein eig'ner Leib ist's, der sie trug.
O Deutschland, selbst gebunden!
Hast du die Thräne nur für mich?
Im Todesröcheln mahn' ich dich:
„Zerrissen wirst du untergeh'n,
Wollst du nicht für den Bruder steh'n!"

Ein alter Fluch, ein schwerer Fluch!
Auf's Neu' im Blute geboren!
Im Felde Schmach, zu Hause Bruch
Des Worts verblendeter Thoren.
Ein Riesenvolk, so schwach, so schwach,
Seit jener Fluch die Kräfte brach:
„Was Allen könnte widersteh'n,
Muß bar an Ehr' zu Grunde geh'n."

Mein Vaterland, vom Sturm umschnaubt,
Soll sich der Fluch erfüllen?
Und liegst du, letzter Kraft beraubt,
Zu Boden, ohne Willen?
Dann hülle nach dem alten Fluch
Dich winselnd in dein Leichentuch:
Mitsammen konnt' ich widersteh'n,
Zerrissen muß ich untergeh'n."

L—n.

3.

Protestlied der Schleswig-Holsteiner.

Es hat der Fürst vom Inselreich
　　Uns einen Brief gesendet,
Der hat uns ja auf einen Streich
　　Die Herzen umgewendet.
Wir rufen Nein! und aber: Nein!
　　Zu solchem Einverleiben,
Wir wollen keine Dänen sein,
　　Wir wollen Deutsche bleiben.

Wir alle sind hier, alt und jung,
　　Aus deutschem Thon geknetet,
Wir haben deutsch gescherzt beim Trunk,
　　Und deutsch zu Gott gebetet.
Man soll uns schenken deutschen Wein
　　Und deutsche Satzung schreiben,
Wir wollen keine Dänen sein,
　　Wir wollen Deutsche bleiben.

Dem Herzog haben sie gesagt,
　　Er soll die Zügel schärfen,
Wir würden still uns und verzagt
　　Der Willkür unterwerfen.
Drum singt's in seine Burg hinein,
　　Daß zittern alle Scheiben:
Wir wollen keine Dänen sein,
　　Wir wollen Deutsche bleiben.

Nicht sühnt uns fremder Herrschaft Putz
　　Die eingebornen Schmerzen:
Es grollt der alte Sachsentrutz
　　Noch heut in unserm Herzen;
Der Albion nahm in blut'gen Reih'n,
　　Kann auch ein Joch zerreiben,
Wir wollen keine Dänen sein,
　　Wir wollen Deutsche bleiben.

Hie deutsches Land, trotz Spruch und Brief!
  Ihr sollt's uns nicht verleiden,
Wir tragen Muth im Herzen tief
  Und Schwerter in den Scheiden.
Von unsern Lippen soll allein
  Der Tod das Wort vertreiben:
Wir wollen keine Dänen sein,
  Wir wollen Deutsche bleiben!

Emanuel Geibel.

4.

Nicht wie den Elfaß soll'n wir es verrathen!
1850.

Den Elsaß, roth im Schmuck der Purpurtraube, —
Den Blutrubin in unsres Reichs Geschmeide, —
Ausbrach der Frank' ihn mit des Schwertes Schneide,
Daß er in seines Königs Kron' ihn schraube.

Doch da er's that, lag unser Volk im Staube
Blutrünstig, mit zerriss'nem Eingeweide,
Und so ersäuft in tausendfachem Leide,
Daß keiner fragen mochte nach dem Raube.

Und dennoch grollen wir mit unsern Vätern,
Daß sie, wiewohl bis auf den Tod zerspalten,
Verloren, was verloren blieb uns Spätern.

Wie sollten wir nun, die wir stark uns halten,
An unsern Enkeln werden zu Verräthern,
Das thuend, drum wir unsre Ahnen schalten!

Emanuel Geibel.

14

5.

Schlagt Deutschland eine Ader!

Bei Gott, ich zähle nicht zu den Verweg'nen,
Die um ein Nichts ein schwer Verhängniß fodern.
Doch besser, als am innern Krebs vermodern,
Däucht mir's dem Feind auf blut'gem Feld begegnen.

Ja, dreifach will ich jetzt die Stunde segnen,
Wo ihrer Scheiden baar die Schwerter lodern,
Und wo an euern Moseln, euern Odern,
Statt ew'ger Zankesworte Kugeln regnen.

O säh' ich morgen schon den Sonnenschein
Sich spiegeln auf den Helmen der Geschwader;
Ging's morgen schon in Feindes Land hinein!

Krieg! Krieg! Gebt einen Krieg uns für den Haber,
Der uns das Mark versenget im Gebein —
Deutschland ist todtkrank — schlagt ihm eine Ader!

Emanuel Geibel.

6.

Schlachtentod.
1850.

Wie selig, selig ist es doch,
Im offnen Feld zu sterben,
Wenn um die Braut des Sieges noch
Die Kameraden werben!
Trompeten schmettern lustig drein,
Die Trommeln wirbeln durch die Reihn,
Die Säbel geben hellen Schein,
Laut donnern die Geschütze!

Das Leben pulst rings um dich her,
Deins strömt aus allen Adern!
Wild schäumt um dich ein stürmisch Meer
Von Rotten und Geschwadern.
Kein weinend Auge härmet dich,
Der Sonne Strahl umleuchtet dich;
Des Himmels Thau befeuchtet dich
Auch mitten noch im Sterben!

Hermann Marggraff.

7.

Mahnung.

1850.

Heraus aus eurer dumpfen Rast
Im Faulbett der Kasernen!
Seid nicht mehr euch und uns zur Last,
Jetzt sollt ihr fechten lernen!
Wollt ihr kaum etwas Andres sein,
Als bloß des Volkes Sbirren,
Wozu noch eure Prahlerei'n
Und euer Säbelklirren?

Wir glauben nicht, so sehr ihr pocht
Auf eure Vollblutgrade,
Daß Blut in euren Adern kocht,
Ihr Helden der Parade,
So lang' der blaugewölkte Hauch
Des duft'gen Krauts von Cuba
Euch mehr behagt als Pulverrauch
Beim hellen Klang der Tuba!

Wir glauben's nicht, so lang' das Schwert
Euch müßig hängt zur Seite,
Und kampfluſtwiehernd euer Pferd
Nicht fort euch trägt zum Streite.

Indeß ein edler Buderstamm,
Entschlossen, hochgmuthet,
Von Herzen stark, von Gliedern stramm,
Allmälig sich verblutet!

Doch wenn dich auch die Welt verläßt,
Noch bist du nicht verlassen,
Hältst du nur an dir selber fest,
Du Volk der Angelsassen!
Volk, das vordem an manchem Tag
Mit Armbrust und mit Bolzen,
Mit Schwerterschwung und Keulenschlag
Den Feind hinweggeschmolzen!

Ruhm, Ruhm und vollster Ehrenpreis
Für jetzt und alle Zeiten
Dem, der für Angelns Rechte weiß
Selbst bis zum Tod zu streiten!
Sein Name, wie er immer tönt,
Er leb' im Mund der Dichter,
Und Ehre sei's ihm, wenn ihn höhnt
Des Sklavensinns Gelichter.

Hermann Marggraff.

xxx

8.

Wir brauchen keines Fremden Wort.

Sie woll'n dem deutschen Vaterland
Der Glieder ens entreißen;
D'rum auf das Herz die linke Hand,
Die rechte an das Eisen!

Wir brauchen keines Fremden Wort,
Um unser Recht zu kennen;
Dies aber sagt: ihr sollt hinfort
Nicht deutsche Brüder trennen.

Drum: was sie woll'n, das soll nicht sein,
Trotz Klügeln und trotz Tücken!
Es soll nicht sein, beim Himmel, nein!
Und schlüg' man uns in Stücken.

Und singen wir und sagen gern
Von deutscher Kraft und Wehre,
So steh'n wir auch und schlagen gern,
Wenn's gilt für Deutschlands Ehre.

Nicht Bayern gibt's und Sachsen da,
Nicht Preußen und nicht Schwaben;
Da woll'n wir alle fern und nah
Nur einen Namen haben.

Da steh'n wir alle, Mann für Mann,
Gedrängt um's Schlachtenruder!
Wer da am besten reden kann,
Der ist der beste Bruder.

Und ob die Kugel noch so heiß
Die stolzen Reih'n durchpeitsche;
Wer da die besten Lieder weiß,
Der ist der beste Deutsche.

D'rum frisch auf's Herz die linke Hand,
Die rechte an das Eisen!
Sie soll'n dem deutschen Vaterland
Kein neues Glied entreißen.

Friedrich Lucan.

Gängelkind.

1850.

Unreif warest du noch, ein Kindlein in Windeln gewickelt,
    Ei, wie behaglich du lagst, weich in die Wärme gehüllt!
Thor, wer dich brachte zu früh an die Luft und wer statt
        der süßen
    Milch dir Rindfleischkost dort auf den Teller gelegt.
Traun! du versuchest, der Schnüre entblößt, in die Weite
        zu kriechen:
    Leutchen, o reichet das Band, daß ich es leite, mir her!

Rudolf Marggraff.

Hoffnungsstrahl.

1853.

Freundlich umschlingt ein gemeinsames Band des Ver=
        kehrs und des Friedens
    Oestreich und Preußen! Verklärt bringt in die Zukunft
        der Blick!
Sind erst die Zölle befreit bei den Völkern, geöffnet die
        Märkte,
    Nah'n zu verschwisterter That selber die Völker sich auch,
Und was nimmer vollbringt diplomatisches Klügeln und
        nimmer
    Parlamentarisches, blüht sicher im Handel empor!
Drum laßt wandern von Hand hin zur Hand nur die
        Thaler! Sie werden
    Einst zu dem Kitte, wodurch Deutschland zum Ganzen
        verschmilzt!

Rudolf Marggraff.

Deutschland, die entthronte Königin.

1856.

Die Krone fiel vom Haupte dir,
Der Zepter ist zerschlagen,
Den du zur Ehr' und Herrscherzier
In alter Zeit getragen.
Zerrissen ist dein Prachttalar,
Der purpurn dich umflossen!
Dahin ist deiner Helden Schar,
Die Schar der Kampfgenossen!

Und doch, wie du so vor mir stehst
Im bettelhaften Kleide,
Wie du mit stillen Blicken flehst
In deinem tiefsten Leide,
Wie thränend dir das Auge quillt,
Die Brust von Seufzern fluthet,
Bist du doch ein so rührend Bild,
Daß mir das Herz fast blutet.

Du Königin im härnen Kleid,
Ich kann von dir nicht lassen;
Ich will voll Leid in deinem Leib
Dich immerdar umfassen.
Ich will vor allen Thüren stehn
Bei Hohen und bei Niedern,
Und betteln, immer betteln gehn
Für dich mit meinen Liedern.

Hermann Marggraff.

Was ist des Michel Vaterland?

Den deutschen Männern
Ernst Moritz Arndt und Ferdinand Delbrück
in aufrichtiger Verehrung gewidmet.

Was ist des Michel Vaterland?
Ist's Muckerland? ist's Duckerland?
Ist's wo die Spree durch's Sandmeer fließt?
Ist's wo man Thee mit Jeist genießt?
    O nein, o nein,
Sein Vaterland muß größer sein!

Was ist des Michel Vaterland?
Ist's Gabelland? ist's Schnabelland?
Ist's wo man halter Hähndel speist?
Und zur Verdauung Zoten reißt?
    O nein, o nein,
Sein Vaterland muß größer sein!

Was ist des Michel Vaterland?
Ist's Trinkerland? ist's Hinkerland?
Ist's wo man braut und Klöster baut?
Zum Bockbier Mittelalter kaut?
    O nein, o nein,
Sein Vaterland muß größer sein!

Was ist des Michel Vaterland?
Ist's Haderland? Salbaderland?
Ist's wo man in der Kammer spricht
Und doch kurirt den Jammer nicht?
    O nein, o nein,
Sein Vaterland muß größer sein!

Was ist des Michel Vaterland?
Ist's Schleswig = Holstein stammverwandt?
Am freien deutschen Rhein fürwahr
Ist's wohl das schöne Elsaß gar?

O nein, o nein,
Sein Vaterland muß größer sein!

Wo ist des Michel Vaterland?
So nenne mir das große Land!
Wo sich die Seelen stumm verstehn,
Von selbst die Augen übergehn,
    Das wird es sein,
Das, wackrer Michel, nenne dein!

Das ist des Michel Vaterland,
Wo man die Römer füllt zum Rand,
In deutscher Einheit sich bespitzt
Und Morgens früh im Carzer sitzt!
    Das wird es sein,
Das, deutscher Michel, nenne dein!

Das ist des Michel Vaterland,
Wo männiglich, wie weltbekannt,
Zum Frühstück einen Franzmann frißt
Und selbst nur Franzmann's Affe ist!
    Das wird es sein,
Das, deutscher Michel, nenne dein!

Das ist des Michel Vaterland,
Wo man, im deutschen Zorn entbrannt,
Mit Kraft=Adressen unverzagt
Ganz Dänemark in's Bockshorn jagt!
    Das wird es sein,
Das, deutscher Michel, nenne dein!

Das ist des Michel Vaterland,
Wo vorwärts zappeln Fuß und Hand,
Indeß, Gott weiß es, der Popo
Gemüthlich ruht im status quo!
    Das muß es sein,
Das ganze Deutschland muß es sein!

Das ganze Deutschland muß es sein!
O Gott vom Himmel sieh darein!
O, gieb dem Michel Kraft und Muth,
Daß er sich endlich bessern thut!
    Dann soll er sein,
Der beste Michel soll er sein!

Adolph Schults.

Fünftes Buch.

Die Jahre 1859 und 1860.

Die Teutschen im März 1859.

Es war der Himmel überzogen,
Als durch's Gewölk die Sonne bricht,
Und weit erscheint des Himmels Bogen,
Und herrlich glänzend ist es, licht.

Die Leidenschaften jetzo schweigen,
Die arg die Teutschen aufgeregt,
Zu keinem Zwiespalt sie sich neigen,
Nur ein Gefühl sie nun bewegt.

So wie es früher nie gewesen,
Gibt jetzt der Teutschen Sinn sich kund.
Es sind die Teutschen nun genesen,
Vereint in einen Herzensbund.

Das mit dem Lorber hoch bekränzte,
Das teutsch vor Allen sich gezeigt,
In dem Befreiungskampfe glänzte,
Nur dieß ist stille — Preußen schweigt.

Der Teutsche lernte nicht vergessen,
Was die Vergangenheit erlebt.
Weß sich Napoleon vermessen,
Tief aus dem Grabe sich erhebt.

Von neuem will es jetzt sich zeigen,
Das Schreckniß wieder gräulich droht;
Der Teutschen Einigkeit wird's weichen,
Die immer noch den Sieg gebot.

Dir, tapfres Volk, bir Preis und Ehre,
Das siegen wird nun überall; —
Ja, jetzo mit des Schwertes Schwere
Zermalmend auf den Erbfeind fall'.

König Ludwig.

⊃⊂

So war's, so ist's.

Im Frühjahr 1859.

Nacht war der Frühling meines Lebens,
Im Herbste ist es lichter Tag;
Ich wünschte damals nur vergebens,
Das Ziel in finst'rer Ferne lag.

Sich teutsch zu nennen, war Verbrechen,
Das Wort für Teutschland war verpönt,
Der Korse drohte es zu rächen,
Es wurde teutscher Sinn verhöhnt.

Von Thorheit war das Volk ergriffen,
Von Bahern war, was teutsch, gehaßt;
Ich sah es gen den Abgrund schiffen,
Von blinder Leidenschaft gefaßt. —

Wie anders ist es nun geworden!
Als Bahern, teutscher, nichts es gibt,
Im Süden nicht und nicht im Norden
Wird Teutschlands Ehre mehr geliebt.

Das was so lange hat gesäumet,
Wonach ich fruchtlos da gestrebt,
Ist Wahrheit jetzt, was ich geträumet —
Ich hab vergebens nicht gelebt.

König Ludwig.

Kriegslied gegen die Wälschen.
1859.

Und brauset der Sturmwind des Krieges heran,
Und wollen die Wälschen ihn haben,
So sammle, mein Deutschland, dich stark wie Ein Mann
Und bringe die blutigen Gaben,
Und bringe das Schrecken und bringe das Grauen
Von all deinen Bergen, aus all deinen Gauen
Und klinge die Losung: Zum Rhein! Ueber'n Rhein!
Alldeutschland in Frankreich hinein!

Sie wollen's: So reiße denn, deutsche Geduld!
Reiß durch von dem Belt bis zum Rheine!
Wir fordern die lange gestundete Schuld —
Auf, Wälsche, und rühret die Beine!
Wir wollen im Spiele der Schwerter und Lanzen
Den wilden, den blutigen Tanz mit euch tanzen,
Wird klingen die Losung: Zum Rhein! Ueber'n Rhein!
Alldeutschland in Frankreich hinein!

Mein einiges Deutschland, mein freies, heran!
Sie wollen ein Lieblein euch singen
Von dem, was die schleichende List euch gewann,
Von Straßburg und Metz und Lothringen!
Zurück sollt ihr zahlen! heraus sollt ihr geben!
So stehe der Kampf auf Tod und auf Leben!
So klinge die Losung: Zum Rhein! Ueber'n Rhein!
Alldeutschland in Frankreich hinein!

Mein einiges Deutschland, mein freies, heran!
Sie wollen, sie sollen es haben!
Auf! Sammle und rüste dich stark wie Ein Mann,
Und bringe die blutigen Gaben!
Du, das sie nun nimmer mit Listen zersplittern,
Erbrause wie Windsbraut aus schwarzen Gewittern!
So klinge die Losung: Zum Rhein! Ueber'n Rhein!
Alldeutschland in Frankreich hinein!

E. M. Arndt.

Vorwärts.

10. Mai 1859.

Donnerwetter, wenn ich heren könnt',
Was möcht ich sein?
Ein Soldat, ein General,
Ein tapfrer Feldmarschall,
Donnerwetter, wenn ich heren könnt',
Fort ging's an Rhein.

Donnerwetter, wenn ich heren könnt',
Was möcht' ich sein?
Ein König, ein Regent,
Ich bräckt' die Sach' zum End',
Donnerwetter, wenn ich heren könnt',
Fort ging's an Rhein.

Donnerwetter, wenn ich heren könnt',
Ach könnt' es sein!
Doch braucht's denn Hererei?
Treibt euch nicht Bundestreu',
Treibt euch die Ehre nicht
Endlich an Rhein?

I. R.

An Napoleon III.
12. Mai 1859.

Du haft gesagt: „Das Kaiserreich ist Friede!“
  Vertrauend, hoffend glaubte dir die Welt,
Vergessend, daß Du ein Napoleonide,
  Und welch ein Geist den ganzen Stamm beseelt.

Die Täuschung schwand, das Friedenswort war Lüge,
  Du bist durchschaut, wie Deiner Ränke Spiel,
Nun zeigen sich entlarvt die echten Züge,
  Und Deines Strebens frevelhaftes Ziel.

Du pochest auf des Schicksals gute Laune,
  Es war Dir günstig, doch frohlocke nicht,
Eh' Du es denkst, ertönet die Posaune,
  Und Dich erwartet strenge das Gericht.

Die blut'ge Kriegesfackel in den Händen
  Willst Du die Welt durchstürmen, wie Dein Ohm,
Noch hat die Menschheit Flüche nachzusenden
  Der Hand voll Staub im Invalidendom!

Ungenannt.

xxxx

Bedenkt!
28. Mai 1859.

Bedenkt, bedenkt, die Krebse selbst,
  Sie werden roth im Kessel;
Ihr sitzt in eurem Frankfurt drinn
  Im weichen, warmen Sessel,
Zu unser's armen Deutschlands Noth
  Klingt eu're Langsamkeit wie Spott:
Bedenkt, bedenkt, die Krebse selbst,
  Sie werden roth im Kessel.

Bedenkt, bedenkt, der stärkste Strick,
Er muß am Ende reißen,
Wir haben sattsam nun gehört
Die frommen Kinderweisen
Von Warten, Sanftmuth und Geduld,
Wir sind verhöhnt durch eu're Schuld:
Bedenkt, bedenkt, der stärkste Strick,
Er muß am Ende reißen.

Bedenkt, bedenkt, wo Funken sind,
Da gibt es leicht auch Flammen,
Noch steh'n wir gegen den Franzos
Als treues Volk zusammen,
Noch halten wir am Glauben fest,
Daß Keiner von der Fahne läßt —
Jedoch bedenkt, jedoch bedenkt:
Aus Funken werden Flammen.

T. R.

────

Was das Kaiserreich ist.
1859.

Das Kaiserreich, das Kaiserreich,
Es will der Friede sein.
Wer ist der Thor, der nicht sogleich
Mißtraut dem ungewohnten Schein,
Der lange noch Bedenken trüge,
Zu sagen: dieses Kaiserreich,
Es ist doch nur die Lüge.

Das Kaiserreich, das Kaiserreich,
Kann nie der Friede sein.
Wer frevelhaft begann, muß gleich
Der Diener aller Schlechten sein,
Daß man ihn nicht zu Boden schlüge. —
Wer zweifelt noch? — Dieß Kaiserreich
Es ist doch nur die Lüge.

Das Kaiserreich, das Kaiserreich
Wird nie der Friede sein;
Nur ein Gespenst, das, hohl und bleich,
Den Völkern wird zur Qual und Pein.
Es zu vertreiben — ha! wer trüge
Noch zögernd sich? — Dieß Kaiserreich,
Es ist ja doch nur Lüge.

Das Kaiserreich, das Kaiserreich
Darf nie der Friede sein,
Zum Kampf auf Tod und Leben gleich,
Germane, ziehe über'n Rhein,
Und laß nicht ab bis du im Siege
Es niederwarfst. — Dieß Kaiserreich,
Es ist doch nur die Lüge.

H. R.

Mit vereinten Kräften.

1859.

Laßt ruh'n die Eifersüchtelei;
Weh, wenn getrennt uns fände
Der Feind! — Weß Stammes einer sei,
Von welcher Farbe — einerlei!
Wir reichen uns die Hände.

Laßt ruh'n den leid'gen Farbenstreit,
Schwarzgelb, schwarzweiß vereinet.
Ha seht! schon ist der Feind nicht weit,
Der uns zu trennen stets bereit,
Wie wir schon oft beweinet.

Wie Eure Wälder stehet dicht;
Wer möchte dann uns dräuen.
Der Franke nicht, der Russe nicht
Je diesen starken Wald durchbricht,
Den Stärkre möchten scheuen.

Wie eine Mauer stehet fest!
Kein Oesterreich, kein Preußen,
Kein Süd und Nord, kein Ost und West;
Kein Bruder je vom andern läßt —
Das muß den Sieg verheißen.

H. K.

Das Lied vom deutschen Reich.
31. Mai 1859.

Ich weiß ein Lied von so viel Trauer, daß, wer es ganz
zu Ende singt,
Ihm, ach! vor tiefem Schmerzensschauer das Herz im
Busen blutend springt, —
Ein Lied von schwersten Gramgedanken — es macht des
Sängers Wange bleich —
Ein Lied von Wehe sonder Schranken: das ist das Lied
vom deutschen Reich!

O so viel Macht und Muth und Treue, und so viel Thor=
heit, Schimpf und Schmach,
O so viel Hoffnung stets auf's Neue, und so viel Unheil,
das sie brach.
O so viel Hinterlist und Tücke, und nimmer wieder
Treuvertrau'n:
O nimmer mit so wenig Glücke war so viel Recht und
Kraft zu schau'n!

Es muß in Sternen steh'n geschrieben, daß Deutschland
nicht soll untergeh'n,
Der Gott der Völker muß uns lieben, sonst wär' es
längst um uns gescheh'n.
Mein Volk, nicht rückwärts darfst du schauen, daß Gram
dir nicht die Kraft verzehrt,
Nein, vorwärts, und auf Gott vertrauen, und auf dein
Recht, und auf dein Schwert!

Ungenannt.

1857

Deutsche Einigkeit.

Juni 1859.

Noch einmal möge Gott vom Himmel senden,
Wie den Aposteln einst zur Pfingstfestzeit,
Den heil'gen Geist der Eintracht, um zu enden
Der Deutschen schmähliche Uneinigkeit,
Von ihnen alles Unheil abzuwenden,
Das drohend wuchert aus Parteienstreit,
Bevor die Feinde sich der Trennung freuen,
Die Deutschen aber sie zu spät bereuen.

Wenn Weidengerten auf dem Boden liegen,
Vereinzelt, hat des Knaben kecke Hand
Nur leichte Mühe, spielend sie zu biegen,
Zu brechen höhnend auch den Kindertand;
Sie müssen sich um seine Füße schmiegen. —
Vereint, umgürtet von dem Eisenband
Der Eintracht, kann's dem Riesen nicht gelingen,
Den Bund der Weidengerten zu bezwingen.

Daß deutsche Einigkeit nicht kann gedeihen,
Daß dies Verhängniß sei, das ist nur Wahn.
Es ist nicht schwer, den Tag zu prophezeien,
An welchem Einigkeit sich bricht die Bahn:
Sobald der Schlachtenruf warnt vor Entzweien,
Der Nothwehr Thor ist donnernd aufgethan,
Dann haben deutscher Völker Flammenzungen
Das Schöpfungswerk der Einigkeit errungen.

Fr. Wilh. Bruckbräu.

Deutsche Volkshymne.

Juni 1859.

Mein Volk, du herrlichstes der Erde
An hohem Geist, an Kraft und Muth!
Die Eintracht wohn' an deinem Heerde
Bei treuer Bruderliebe Gluth,
So lang der Nordsee Brandung schallet,
Zum Himmel ragt der Alpen Haupt,
Die Donau stolz zum Meere wallet,
Der Reben Kranz den Rhein umlaubt!

Des Heiles Stern war aufgegangen
Dem deutschen Volk in trüber Nacht,
Und uns're Freiheitskämpfer rangen
Auf deutschem Sand des Corsen Macht.
Der Pleiße Blachfeld sah ihn fallen,
Wo sich sein Aar im Blute wand,
Der dich zerfleischt mit grimmen Krallen,
Dein Herzblut sog, o Vaterland!

Der Stern, der uns zum Heil geleitet,
Hell strahl' er: „Deutschlands Einigkeit!"
Wo der vor unsern Fahnen schreitet,
Sind sie dem Sieg und Ruhm geweiht.
So haltet brüderlich zusammen,
Wenn neuer Schlachten Donner rollt;
In heißer Tage Läut'rungsflammen
Bewährt sich treuen Sinnes Gold!

O Herz Europas, deutsche Marken!
Auf! Folgt der ruhmumglänzten Bahn,
Wo zur Lawine wir erstarken,
Zur Felsenburg im Ocean!
Mein Volk, o herrlichstes der Erde!
Im Frieden einig und im Feld,
Entscheidest du, die Hand am Schwerte,
Nach freier Wahl das Loos der Welt!

                                    Alexander Ringler.

Deutscher Frühling.

1. Juni 1859.

Das ist ein Lenz, wie wir ihn lange
Nicht mehr erlebt im deutschen Land,
Ein Lenz mit hellem Freudenklange,
Ein Lenz mit lichtem Opferbrand!

Nicht die Natur nur ist erstanden
Und blüht verjüngt in bunter Pracht,
Der deutsche Geist ist aus den Banden
Des langen Schlummers auch erwacht.

Das deutsche Volk in Süd' und Norden,
Vom Ortles bis zu Schleswigs Mark,
Es ist ein einig Volk geworden,
Ein Volk wie keines groß und stark.

Zum Sturme wird dies Volk sich schaaren
In oft erprobtem Kampfesmuth,
Sein altes Recht sich treu zu wahren
Und seiner Freiheit heilig' Gut.

Wohl folgt ein Sommer heißer Nöthen
Auf diesen Frühling wunderbar,
Dein Fittig wird sich blutig röthen
Im Sonnenflug, du deutscher Aar!

Doch wenn im Herbst die Trauben glühen,
Und wenn die Aehre golden reift,
Wenn zu dem Lohne seiner Mühen
Der Schnitter nach der Sichel greift:

Dann werden wir die Garben binden
Auch auf dem deutschen Ehrenplan,
Die Welt wird dann die Wunder künden,
Die kühn das deutsche Schwert gethan.

Schon rauscht mit lautem Flügelschlagen
Von Land zu Land, von Meer zu Meer
Aus unsern letzten Heldentagen
Die Siegeskunde zu uns her.

Begeistert klingen Körners Lieder,
Die schwarzen Jäger stimmen ein,
Der alte Blücher reitet wieder
Die Runde auf und ab am Rhein.

Die Helden alle, längst begraben
Nach thatenreichem Siegeslauf,
Die uns bisher gezürnet haben,
Sie stehen heute wieder auf;

Und bei der Eintracht Glockenläuten
Sieht man sie wallend Hand in Hand,
Versöhnt mit ihrem Segen schreiten
Durch's auferstand'ne deutsche Land!

L. Wohlmuth.

Den durch Bayern ziehenden österreichischen Truppen.

6. Juni 1859.

Längst harren wir mit frohem Hoffen,
Da endlich braust der Zug heran —
Jetzt heißt's nicht nur: die Augen offen,
Jetzt heißt's: die Herzen aufgethan.

Willkommen! klingt es auf und nieder,
Willkommen! rauscht es fern und nah,
Willkommen, edle Waffenbrüder
Mit dem Panier der Austria!

Ihr habt das Heimathland verlassen,
Den eig'nen Herd, das Vaterhaus,
Und zieht auf weite, ferne Straßen
Zum blutig ernsten Kampfe aus;

Zum Kampfe für die deutsche Ehre,
Zum Kampfe für die deutsche Macht:
Gott segne Waffen euch und Wehre,
Er sei euch Stern in Noth und Nacht.

Wir reichen euch mit warmen Händen
Den Bruderhandschlag für und für,
Begeistert tönt's an allen Enden:
Ruft uns und freudig folgen wir!

Hört ihr den Jubel tausendtönig,
Der aufsteigt zu des Himmels Rand:
Hoch Oestreichs Kaiser, Bayerns König,
Und hoch, das deutsche Vaterland!

Mit Worten können wir nicht sagen,
Was durch das tiefste Herz uns geht,
Was wir im Grund der Seele tragen,
Das löst sich auf in dem Gebet:

Du Herr des Himmels und der Erde,
O führe Du sie ihre Bahn,
Send' ihnen mit dem Flammenschwerte
Den Siegescherub Du voran!

Leonh. Wohlmuth.

xxxx

Dann wird es Tag.

12. Juni 1859.

Viel lieber einen kräft'gen Krieg
Als einen „faulen Frieden!"
Dann wird durch einen kurzen Sieg
Der lange Streit entschieden.
Gewitter ziehen hin und her;
Die Luft bleibt ewig schwül und schwer.
D'rum lieber Blitz und Wetterschlag!
    Dann wird es Tag.

Und schlägt's im deutschen Lande ein,
Das wird die Herzen binden:
Die Flamme wird uns Leuchte sein,
Daß wir einander finden.
Dann dröhnt des Donners mahnend Wort:
Die Eintracht ist der Deutschen Hort.
Und was die Klugheit längst gebot,
    Nun zwingt's die Noth.

Wenn aus der Wolke zuckt der Strahl,
Und lodern mächt'ge Flammen,
Dann fühlen wieder wir einmal:
Wir gehören doch zusammen.
Wir trotzen einer ganzen Welt,
Wenn Eintracht unser Banner hält.
D'rum lieber Blitz und Wetterschlag!
    Dann wird es Tag.

H. F.

Der Rhein.

13. Juni 1859.

Wer wagt es meine Ruh zu stören?
　　Ein Ungewitter seh' ich nah'n,
Schon läßt sich ferner Donner hören,
　　Schon kündet es sich blitzend an.

Vom Strand der Seine kommt's gezogen,
　　Und droht sich zu entladen hier,
Es brausen höher meine Wogen,
　　Ihr Deutsche, auf, herbei zu mir!

Jagt sie zurück, die fränk'sche Wolke,
　　Hinüber! Hier ist Boot und Steg,
Ich steh zu Euch, zu meinem Volke,
　　Und weise Euch den alten Weg.

Wozu noch länger Euch besinnen?
　　Dem Muth'gen fällt die Wahl nicht schwer,
Der halbe Sieg ist frisch Beginnen,
　　Habt Ihr denn keinen Blücher mehr?

Ungenannt.

Am Jahrestage der Schlacht von Waterloo.

21. Juni 1859.

Sei gegrüßt, du Tag des Segens, sei gegrüßt, du Tag
　　　　　　der Wonne,
Der des Kampfes Nacht durchbrochen mit des Sieges
　　　　　　goldner Sonne,
Der den großen Völkerwürger schlug mit ungeheurem
　　　　　　Schlag,
Der im Buche der Geschichte prangt als Deutschlands
　　　　　　Ehrentag.

Wieder hört man in Europa lauten Waffenlärm erklingen,
Was der Oheim einst begonnen, will der Neffe nun
vollbringen,
Schon beginnt er auszuführen, was dämonisch er erdacht,
Auf Italiens Gefilden donnerte die erste Schlacht.

Sagt, ihr Deutsche in den nahen, Deutsche in den fernen
Gauen,
Könnt ihr länger noch das Ringen eu'rer Brüder müssig
schauen,
Stehst du länger noch unthätig bei dem Kampf der
Tochter da,
Blutgetaufte, schwertgeschmückte Königin Germania?

Ist's so schwer denn, zu erkennen, daß die Stunde jetzt
geschlagen,
Mit dem neuen Volksbeglücker uns're Rechnung abzu=
tragen?
Hat er uns nicht längst verheißen, dann erst werd' er
wirklich froh,
Wenn den Löwen er gestürzt hat, der dort steht bei
Waterloo?

Aber daß zu uns'rer Schmach er nicht erlebe diese Freude,
Schwöret es, ihr deutschen Brüder, schwöret es mit hei=
ligem Eide,
Eure gottgeweihten Waffen nicht zu legen aus der Hand,
Bis die Willkür und der Hochmuth die gerechte Strafe
fand.

Denk' an diesem ernsten Tage, Deutschland, deiner gro=
ßen Todten,
Die dem blutigen Erob'rer einst ein donnernd Halt ge=
boten,
Denk' an diesem ernsten Tage, daß du hast die gleiche
Pflicht,
Seinem Erben zuzurufen: Bis hieher und weiter nicht!

Glaubt er, daß er bei Magenta ein Marengo sich er=
                                      fochten
Und die Stirne des Despoten mit dem Lorbeer schon
                                      umflochten? —
Auf, mein Volk, zum Heldenkampfe, hier am Rhein
                                      wie dort am Po,
Und bereite du dem Frevler bald ein zweites Waterloo!

L. Wohlmuth.

Der Trompeter von Solferino.

Weise: Zu Mantua in Banden 2c.

Es reitet gar verwegen
Ein Trompeter aus dem Kampf,
Grad durch den Kugelregen,
Grad durch den Pulverdampf;
Nicht fürchtet er den Schlachtentod,
Will nur die Wunde brennend=roth
    Sich kühlen dort im Bach.

Und als er wiederkommen
Heran an's Schlachtgewühl,
Da hat er Stand genommen
An einem Baume kühl;
Und setzet die Trompete an,
Und leise erst und lauter dann
    Ertönt ein deutsches Lied.

Das hat er hören singen
Einstmalen in Berlin
Und meint, das müßte klingen
Gar schön bei Solferin,
Und fragt nicht viel und säumt nicht lang,
Daß lustig über's Feld erklang
    Die Weise von Berlin.

Und wie die Töne rauschen
Hinein in's Kampfgewühl:
Die Deutschen stehn und lauschen
Dem wunderlichen Spiel
Und seufzen dann: „Ach, wär'n sie hier!
Wie fröhlich stimmten heute wir
   Mit ein in's deutsche Lied!"

Die Töne langgezogen
Dringen durch Mark und Bein —
Da kommt eine Kugel geflogen
Aus den Franzosenreihn,
Und klagend bei Trompet' entflieht
Der letzte Ton vom deutschen Lied —
   Was war's nur für ein Lied?

      *   *   *

Ja doch, was war das für ein Lied,
Das selbst das Ohr der Todten traf?
Fernab in deutscher Königsgruft
Erwacht davon ein Held vom Schlaf:

„Was war's, das die Trompete blies?
Ich hört' es doch so scharf und klar,
Das Preußenlied, vom Silben her?
Ist Oesterreich denn in Gefahr?

Sind meine Kinder denn nicht da,
Wenn's gilt der heil'gen Allianz?
Wo steckt der Fritz? Wo ist mein Schwert?
Ich muß hinaus zum Waffentanz!

Zurück! Hilf Gott, es ist umsonst!
Zurück, mich schauert in der Luft!" —
O Preußen, Preußen! ist's denn wahr?
Ruht deine Mannheit in der Gruft?

P. Gotthard.

     xxxx

Des Sandwirths Geist an die Tyroler.
29. Juni 1859.

Schon sprach die Sonne ihr Lebwohl
Zu allen Bergen in Tyrol
   Und wich der Nacht mit ihrer Feier;
Da, plötzlich wie durch Zauberbann,
Entsteigt ein riesenhafter Mann
   Dem finster'n Thale vom Passeyer.

Er steigt das Timbljoch hinan,
Da sieh't vorerst sich um der Mann
   Weithin, im Lande der Tyroler.
Den schwarzen Bart, der kolossal,
Streicht er sich dann und ruft in's Thal
   Rings einen riesenhaften Johler:

„Tyroler, nehm't den Stutz zur Hand,
Schaar't nochmals Euch um's Haus am Sand,
   Hier steh't der Geist Andreas Hofer!
Auf, uns bedroht der alte Feind,
Zerschmettert ihn auch jetzt vereint,
   Wie einstmals dort im Passe Loser.

„Daß man's in Thälern schauet weit,
Daß im Gebirg' Ihr fertig seyd,
   Deckt wieder Bäche rings mit Spänen —1)
Und kommt sie, die Napoleons-Brut,
Dann stürzt herab auf sie mit Wuth,
   Zerreißt die Schurken mit den Zähnen! 2)

„Gemordet haben sie im Groll
Mich einst, den Helden von Tyrol,
   Zu Mantua liegt die blut'ge Lache. —
Gar schlecht geschossen haben sie, —
Doch Ihr habt sie gefehlet nie.
   Denn sicher trifft Tyroler Rache.

1) Historisch. — 2) Hofer's eigne Worte.

„Auf, sammelt Euch in Schützengild'!
Seid Deutschlands Wall, seid Oestreichs Schild!
  Bald könn't Ihr meinen Tod vergelten!
Ha, johlet, wenn die Büchse knallt,
Wenn's donnernd durch die Thäler hallt,
  Auf, Israel, zu deinen Zelten!" [1])

Bis Innsbruck hin und weiter fort
Drang im Gebirg' dieß Heldenwort
  Von Sandwirths Geist an die Tyroler;
Schon schwand er hinter'm Felsenwall,
Doch fern hin bis in's Zillerthal,
  Hört' man noch lang von ihm den Johler.

George Morin.

Die elfte Stunde hat geschlagen!
Anfangs Juli 1859.

Sein Schiff geht hoch auf blut'ger Fluth,
  Die rothe Flagge wallt verwegen.
Gefährlich wächst des Schiffers Muth —
  Wann wird das Schiff vor Anker legen? —
Du deutsches Volk, kennst du sein Ziel?
  Was willst du noch den Schiffer fragen? —
Sobald nur erst der Bruder fiel,
  Dann wird er dich, ja dich erjagen —
  Die elfte Stunde hat geschlagen!

Da saßen wir im alten Bann,
  Und schauten träg des Bruders Wunden,
Des Unmuths bittre Thräne rann,
  Gott weiß, wie tief wir's mitempfunden.

---

[1]) Ebenfalls Hofer's eigne Worte.

Zu viel der Klugheit, o wie blind!
　War unſer Fluch aus alten Tagen.
Und nun des Feindes Spott wir ſind —
　Es bebt der Mund, dieß Wort zu ſagen —
　Die elfte Stunde hat geſchlagen!

O aller Staatskunſt eitler Dunſt,
　Vermitteln mit ſatan'ſcher Lüge,
Die mit des Aufruhrs feinrer Kunſt
　Zerſchlägt des Völkerbau's Gefüge! —
Der „Parvenü" im rothen Bund
　Will an des Kaiſers Recht ſich wagen.
Und Teutſchland du? — O ſtummer Mund! —
　Und Mancher ſpürt noch gar Behagen —
　Die elfte Stunde hat geſchlagen!

Was frommt nun das bedächt'ge Spiel,
　Daß wir den Bruder preisgegeben?
Ein mächtig Wort war uns zuviel,
　Nun koſtet's Tauſende von Leben! —
Erkennſt du bald, mein Vaterland,
　Wie er dir lohnt dein zaubernd Zagen?
Schon läßt in Algier's Wüſtenſand
　Er deutſche Männer Steine tragen —
　Die elfte Stunde hat geſchlagen!

Ja, deutſches Volk, es iſt kein Wahn,
　O, daß dein Aug' es doch erkenne!
Auch dich umgarnt mit ſeinem Plan
　Der Freiheit Heuchler von Cayenne.
Dein deutſches Leben, deutſches Recht,
　Du giebſt es preis, willſt du noch zagen!
Er ſpannt dich ſonſt als welſchen Knecht
　An ſeiner Lüge Siegeswagen —
　Die elfte Stunde hat geſchlagen!

Nun ist vorbei der Worte Frist,
  O deutsches Volk, nun trifft es Jeden!
Nun zeuge, was du hast und bist,
  Durch Thaten zeuge für dein Reden!
Bezeuge nun den Opfermuth
  Und die Geduld in schweren Tagen!
Nun gilt's der eignen Söhne Blut,
  Und Hab' und Gut zum Altar tragen —
  Die elfte Stunde hat geschlagen!

Der Feind ist kühn, der Feind ist stark,
  Und Einer herrscht ohn' Widerrede;
Viel kostbar deutsches Blut und Mark
  Wird kosten diese Völkerfehde.
Doch deutsches Volk, ach — einig nur!
  Dann darfst du nimmermehr verzagen!
Der Neffe mag auf Leipzig's Flur
  Den Ohm nach deiner Macht befragen —
  Die elfte Stunde hat geschlagen!

Ja, so wahr Gott im Himmel ist,
  Der allgerechte Herr der Erde,
Es kann nicht sein, daß Lug und List
  Am Recht zum letzten Sieger werde.
Und prahlt der Eine noch so sehr, —
  Der Morgen muß doch endlich tagen,
Wo schwarz aus seiner Lilgen Meer
  Sein einsam Helena wird ragen —
  Auch seine Stunde, sie wird schlagen.

Doch uns, uns wird die große Noth,
  Die miteinander wir gelitten,
Uns wird das Blut nach all dem Tod
  Zum Leben erst zusammenkitten.

Und deutsches Recht und deutsche Kraft
Wird neue, frische Zweige tragen.
Was morsch und faul, wird weggerafft!
Und Deutschland, woll' es Gott, darf sagen:
„Der Einheit Stunde hat geschlagen!"

Oscar v. Redwitz.

An Oesterreich's Todte.
21. Juli 1859.

Die ihr, fern eurem Heimathlande, im Schooß der frem=
den Erde ruht,
In jenem heißen welschen Sande, so oft getränkt von
deutschem Blut,
Wohl mögt ihr trauern, heil'ge Manen, wenn ihr vom
Himmel niederspäht,
Und rückwärts eure Adlerfahnen und ohne Siege wallen
seht. —

Wohl euch, die ihr im Kampf der Ehre den schönen Tod
gestorben seid!
Ihr saht nicht mehr die Jammerschwere von Deutsch=
lands tiefster Trauerzeit:
Ihr durftet kühn und männlich schlagen für das, was
euer Herz entbrannt,
Wir Andern aber steh'n und klagen — und ach! kein
Schwert in uns'rer Hand!

Geduld! noch ist er nicht verflogen, der Wettersturm
vom Völkerstreit,
Rings grollend kömmt Gewölk gezogen, das neue Blitze
prophezeit.
Und kömmt dereinst der Deutschen Sache ihr später Tag
von Glück und Ruhm,
Dann wird auch euch die Ehrenwache für euer sieglos
Heldenthum!

F. T.

Versöhnung.
19. August 1859.

Ja bei Gott, das war ein Frühling, der auf lauten
Liebeswogen
Mit dem Auferstehungsgruße durch die weite Welt gezogen;
Wie erklang es durch Europa sturmgetragen, donnergleich:
Hoch du alter Doppelabler, Heil dir altes Oesterreich!

All die deutschen Lande sah man rings in hellen Waffen
starren
Und in heißer Ungeduld dem Schlachtentag entgegen harren,
Der der Welt beweisen sollte, daß es noch ein Deutsch=
land gibt,
Das wohl lang zu borgen, aber endlich gut zu zahlen
liebt.

Längst schon ist dahin der Frühling, einsam stehn die
Stoppelfelder,
Herbstlich färben sich die Blätter unsrer deutschen Eichen=
wälder:
Ach! der Herbst, der Segensfülle reift im Schooße der
Natur,
Bietet auf dem Feld des Ruhmes uns geknickte Aehren nur.

Doch in solchen ernsten Stunden frommt kein düst'res
Lied der Klage,
Muth nur und Vertrauen bringen endlich wieder beß're
Tage:
Alle, die mit vollen Händen ausgestreut der Zwietracht
Saat,
Mögen nun auch redlich büßen, aber büßen durch die
That.

Laßt den Haber endlich fahren, der den Süden trennt
vom Norden,
Sind wir denn durch allen Jammer immer noch nicht
klug geworden?

Dankt der allgemeinen Mutter mit versöhntem Brudergeist,
Die nicht Oestreich, nicht Preußen, die da einzig Deutsch=
land heißt.

Wieder wird die kriegbelab'n Wetterwolke siche entzünden,
Doch der Tag des höchsten Unglücks soll uns einig, einig finden,
In der schwersten Stunde stehst du dann in alter Größe da,
Blutgetaufte, schwertgeschmückte Königin Germania.

Bei den Manen unsrer Brüder, die dort bei Magenta
liegen,
Denen nicht vergönnt gewesen, in dem Heldenkampf zu
siegen,
Schwört es, in dem neuen Streite treulich Hand in Hand
zu geh'n,
Dann wird uns aus ihrer Asche auch ein Rächer auf=
erstehen.

L. Wohlmuth.

····

Zu Schillers hundertstem Geburtstage.
10. November 1859.

Sagt, wer darf sich preisend rühmen, daß er solch ein
Fest gesehen,
Wie es seinem Friedrich Schiller Deutschland heute darf
begehen?
Ja, das ist ein Tag des Segens, ist ein Tag voll Glück
und Heil,
Wie er selten noch so herrlich einem Volke ward zu Theil.

Was wir in den letzten Tagen Unheilschweres auch er=
duldet,
Was im Hader der Partheien gegenseitig wir verschuldet;
Laßt von aller Zwietracht heute schwinden auch die letzte
Spur:
Heute sind wir Schillers Erben, heute sind wir Deutsche nur.

Doch daß seine volle Weihe werde diesem Freudentage,
Reicht die Hand euch zum Gelöbniß an des Dichters
Sarkophage,
Ihn in seinem Werk zu ehren, treu zu wahren eure Gunst
Seiner Schule, seinen Jüngern, seiner ächten deutschen
Kunst.

Nimmer laßt die Bretter, die er weltbedeutend aufge=
schlagen,
Welche heute die Gestalten seines Genius getragen,
Seinen Mortimer und Posa, seinen Tell und Wallenstein,
Morgen wieder einen Tempel für die Aftermuse sein.

Und ihr Dichter, die das Leben mit des Glückes Glanz
umgossen,
Denkt an diesem Ehrentag auch eurer andern Sangs=
genossen,
Statt auf ihre dunkeln Pfade kalt und stolz herabzuseh'n,
Hebt empor mit Freundesarmen sie zu euren lichten Höh'n!

Mehr als lautes Liedersingen, mehr als stolzes Palmen=
streuen
Würde den geliebten Meister dieser Schillerdienst erfreuen,
Ihn, der in dem Erdenwallen selbst es einst so tief empfand,
Was dem ringenden Poeten eine treue Bruderhand.

Schiller mit dem großen Freunde hat das Vorbild uns
gegeben,
Wie man ohne eitle Selbstsucht theilt ein ruhmgekröntes
Streben;
Deßhalb bringt ihm auch die Menschheit ungetheilt ihr
Opfer dar,
Weil, wie groß er auch als Dichter, er als Mensch nicht
kleiner war. —

Deutſches Volk, bei ſeinem Namen, den wir heute jubelnd
nennen,
Mußt du die erhab'ne Sendung, die der Herr dir gab,
erkennen:
Mitten in Europa ſollſt du als der Hort des Geiſtes ſteh'n,
Und voran den Völkern allen ſoll dein Adlerbanner weh'n:

Jenes Doppelablerbanner, welches Schiller ſchmückt und
Goethe,
Die zum Sonnenglanz verklärten Leſſings gold'ne Mor=
genröthe;
Wenn wir dieſen Führern folgen auf der ſchönbetret'nen
Bahn,
Dann bricht uns der Tag der Einheit und der wahren
Freiheit an.

Dann beginnt mit dieſer Stunde neu die deutſche Zeit=
geſchichte;
Wenn dann wieder das Verhängniß ruft zum blutigen
Gerichte —
Schillers Geiſt wird vor uns ziehen, thatenmuthig,
ſiegesfroh,
Wie er vor den Vätern ging bei Leipzig und bei Waterloo!

L. Wohlmuth.

⬤⬤⬤

Dem Vaterlande.

Zum 10. November 1859.

Weiſe: Wo Muth und Kraft in deutſcher Seele flammen.

Vorſpruch: An's Vaterland, an's theure, ſchließ' dich an,
Das halte feſt mit deinem ganzen Herzen!
Hier ſind die ſtarken Wurzeln deiner Kraft.

An's Vaterland, je mehr die Stürme grollen,
Je mehr auf Liſt der Erbfeind ſinnt und ſann,
Je ungeſtümer rings die Wogen rollen,
An's Vaterland, an's theure, ſchließt euch an!

Laßt nur die Stürme sausen!
Laßt nur die Wogen brausen!
Auch unser Lied ersauft und brauset drein:
Ein einig Volk von Brüdern laßt uns sein!

O haltet fest mit eurem ganzen Herzen
Am Vaterland, das ewig Großes schafft,
Und leuchtet ihm mit eures Geistes Kerzen!
Hier sind die starken Wurzeln eurer Kraft.
Laßt nur die Stürme sausen ꝛc.

Zwar schmerzt uns noch so manche tiefe Wunde,
Und aufgelockert ist so manches Band;
Drum schaffen wir im treuen Bruderbunde
Zuerst ein ein'ges, geist'ges Vaterland!
Laßt nur die Stürme sausen ꝛc.

Wir fühlen, wie in glühendheißen Tropfen
Die Liebe heut' sich auf uns niedersenkt,
Wie Millionen Herzen heute klopfen
In gleichem Takt und Jeder Gleiches denkt!
Laßt nur die Stürme sausen ꝛc.

Der Bund ist heut gefestet und geschlossen,
In Schillers Sinn gegründet ist das Haus;
Drum bringt, des deutschen Geistes Eidgenossen,
Ein Lebehoch auf Deutschlands Zukunft aus!
Laßt nur die Stürme sausen!
Laßt nur die Wogen brausen!
Auch unser Lied ersauft und brauset drein:
Ein einig Volk von Brüdern laßt uns sein!

H. Marggraff.

Schillerlied der deutschen Arbeiter in Paris.

Zum 10. November 1859.

Singweise von Meyerbeer.

Wohl bist du uns geboren,
Gestorben bist du nicht:
Du lebst so unverloren,
Wo deutsche Zunge spricht.
Du gibst uns, großer Meister,
Ein einig Vaterland, —
Die Brüderschaft der Geister,
Das ist der Einheit Band.

Dein Wort hat uns gestählet,
Dein Lied uns Trost gebracht;
Dein Hauch hat uns beseelet
Am großen Tag der Schlacht.
Mit Tells Geschoß, ein Rächer,
Stehst du in neuer Zeit —
Der ist der Kettenbrecher,
Der uns den Geist befreit.

Du hast in ew'ge Töne
Das flücht'ge Wort gebannt,
An höchste Menschenschöne
Die höchste Kraft gewandt.
Hell brennt im deutschen Busen
Dein heilig Feuer noch —
Die liebste deiner Musen,
Das war die Freiheit doch.

Nie hat der Dichtung Flamme
Ein edler Haupt geschmückt;
Du hast dem ganzen Stamme
Dein Siegel aufgedrückt.

Wie weite Lande lichter
Im Abendfeuer stehn —
So darf dein Volk, o Dichter,
In deinem Purpur gehn.

Wir stehen, deine Erben,
Getrennt, doch ungebeugt:
Das Volk kann nicht verderben,
Das solche Männer zeugt.
Den du gestreut, der Same,
Er schießt in Aehren schon —
Gesegnet sei dein Name,
O Deutschlands liebster Sohn!

Ihr Völker, nah und ferne
Jauchzt unterm Himmelszelt:
Die Denker und die Sterne,
Sie leuchten aller Welt.
Sprich, Genius, dein Werde!
Bis jede Schranke fiel —
Die Menschheit, und die Erde:
Ein Volk, ein Land, ein Ziel!

Ludwig Pfau.

An das Vaterland.

Gesprochen vom Regisseur Ulram zu Wiesbaden bei dem dortigen
Schillerbankett am 10. November 1859.

Mein Vaterland, ich küsse deine Scholle
Voll Inbrunst heute, frei von jenem Grolle,
Der täglich sich um dich erneut;
Denn ist auch noch dein Einheitsband zerrissen,
Dein Horizont umwölkt von Kümmernissen,
Gesegnet bist du dennoch heut!

Gesegnet bist du, deiner weiten Gauen
Geschied'ne Bruderstämme heute schauen
Sie alle sich geeinigt an.
Vom Norden, wo das Meer bespült die Marken,
Bis, wo die Donau Schiffe trägt und Barken,
Wogt einer Regung Flammenbahn.

Zugleich aus allen Herzen schlug die Flamme,
Dieselbe ist's in jedem deutschen Stamme,
Sie gipfelt in dem einen Gruß:
„So lang von deutschen Lippen Worte fließen,
Sei dein Gedächtniß hoch und hehr gepriesen,
O Schiller, großer Genius!

Wie du hat keiner in der Dichtung Zungen
Für Freiheit, Schönheit, Ideal gerungen,
Für reines edles Menschenthum.
Und steh'n wir nicht mehr vor des Tempels Schwelle,
Ist in dem Tempel heute unsre Stelle,
So ist vor allen dein der Ruhm.

Der liebste Sohn warst du des Vaterlandes,
Heut ist dein Geist der Träger eines Bandes,
Das unser ganzes Volk umschlingt,
Und das, will's Gott, nach außen und nach innen
Bald wird die langersehnte Form gewinnen,
Die einen neuen Morgen bringt!

Mein Vaterland, ich küsse deine Scholle
Voll Inbrunst heute, frei von jenem Grolle,
Der täglich sich um dich erneut;
Denn ist auch noch dein Einheitsband zerrissen,
Dein Horizont umwölkt von Kümmernissen,
Gesegnet reichlich bist du heut!

Erwin Wester.

Schillerlied.

Gesungen beim Schillerfeste der Wiener Buchhandlungs-
gehülfen am 13. November 1859.

Singweise: Frisch auf, Kameraden, auf's Pferd, auf's Pferd!

Frisch auf, ihr Brüder, ihm gilt der Sang,
Für den unsre Herzen flammen;
Aus dem Herzen kam, in's Herz auch drang
Sein Wort uns, es hält uns zusammen;
Unsern Schiller heut jegliche Lippe preist,
Darin sich einigt der deutsche Geist.

Für den Klang seiner Leier so innig und tief,
Von sinnig ernstem Wesen,
War der Frauen Herz; das Echo rief,
Wie heilige Zuflucht erlesen;
Dort hallte er wieder, so voll, so zart —
Es war ja die echte, die deutsche Art.

Doch Mildes allein sein Wort nicht bringt,
Es paart sich schön mit dem Starken,
D'rum in des Mannes Brust es dringt
In allen deutschen Marken,
Ueberall, wohin seine Leier drang,
Da gab sie einen guten Klang.

Für der Menschen Rechte, des Volkes Glück
Mit vollem Herzen streiten,
Stets vorwärts, keinen Schritt zurück
Sehn wir ihn rüstig schreiten;
Der Deutschen Liebling — so wurde er schnell
Der Freiheit geistig ein zweiter „Tell!"

Seinem Wort laßt uns folgen, Mann für Mann,
Zu Ehren dem großen Todten:
An's Vaterland schließt Euch, an's theure an,
Seid einig, wie er es geboten, —
Für das der Dichtung Kränze er wand,
Seid einig für Deutschland, für's Vaterland!

A. S.

An Schiller.

Wer wäre deutsch, der nicht die Feuertaufe
Des deutschen Geist's aus Deinem Geist empfing?
Nicht einen Kranz an Deinen Sockel hing,
Vor Allen, die dort steh'n am Donaustaufe?

Wer wäre Mann, der nicht mit Jugendlust
Getaucht in Deines Liedes reine Welle,
Dem ahnungsreich nicht an des Lebens Schwelle
Dein keusches Licht geleuchtet in der Brust?

Wer wäre Künstler, o Du Siegesheld,
Gewaltiger! den nicht aus Finsternissen
Dein Adlerschwung zur Sonne hingerissen,
Zur ew'gen Schöne Deiner Geisterwelt?

Laß mich in Deiner Säule tiefstem Schatten
Dir opfern, was auf meinem Weg ich fand, —
Die Kränze, die sie freundlich mir erkannt,
Und die sie doch — nur Dir gewunden hatten.

O nimm sie an! — Für das, was ich erstrebt,
Ist solcher Augenblick der schönste Segen.
Dürft' ich sie nicht auf Deine Schwelle legen,
Dann wehe mir, — ich hätt' umsonst gelebt!

Karl Grunert.

Den Manen Schillers.

Bei mattem Fackelschimmer
Ward einst um Mitternacht
Der größte unsrer Dichter
Zur letzten Ruh gebracht.

Kein Klaglied ward gesungen,
Und nur ein klein Geleit
Folgt auf dem bittern Gange
In tiefster Traurigkeit.

Sie senkten ernst und schweigend
Den schlechten Brettersarg
In's Armien-Grabgewölbe,
Das Vieler Leichen barg.

Doch ziemte seiner Hülle
Wohl beßre Ruhestatt,
Die er im Fürstengrabe
Nun auch gefunden hat.

Er war ja selbst ein König
Im heitern Musenreich,
So ruht er nun gebettet
Den irb'schen Fürsten gleich.

Doch mag sein Leib vermodern
In welcher Gruft es sei,
Es lebt sein Geist unsterblich
Von allen Banden frei.

Es leben seine Lieder,
Es lebt sein kräftig Wort,
Begeisternd und belebend
In allen Herzen fort.

Weit über unsre Grenzen
In jedes fernste Land
Sind sie nun eingedrungen,
Gesungen und bekannt.

Nicht nur das Volk der Deutschen,
In engster Einigkeit,
Begeht die Jubelfeier
Des großen Dichters heut'.

Nein, rings in allen Gauen,
Soweit die Bildung reicht,
Wird heut' dem Geist gehuldigt,
Dem kaum ein andrer gleicht.

Der allgemeine Jubel,
Der jetzt die Welt erfüllt,
Dem großen deutschen Dichter
Den Manen Schiller's gilt.

Moritz Blanckarts.

Zur Schillerfeier.

Zum nimmermüden Forschen
Hat sich der Geist gesellt;
Im Herzen offenbart sich
Der holde Wahn der Welt!

Es ist ein Feengarten
Voll schönster Blumenpracht,
Es ist an Edelsteinen
Ein schatzerfüllter Schacht.

Es ist ein Meer voll Perlen,
Der schönsten, tief im Grund,
Es ist der Hort der Wonne
In süßer Wehmuth Bund!

Da ist's, wo heil'ger Scheue
Der Dichter Rosen bricht,
Das heil'ge Kleinod muthig
Entführt zum goldnen Licht;

Daß diese Welt mitglaube
An höheren Verband,
Mit holden Rosen fessle
Den strebenden Verstand!

Drum ringt ein wahrer Dichter
Hier nie nach irb'scher Hab',
Und müßt' er ruhmlos sinken
Hinunter in sein Grab;

Denn wär's noch so bescheiden,
Was er gepflückt, entführt,
Sein Lohn ist doch erhaben,
Ward ein Herz nur gerührt.

Und weil in allen Stürmen
Sich Dichtermuth bewährt,
So ward der Dichtung Würde
Auch einmal ganz verklärt.

Beschieden ward es Zweien
Das schöpferische Wort,
In ihre Brust gesenket
Der allerreichste Hort;

Daß sie nicht eine Blüthe,
Nicht einen Edelstein,
Daß sie verschwendrisch böten —
Der Dichtung ganzes Sein;

Daß sich die kalte Prosa
Des Lebens gläubig beug',
Die Poesie des Menschen
Volltiefsten Werth bezeug'!

Es ruh'n die Dichterfürsten,
Vollendet ist ihr Lauf,
Längst schwangen ihre Geister
Sich zu den Himmeln auf.

Da schauen sie darnieder,
Das Auge fesselfrei,
Umschlungen seh'n sie nieder
Auf Deutschlands Dankesweih'.

Und ist's, als flüstre Schiller:
„O Brüder ohne Wahl,
Ich trug Euch vor die Leuchte,
Ich rang zum Ideal!

Laßt Ihr's auch nie entschwinden,
Was mir erhob die Brust —
Und einer großen Wahrheit
Bleib Jeder sich bewußt.

Im Glauben an das Schönste
Beruht der Menschen Kraft,
Der Glaube an das Höchste
Ist's, der das Höchste schafft.

Der Glaube an die Einheit
Spricht jedem Grolle Hohn,
Das Beste, Höchste, Schönste,
Dem Glauben wird's zum Lohn. —

Dem heilig sich'ren Glauben,
Ein starkes Volk zu sein,
Werth seiner Weltgeschichte
Und fleckenlos und rein!

Nach dem Ideale ringet,
Das sei des Dankes Pflicht,
Dann wird des Lebens Prosa
Zum freudigsten Gedicht.“

Franz Trautmann.

An das deutsche Volk.

Zum 10. November 1859.

I.

Eins konnte, deutsches Volk, dir doch nicht wehren
Der Zeiten Schmach: das sind die Huldigungen,
Die heut, so von Begeisterung durchdrungen,
Du deinem Dichter zollst, dem edlen, hehren.

Wohl seinen Ruhm vermagst du nicht zu mehren:
Sein Name klingt ja längst in allen Zungen,
Doch dir wird heut' ein Kranz um's Haupt geschlungen,
Weil deinen Schiller so du weißt zu ehren. —

Daß dieser Tag recht früchtetragend schwände!
Wie er vereint dich fand in höherm Sinnen,
Daß, deutsches Volk, dich so die Zukunft fände!

Mag da dein Feind auf's Neue Lust gewinnen,
Daß deiner großen Todten Land er schände,
An deutscher Eintracht scheitert sein Beginnen.

L. Maurer.

II.

Vor deines hohen Sehers hehren Manen
Hast du, mein Volk, wie Ein Mann dich erhoben:
Der Eintracht heil'gen Bund dir zu geloben
Beim ew'gen Ruhme deiner starken Ahnen!

Voran auf neuen segenvollen Bahnen!
Und trage hoch, ob Feinde ringsum toben,
Bis sie wie Spreu vor deinem Schwert zerstoben,
Der Einheit und der Freiheit Siegesfahnen.

Und wenn der Jubeltag einst wieder glänzet,
Und strahlen sonnengleich die deutschen Farben:
Dann sammelst Du der Wohlfahrt vollste Garben,

Und blühest, Volk, das Erste du, bekränzet
Das stolze Haupt mit heil'gem Grün der Eiche,
In einem großen freien deutschen Reiche.

Alexander Ringler.

Zur Schillerfeier.

Die Sängerfeier ist vollbracht,
Und war auch arm was wir geboten,
So haben wir doch sein gedacht
Im Geist des großen deutschen Todten.

Sein Name tönt heut allerwärts;
So weit da reden deutsche Zungen,
So weit da schlägt ein deutsches Herz,
Hat er des Geistes Welt durchdrungen.

Im weiten deutschen Vaterland
Ist er der Freude Losung worden.
Er einigt als versöhnend Band
Den Süden heute mit dem Norden.

Und dieser Name soll allein
In Hallen stolzer Städte tönen?
O nein, die Stadt sei noch so klein,
Auch sie darf heut sein Bild bekrönen,

Und darf sich freun aus Herzensgrund
Des hohen Tags vor hundert Jahren,
Der ihn gebar, mit goldnem Mund
Der Schönheit Wort zu offenbaren.

So sieh, du Stolz der Nation,
Sieh auch auf unsern Kreis hernieder,
Du König auf des Geistes Thron,
Du Seher auf dem Berg der Lieder!

Der du zum höchsten Ideal
Im Sonnenflug dich aufgeschwungen,
In heil'gem Zorn, mit scharfem Stahl
Gemeinem Sinn den Sieg entrungen;

Der du der Völker freies Wort
Geprebigt in entflammter Rede,
Und mahnend von der Einheit Hort
Gesungen in der Brüderfehde;

17

Der du das dunkle Menschenherz
Mit tiefem Seherblicke kanntest,
Der du die Tugend himmelwärts,
Das Laster in die Tiefe sandtest;

Der du das Lied der Freude sangst
Und für der Frauen Ehre schwärmtest;
Der du die ganze Welt umschlangst,
Wie oft du auch ob ihr dich härmtest.

O Friedrich Schiller, großer Geist,
Laß mich den Kranz auf's Haupt dir drücken!
Und wenn ein neu Jahrhundert kreist,
Wird man wie heut dein Bildniß schmücken!

Verwachsen bist du ganz und gar
Mit deut'schen Volkes geist'gem Weben;
Du bleibst sein Stolz auf immerdar,
Und immer wirst du in ihm leben.

Oscar v. Redwitz.

xxxx

Die deutsche Schillerfeier.

Was hob so mächtig alle Herzen,
Was stimmte sie so froh und frei,
Als ob ein Wahn die tiefen Schmerzen
Der Schmach, die wir erlebten, sei?
Noch gähnt die Kluft, die uns gespalten,
Der Zwietracht Flamme lodert fort;
Da hieß sie plötzlich innehalten
Ein Name und ein einzig Wort.

Es rief uns zu: „Vor hundert Jahren
Hat Schiller diese Welt erblickt!
Und rasch war schon in dunklen Schaaren
Der Wirren wüster Schwarm entrückt;

Nicht trennte sich vom Süd der Norden,
Es schwieg der unheilvolle Zank;
Denn Allen war er eigen worden,
Dem deutschen Dichter galt der Dank.

Daß er geglüht für Ideale
Und doch ein Herold war der That,
Nicht haftend an der Formen Schale
Ausstreute der Gesinnung Saat,
Daß er hineingriff in die Zeiten,
Nicht leere, müß'ge Träume wob,
Dieß ist's, was ihn wie keinen Zweiten
Zum Liebling seines Volks erhob.

Und wie sich herrlich unserm Blicke
Im Werk des Schöpfers Sinn enthüllt,
So spiegelt auch sich im Geschicke
Des Dichters der Gesammtheit Bild,
Auch ihm hat die gebundnen Schwingen
Gelöst allein der starke Muth,
Und auch sein Leben war ein Ringen,
Ein Ringen nach der Einheit Gut.

Nicht hat das Glück ihn sanft getragen,
Mit weichem Arm ihn groß gewiegt;
Er mußte streben, dulden, wagen,
Bis er im Kampfe obgesiegt;
Aus seiner Jugend trübem Gähren
Zum Maß, zur Freiheit drang er kühn;
So wird auch Deutschland sich verklären
Nach schwerem Kampf, nach langem Müh'n.

Und wenn nach hundert Jahren wieder
Ein Fest man unserm Schiller weiht,
Schaut wohl sein Geist mit Wonne nieder
Auf eine neue, beß're Zeit;
Dann ist der Blick von Sorge freier,
Vom Mißton bleibt die Freude rein;

17*

Prophetisch war die erste Feier,
Die zweite wird Erfüllung sein!

Friedrich Beck.

xxx.

L'empire c'est la paix.

Das Kaiserreich ist der Friede.

Es war ein Mann, der Sieger von Arcole,
Marengo, Austerlitz und hundert Schlachten,
Die ihn zur Geißel von Europa machten
Gleich Attila mit blut'ger Aureole.

Fortbraust er wie ein Sturm von Pol zu Pole,
Trat nieder mit titanischem Verachten
Der Völker Recht, bis sie vom Schlaf erwachten,
Festschmiedeten am Felsen seine Sohle.

Jetzt heischt das müde Frankreich Brod und Feste;
Da müssen sich zum Friedenshort bequemen
Des Kaisers Schwert und seines Mantels Reste.

Wir streiten nicht mit Adlern und Emblemen,
Doch ist's gefährlich, nicht für uns das Beste,
Beschwört man keck des Cäsars bleichen Schemen.

Friedrich Beck.

xxx.

L'empire c'est la guerre.

Das Kaiserreich ist der Krieg.
1859.

Das Kaiserreich soll Friede bringen? Nein,
Krieg ist sein Wesen, Kampf ist sein Gebot;
Unheilverkündend war sein Morgenroth,
Und wie der Morgen wird sein Abend sein.

Es geht ein Ruf vom Po bis an den Rhein:
  Steht fest für Oestreich! denn der Erbfeind droht;
  Nie kehre jene Zeit der Schmach und Noth,
  Nie soll sich wieder Nord und Süd entzwei'n.

Wozu der Rückhalt und die Hinterhut?
  Auf, Deutschland! Schirme deiner Freiheit Gut;
  Zu lang schon höhnt dich wälscher Uebermuth!

Zu lang schon wucherte des Truges Saat;
  Geduld ist Schwäche, Zaudern ist Verrath;
  Den Frieden bringt uns nur entschloss'ne That.

                           Friedrich Beck.

xxx

Bundeslied.

1859.

Weise: God save the King.

Waff'ne, Germania,
Rüste die Wehre,
Strafe den Uebermuth,
Rette die Ehre!
Brüder am Alpenrand
Bis an der Nordsee Strand,
Hebet zum Schwur die Hand,
Schützet das Land!

Fürsten auf deutschem Thron,
Stehet zum Volke!
Seht Ihr im Westen nicht
Drohen die Wolke?
Lasset vom Thorenstreit,
Eh' Ihr verloren seid,
Denkt der Vergangenheit,
Nützet die Zeit!

Preußen und Oesterreich,
Höret die Warnung;
Haltet das Banner hoch,
Flieht die Umgarnung!
Nicht gegrollt, nicht geschmollt!
Eisern der Würfel rollt;
Glück ist dem Kühnen hold,
Thut was ihr sollt!

Zieht voran, brecht die Bahn,
Alle für Einen!
Wetterschlag fällt herab,
Eh' wir es meinen;
Kein Beding, kein Verrath,
Wenn auch die Lockung naht;
Worte sind Drachensaat,
Rasch an die That!

Gott mit uns! sei der Ruf,
Gott und die Ehre!
Waffne, Germania,
Rüste die Wehre!
Brüder am Alpenrand
Bis an der Nordsee Strand,
Hebet zum Schwur die Hand,
Schützet das Land!

Friedrich Beck.

Was uns tröstet.

Mai 1860.

Weise: Auf, ihr Brüder, laßt uns wallen (Stunz.)

Dacht' ich doch, es sei begraben
Immerdar die Welt in Nacht;

Sie mit Wärme zu erlaben
Fehle schon der Sonne Macht.
Doch nun rauscht in seinen Borden
Hin der Fluß, vom Eis befreit;
Wieder ist es Frühling worden;
Alles Ding währt seine Zeit.

Zwar ist's düster in den Gauen,
Wo die deutsche Zunge tönt;
Auf den Herzen lastet Grauen,
Stürme droh'n und Donner dröhnt;
Wälsche Arglist wirft die Schlinge,
Da wir schwach sind und entzweit;
Doch wie Viel ihr auch gelinge,
Alles Ding währt seine Zeit.

Mag sich der Dezember brüsten,
Immer folgt ein Mai doch drauf;
Mag ihm nach dem Rhein gelüsten,
Hin zum Meere geht sein Lauf;
Dort in wilder Wogen Brandung
Ragt die Klippe stumm bereit,
Denkt an des Gefang'nen Landung;
Alles Ding währt seine Zeit.

Gott gibt Macht dem bösen Werke
Immer nur für kurze Frist,
Daß das Gute d'ran sich stärke,
Dem der Sieg beschieden ist;
Wenn wir Schlimmes auch erleben,
Hoffnung ist's, die Muth verleiht;
Schmach dem, der sich aufgegeben!
Deutschland hoch für alle Zeit!

Friedrich Beck.

xxxx

Der deutsche Rhein.

6. Juni 1860.

Sie werden ihn bald haben,
Den freien deutschen Rhein,
Wenn wir wie feige Knaben
Nicht kämpfen und nur schrei'n;

Wenn nicht die deutschen Heere
Von der Kasern zu Haus,
Treu dem Gebot der Ehre,
Zum Kampfe zieh'n hinaus.

Sie werden ihn bald haben,
Den freien deutschen Rhein,
Und uns ein Rübchen schaben
Zum späten Stelldichein;

Wenn nicht ein Mann wie Blücher
Dreinschlägt mit „freier Hand,"
Der ohne Notenbücher
Die Feinde überwand.

Sie werden ihn bald haben,
Den freien deutschen Rhein,
Mit seinen Opfergaben,
Mit seinem Opferwein;

Wenn Bajonnettenspitzen
Ganz Deutschlands nicht sofort,
Den Rhein beschirmend, blitzen,
Der Deutschen Wallfahrtsort.

Sie werden ihn bald haben,
Den freien deutschen Rhein,
Wenn selbst den Grund wir graben
Zu Deutschlands Leichenstein.

Friedrich Wilhelm Bruckbräu.

Festprolog

zur Feier der Schlacht bei Leipzig *).

1860.

Schmück' festlich dich, o theures Land der Eichen!
Mit Ernst zu feiern „aller Deutschen Tag",
Wo unter deiner Heldensöhne Streichen
Wie gift'ge Saat, zermalmt von Wetterschlag,
Des Corsen Heer auf Leipzigs Feld der Leichen
Dem Rächerarm des deutschen Volks erlag,
Das schimpflich er zu knechten sich vermessen,
Weil es der Ehr' und Einigkeit vergessen.

O Bild der Schmach! Das große Reich der biedern,
Ruhmreichen, tapferen Germanen liegt
Zerfleischt im Staub, mit abgeriss'nen Gliedern —
Gleich einem schwachen Kinde leicht besiegt,
Das ohne Schamgefühl, sich zu erniedern,
In fremdes Joch sich rath= und thatlos schmiegt —
Statt, daß es mit der dargebot'nen Kette
Den Länderräuber selbst zerschmettert hätte!

Ach träg und träumend war es eingeschlafen,
Dahin die Kraft, dahin das Volksgefühl!
Die Mörderstreiche, die zum Tod es trafen,
Sie jagten es nicht auf vom Lotterpfühl.

---

*) Vorgetragen bei dem Erinnerungsfeste der Schlacht von Leipzig in München am 16. Oktober und bei dessen Wiederholung zum Besten der vertriebenen Schleswig=Holsteiner am 20. Oktober 1860.

Da ward der freie Deutsche selbst zum Sklaven
Und sank in tiefe Nacht, gar schwarz und schwül,
Und ließ sich Glied um Glied geduldig binden —
Im Schlafe sich wie Simson überwinden;

Und ward allüberall im Vaterlande,
Das Freiheit einst und Bürgerstolz geseh'n,
Von wälscher Schergen zügelloser Bande
Das Volk bedrängt mit unermess'nen Weh'n,
Und mußte tiefgebeugt am Pfahl der Schande
Entblößt, mit blut'ger Dornenkrone, steh'n,
Getreten und verhöhnt vom lauten Spotte
Der übermüth'gen fremden Söldnerrotte!

Fühlt Ihr's wie Stahl ins wunde Herz Euch schlagen?
Reizt doch das edle Roß der blut'ge Sporn!
Die Deutschen sollten so viel Schmach ertragen,
Im Busen tief des eignen Vorwurfs Dorn,
Nicht Alles für die Ehre muthig wagen,
Aufflammen nicht im grimmen Rachezorn,
Um sturmgleich wie mit Gottes heil'gen Wettern
Den Pharao der Neuzeit zu zerschmettern?

„Das Volk steht auf, der Sturm bricht los!" so hallte
Kühn unseres Tyrtäus Schlachtgesang;
Bis deutscher Männer Faust, da's „Vorwärts!" schallte,
Den Flammberg, wie die Sens' ein Mäher, schwang,
Und sich das Volksheer zur Lawine ballte,
Felsbrechend wie der Brandungswogen Drang:
Das war ein Brausen und ein Donnerhallen,
Wie wenn zwei Welten aneinander prallen!

Wie ward da lang und heiß und wild gerungen
Auf Leipzig's weitem blutgetränktem Plan!
Beim Rachelied, von eh'rnem Mund gesungen,
Brach mörderisch das deutsche Schwert sich Bahn,

Bis es den Uebermüthigen bezwungen,
Der unbesiegbar galt verjährtem Wahn:
Wie mußt Er da zu wilder Flucht sich schicken,
Um nie nach Deutschland mehr zurückzublicken!

Ruhm, tapfre Krieger, Euch, die Deutschlands Fahnen
Mit starker Hand erhöht in neuem Glanz!
Gesegnet sei'n uns Eu're hehren Manen,
Das Haupt geschmückt Euch mit dem Eichenkranz!
O laßt fortan uns wandeln Eure Bahnen,
Die Ihr gezeigt im blut'gen Schwertertanz,
Daß wir bereit, als Eures Muthes Erben,
Für's Vaterland zu leben und zu sterben!

Schwebt leis heran — es will den Dank Euch reichen
In dieser Feierstunde, Euch geweiht!
Hell lodern Dir, der Heldenschaar, der bleichen,
Auf allen deutschen Bergen weit und breit
Des großen Sieges rothe Feuerzeichen —
Ein strahlend Zeugniß unf'rer Einigkeit!
Hoch schlagen aller Herzen Dankesflammen
Zu einer heil'gen Opfergluth zusammen!

Ja! einig — einig — einig laßt uns stehen,
Was Gott auch über uns verhängen mag!
Dann wird stets siegreich Deutschlands Banner wehen,
Wie dort an Leipzig's großem Ruhmestag!
Nie soll ein Feind uns anders wiedersehen!
Gebt Euch mit deutscher Hand den Bruderschlag
Und jauchzt es laut voll hellsten Jubelschalles:
Hoch Deutschland, hoch! — Hoch Deutschland über Alles!

Alexander Ringler.

Festhymne
zur Feier der Schlacht bei Leipzig *).
1860.

Blicket her auf dieses Fest, ihr Helden deutschen Ruhms!
Umschwebt im Geist euer Volk;
Tapf're, die ihr Leipzigs Schlacht ruhmvoll schlug't!
O segnet uns! Noch lacht der Friede
Dem theuren deutschen Vaterland!
Wer es wagt, wer es wagt, zertreten will die deutschen
Fluren,
Er soll es bereu'n! Wir alle steh'n mit Gut und Blut,
Wenn es gilt zu vertheidigen muthvoll
Das Vaterland und die deutsche Freiheit.
Nimmer werde der Hochsinn edler Seelen
Dem wüthenden Feind zum Spott!

Furchtbar war sie, der Entscheidung blutige Schlacht,
Drei Tage lang würgte der Tod,
Und die Erde bebte dumpf! Sieh, da fiel
Der erste Lichtstrahl bess'rer Zukunft
Hindurch der Donnerwolken Nacht,
Und es brach, es zerbrach das Joch der Fremden und
die Knechtschaft.

Jauchzet auf, errungen ist der schöne Sieg,
Hell strahlt im Schwert des tapferen Helden
Die Morgenröthe der holden Freiheit!
Vorwärts mächtiges Heer! Auf! bringe vorwärts
Zum brausenden Strom, zum Rhein!

Volk an Volk, Mann an Mann gereiht,
Dringet vor, die Rache vor Euch her!
Weich zurück mit deinen Schaaren, flieh
Mit deinen Fesseln, Unterbrücker,

---

*) Vorgetragen bei dem nämlichen Erinnerungsfeste der Schlacht
von Leipzig in München am 16. und 20. Okt. 1860 nach der für
Vocal= und Instrumentalmusik eingerichteten Komposition des kgl.
Hofmusikers Johann Ludwig.

Das Klirren deiner Ketten donnere
Dich wach aus deinem Siegestraum!
Erwach' in Schrecken und besiegt! —
Ewig so soll untergehen
    Jeder, der verhöhnt, der Völker Recht, —
    Allzeit frevler Uebermuth.

Den Siegern Heil, den Rettern deutscher Ehre!
Ja, preiset sie, lobsinget sie mit Hochgesang!
Herrlich strahlt durch alle Zeiten
    Ihr Heldenmuth, ihr Opfertod! —

Hör'! o Lenker du der Weltgeschicke,
Hör' unsern Schwur: Immer getreu
    Schlägt unser Herz dem Vaterland!
    Sieg, Ruhm und Preis dem Vaterland!

                      Hermann Lingg.

Sechstes Buch.

Vermischte Gedichte zur Kennzeichnung einzelner deutscher Zustände, Personen und Stimmungen.

Erste Abtheilung.

Zeit der hellenischen und polnischen Unabhängigkeitskriege, der neu erwachten französischen Rheingelüste, des Gutenbergfestes, der Eisenbahnen, des Hamburger Brandes und des Kölner Dombaues.
1820 — 1842.

Griechenlands Hoffnung.
1821.

Brüder, schaut nicht in die Ferne nach der Fremden
        Schutz hinaus,
Schaut, wenn ihr wollt sicher schauen, nur in euer
        Herz und Hand.
Findet ihr für eure Freiheit da nicht heilige Gewähr,
Nun und nimmer, Brüder, nimmer kommt sie euch
        von außen her.
Selber hast du aufgeladen dir der Knechtschaft schweres
        Joch,
Selber hast du es getragen, und du trägst es heute noch,
Hättest du darauf gewartet, hochgelobtes Griechenland,
Daß es dir vom Nacken sollte heben eine fremde Hand.

Selber mußt du für dich kämpfen, wie du selber dich
befreit,
Dein die Schuld und dein die Buße, dein die Palme
nach dem Streit.
Viele werden dich beklagen, Viele dir Gebete weih'n,
Viele sich für dich verwenden, Viele deine Rather sein. —
Hoffst du mehr? Bau auf die Hoffnung deiner Freiheit
Veste nicht,
Daß der Grund, auf dem sie ruhet, nicht den Bau zu
Trümmern bricht.
Deiner alten Freiheit Ehre ist der neuen Welt gerecht,
Denn der Freie ist im Grabe so geduldig wie der Knecht.
Lege reuig deine Waffen nieder vor des Türken Thron,
Beuge friedlich deinen Nacken zu dem alten Sklavenfrohn.
Dann, dann magst du sicher bauen auf die Macht der
Christenheit,
Dann, dann magst du sicher hoffen, daß der Türke dir
verzeiht.
Ruh und Friede will Europa — Warum hast du sie
gestört?
Warum mit dem Wahn der Freiheit eigenmächtig dich
bethört?
Hoff' auf keines Herren Hülfe gegen eines
Herren Frohn,
Auch des Türkenkaisers Polster nennt Europa einen
Thron.
Hellas, wohin schaut dein Auge? — Sohn, ich schau
empor zu Gott —
Gott, mein Trost in Schuld und Buße, Gott, mein
Hort in Kampf und Tod!

Wilhelm Müller.

xxoo

Zuruf an die Hellenen.

Im Sommer 1822.

"An dem Joche kleben,
Vor Tyrannen beben,
Dieses ist nicht Leben,
Dieses ist schon Tod;
Freiheit zu erstreben,
Jetzo das Gebot."

König Ludwig,
im Frühling 1821.

Hellenen! kämpft den Kampf des Todes!
Verlassen von der ganzen Welt,
Kämpft in der Gluth des Abendrothes,
Das nun auf Hellas' Trümmer fällt.

Da, wo die Kunst der Menschen blühte,
Des Schönen, Großen Vaterland,
Wo Weisheit wurde dem Gemüthe,
Die Wissenschaft einst dem Verstand;

Wo hell die Sonne aufgegangen,
Da soll jetzt werden ew'ge Nacht!
Es soll der Mord da blutig prangen,
Von wo das Licht zu uns gebracht!

Da, wo die früh'sten Kirchen stehen,
Wo Paulus lehrte Christi Wort,
Da soll das Christenthum vergehen,
Vertilget werden jetzt durch Mord!

Was von den Vätern wir gelesen,
Vollbracht wir's durch die Söhne seh'n;
Die hohen Thaten, die gewesen,
Vor unsern Augen neu ersteh'n.

Wir sehen es sich frisch gestalten,
Was die Bewunderung erregt;
Hellenen, ihr seid noch die Alten,
Von hehrem Freiheitssinn bewegt.

Verzaget nicht, ihr Heldensöhne,
Wenn euch Vernichtung jetzo droht!
Ihr lebet fort im Reich der Töne,
Die Freiheit lebet in dem Tod.

Die Hölle jauchzt, die Engel trauern,
Es seufzt, gehemmt, die Menschheit mit,
Es jubelt in der Schlösser Mauern,
Weil Hellas der Barbar zertritt.

Verzweifelt nicht, wenn selbst verschwunden
Der Hoffnung letzter Strahl erscheint;
Wenn Hülfe nur der Feind gefunden,
Man euch selbst Menschlichkeit verneint.

Der Teutschland half, wird Hellas retten;
Die Fürsten brachen nicht das Joch,
Zersprengen wird er eure Ketten,
Der Allgewalt'ge lebet noch.

König Ludwig.

xxxx

An Normann *).
1822.

Dem Strome gleich,
Der jugendlich von Felsenwänden
Herniederbraust —
Er stürzt in's Thal, und seine Wellen
Mit angestammtem Jünglingsmuth
Erwühlen sich ein weites Bette:
Und Regengüsse

---

*) Karl Friedrich Lebrecht Graf von Normann=Ehren=
fels, geboren zu Stuttgart 1794, zeichnete sich, in württembergischen
Diensten höhere Offizierstellen bekleidend, schon 1805, hierauf 1806
in dem Kriege gegen Preußen, sodann als Oberst und Chef des Leib=
chevaurlegersregiments im russischen Feldzuge, endlich im Jahr 1813,

Und Bäche stürzen,
Die starken Kräfte mehrend, zu.
Er aber, treu dem Berges = Ursprung,
Entsendet seine dunklen Wogen
Strömend dahin,
Bis er, bekränzt von hundert Masten,
Die Fluth in's ew'ge Meer ergießt! —

So strebt Germania's Sohn,
Ob fern dem mütterlichen Lande,
Doch ewig treu dem Mutterboden,
Wo Hermann sproßte, Heinrich herrschte,
Ottonen, Karl und Rudolph kämpften,
Wo Friedrichs heller Stern erglänzte,
Wo Frankreichs Strahlenglanz erlosch.

---

als Generalmajor eine Cavalleriebrigade befehligend, in dem Angriff auf die Lützow'sche Freischaar bei Kitzen (s. Reiterlied von Th. Körner), sowie später in der Schlacht bei Leipzig als Anführer wie durch persönliche Tapferkeit rühmlich aus, ging aber am 18. Oktober gegen den Befehl seines königlichen Kriegsherrn mit seiner noch aus 800 Pferden und einer reitenden Artillerie bestehenden Brigade zu den Verbündeten über, worauf er, durch kriegsgerichtliches Urtheil kassirt, sich nach Wien begab, ohne hier die nachgesuchte Anstellung erhalten zu können. Der Ausbruch des griechischen Freiheitskrieges fand ihn, der Landwirthschaft obliegend, in seinem Heimathlande auf dem Gute seines Vaters. Da verließ er, im Januar 1822, mit 46 andern Philhellenen den deutschen Boden, um sich von Marseille aus nach Morea einzuschiffen und in die Reihen der griechischen Freiheitskämpfer zu treten. Unmittelbar nach seiner Landung bei Navarin sowie später bei Kombotti fand er Gelegenheit, den Türken sich furchtbar zu machen. Bei Peta durch einen Prellschuß auf die Brust verwundet, starb er noch vor Ende des Jahres nach einem beschwerlichen Gebirgszuge in Missolunghi. Wir erinnern durch obiges Gedicht an den fast vergessenen Helden um so lieber, als nicht leicht ein anderes von deutschen Dichtern den griechischen Freiheitskämpfern gewidmetes Lied zugleich die deutsch = patriotische Gesinnung und das Andenken an die Helden unseres eigenen Befreiungskampfes so schwung = und weihevoll ausspricht, als das hier mitgetheilte von dem trefflichen Heinrich Stieglitz. Zugleich könnten wir aber auch nicht leicht in einer Persönlichkeit den nach Einigung ringenden Zwiespalt Deutschlands und unsern in That und Liebe bewährten Antheil am Geschick des griechischen Volks so lebendig verkörpert sehen, als dies bei Normann der Fall ist.

Germania, du Heldenmutter,
Germania, du Heldenbraut!
In stolzer, angestammter Kraft
Gebärst du Söhn' aus starkem Schooße,
Deiner werth.
Und nicht beschränkst du ihre Kräfte,
Du sendest die Treuen hinaus in's Leben,
Zu schönem Wirken
In jeder Zone zu gedeihen.

Rauschen nicht in Teutoburg's düsterm Forst
Stolzragender Eichen schattende Wipfel?
Breitet nicht Winfeld's blutgetränkte
Ebne sich, wo teutsche Männer
Roma's Adler scheuchten? Erbebten
Zwiefach nicht Germania's Söhnen,
Weltbeherrscherin, deine Hügel? —
Blick auf Palästina's heiligen Boden,
Wo licht das Panier des Kreuzes erglänzte,
Wo Barbarossa's kühnes Leben sank!
Auch hat Braunschweigs Sohn deine Gefilde, Hispania,
Getränkt mit Frankenblut, und deine Mauern, Gaeta,
Verkünden Hassia's Heldensproß.
Wer Aspern nennt, der preist auch Karl den Sieger,
Und singst du teutschen Muth in Türkenschlachten,
Strahlt Koburg hell und Waldecks Fürstensproß.
Von Germanen schallen die fernsten Küsten,
Und Germanen preiset das fernste Land.

Doch wie der Sonne Glanz vor den Gestirnen,
So strahlt der Freiheitskampf vor allen Kämpfen,
Und seine Streiter krönet ew'ger Ruhm.
Drum dich vor allen jetzt begrüß' ich,
Normann, des Kampfes mächt'gen Schild!
Du stehest in der Kämpfer dichten Reihen,
An Weisheit Greis, doch jünglingsfrisch an Kräften,
Zur Schande träg, zum Ruhme adlerschnell,
Und voll des höchsten Muthes reinster Zier.

18*

Im hellerwachten Freiheitslande
Schwingst du die Fahne
Mit starker Hand.
Du ziehst zum Kampfe,
Und Schrecken faßt der Barbaren wüthend Heer,
Doch Muth beseelt der Freunde edle Schaaren,
Wo deine Heldenstirn sich zeigt.

Dem Mutterboden,
Der alles Hohe bildend nährt,
Führst du getreu des Schwertes Schneide
Für's höchste Gut.
Dein harret Ruhm,
Nicht minder strahlend,
Als den einst Schwedens Gustav fand,
Der Kosciusko's Haupt umkränzte,
Der Gneisenau's und Bülow's harret,
Der Blücher, Schill und Scharnhorst ziert.
Und wie der Vorzeit Sänger von dem Edelsten,
Den er im Kampf der Heldenschaar erkannte:
„Nicht scheinen will er," sang, „nein sein der Trefflichste,
Einerntend aus des Geistes tiefer Furche,
Aus der die Saat des Trefflichen entsprießt," —
So tönet einst der Nachwelt reinster Preis;
Heil, Normann, dir!

Heinrich Stieglitz.

———

An die Hellenen.
Im Frühling 1825.

> „Schöner ist's, in der Erinn'rung leben,
> Als vor Wütherichen sklavisch beben,
> Als ein Dasein, elend, voller Schmach.
> Euer heil'ger Entschluß sei: zu sterben,
> Oder Freiheit dauernd zu erwerben,
> Und ihr letzter euer letzter Tag."
>
> König Ludwig.

Zum Kampf! zum Kampf, ihr tapferen Hellenen!
Es stieg empor jetzt das Entscheidungsjahr,

Erfüllung winkt dem langen, heißen Sehnen:
Daß Hellas wieder werde, was sie war.
Nur Wünsche, keine Schwerter für euch klingen,
Ihr selber müßt zum Siegespreis euch schwingen,
Bis ihr ihn fasset, laßt euch keine Ruh'!
Was eures Muthes ehrner Sinn erzwungen,
Mit eurem Blut ihr wiederholt errungen,
Nur das allein gesteht Europa zu!

Es ist kein Bau, geführt von Menschen=Händen;
Ein Meeresfels erhebet Hellas sich;
Der Himmel einzig sollte Hülfe senden,
Da von der preisgegebnen alles mich;
Drum ragt sie kräftig in das frische Leben,
Ist keinem fremden Willen untergeben.
Sie leuchtet glänzend in Selbstständigkeit.
Seid froh, Hellenen, ihr nur könnt es sagen,
Daß ihr nicht des Beschirmers Schild getragen;
Von keinem andern wird ein Volk befreit.

Blos, wenn sich alle Lava hat ergossen,
Der inn're Feind ergriffen hat die Flucht,
Nur dann allein wird der Vulkan geschlossen,
Bedeckt mit heitern Blüthen, üpp'ger Frucht.
Zu fürchten habt ihr nimmer die Barbaren,
Wißt ihr euch vor der Zwietracht zu bewahren,
Nicht diese Furie laßt in eu'r Haus;
Dann mögen immer jene großen Heere
Nur kommen; auf dem Lande, auf dem Meere
Geht siegend aus dem Kampfe ihr heraus.

Es sammeln sich des Wetters Wolken wieder,
Gehüllt ist Hellas neuerdings in Nacht,
Sie senken gegen sie sich jetzo nieder;
Hellenen, säumet nicht, erwacht! erwacht!
Erwachet aus den schweren, blut'gen Träumen,
Zerreißt den Dunst, nicht länger dürft ihr säumen,

Ihr kühnen Helden, stürmet auf den Feind!
Die größten Horden sklavischer Barbaren,
Sie widerstehen nicht den freien Schaaren,
Es stürzt der Halbmond, wenn ihr seid vereint.

Jetzt oder nie! Es naht des Krieges Ende,
Es fällt nunmehr des Schwertes letzter Streich.
O! daß sich nicht die Eintracht von euch wende!
Mit dem Tyrannen werde kein Vergleich!
Bewahrt das Heiligthum, das ihr entnommen
Den Trümmern, unter welche es gekommen:
Die Freiheit in Concordia's Tempel stellt.
Von allen, allen ist's für sie der beste,
Es ist für sie die einzig sich're Veste,
Und siegend widerstehet Ihr der Welt.

König Ludwig.

Der Griechen Klage.

Im Frühling 1826.

> „Nur die in die Staatskunst Eingeweihten
> Laben nun sich an des Volkes Leiden,
> An dem Todesschmerz, der es durchwühlt."

König Ludwig.

Christen! Christen! Unsre Brüder, —
Die erfreu'n des Lebens Güter, —
Uns die Hülfe nicht verneint!
Leiden um des Kreuzes Willen:
Unser letztes Blut kann stillen
Nur die Wuth vom Christenfeind.

Haben Kränze euch gebunden,
Um das Dasein euch gewunden
Blüthen vom Parnassus her;
Haben in das ernste Leben
Euch die heit're Kunst gegeben,
Ohne die's des Schönsten leer.

Ist denn Dankbarkeit verschwunden,
Wird kein Mitleid mehr empfunden,
Ist vertilgt der Christen Bund?
Wird Europa nicht genesen,
Soll's denn sein, wie nie gewesen,
Was der ganzen Welt ist kund?!

Religion zu jeder Stunde
Traget ihr in eurem Munde;
Die aus eurem Rath verbannt,
Handelt sich's von unserm Rechte,
Vom hellenischen Geschlechte,
Vom verstoß'nen Griechenland.

Von den Mächtigen gemieden,
Ist Theilnahme uns beschieden
Von der Bürger Menschlichkeit,
Fremd politischen Beschlüssen,
Folgend des Gefühls Ergüssen,
Mit der Jugend nicht entzweit.

Noch kein Volk hat das getragen,
Was, in Fesseln wir geschlagen,
Litten seit Jahrhunderten;
Doch der Väter hohe Thaten, —
Die durch euch uns mahnend nahten, —
Zu dem Kampf ermunterten.

Was an Alten Alle preißen,
Was ihr Andern selbst geheißen,
Das verdammet jetzo nicht,
Das verdammt nicht an uns Armen,
Habet mit dem Volk Erbarmen,
Welchem ihr verdankt das Licht!

König Ludwig.

Während des Polenkampfes*).

1830.

Wir glühten einst für stolze Heldennamen
— Wer kennt sie nicht? — aus einer großen Zeit,
Für jene Männer, die der Freiheit Samen
In einen üpp'gen Boden ausgestreut;
Als nun die Heldengeister wiederkamen,
Und als die alten Tage sich erneut,
Da war der Jubel groß und unermeßlich? —
Nein, wir sind alt geworden und vergeßlich.

Wir haben auch einmal den Geist beschworen,
Doch das sind achtzehn lange Jahre schon;
Seitdem ging uns das Zauberwort verloren,
Und mit dem Zauber war der Geist entflohn,
Der heil'ge Schwur, den tausendfach beschworen
Ein treues Volk am angestammten Thron,
Ist nun verpönt und zum Verbrechen worden,
Um der Begeist'rung letzten Rest zu morden.

Begeisterung, die heiß im Knaben glühte,
Als er mit offnem Sinn zur Schule ging;
Wo er die Alten zu verstehn sich mühte,
Wie Brutus rang und Cäsar unterging,
Sie ist dahin, verwelkt ist jede Blüthe,
An der die Hoffnung unsrer Zukunft hing,
Dahin, dahin, vergessen und vergeben:
— So läßt sich's glücklich und gemächlich leben.

---

*) Auf den damals die Gemüther im deutschen Volk allgemein und tief durchdringenden Gesinnungs- und Stimmungsantheil für das Geschick der nach Befreiung und Selbstständigkeit ringenden polnischen Nation deutet auch das oben auf Seite 117 mitgetheilte „Vermächtniß der sterbenden Polen an die Deutschen" vom Grafen Platen.

Vergeßlichkeit! Großmutter hat vergessen,
Was einst durchglüht die jugendliche Brust,
Und zürnt der Enkelin, die unterdessen
Auch durchgeprobt des Lebens Weh und Lust.
Deß haben sich die Völker auch vermessen,
Sie sind der Jugend sich, der Kraft bewußt —
Großmutter schilt und drohet mit der Ruthe,
Doch sie erringen es mit ihrem Blute.

Im Thal der Weichsel wird der Kampf gerungen
Um Irb'sches nicht, um Weib und Kind und Heerd,
Nicht Völkerhaß hat hier den Stahl geschwungen,
Die Freiheitsliebe hat dieß Volk bewehrt,
Daß es zum Staunen einer Welt gelungen,
Dem Czarenthron zu trotzen mit dem Schwert,
Kosciuszko's Odem weckte diese Massen,
Sein Lorbeerkranz hat sie nicht schlafen lassen.

Steckt ihr die Köpfe immerhin zusammen
Und rathschlagt ob Europa's Wohl und Weh;
Ihr fühlt sie nicht in Grochow's Siegesflammen
Die Wahlverwandtschaft mit Thermopylä,
Wir aber wissen es, woher sie stammen:
Aus des zerrißnen Volkes tiefstem Weh;
Die ihr die heil'ge Schrift in Völkerherzen
Zu lesen wißt, les't, ehret diese Schmerzen!

Polenlieder, ein Todtenopfer,
Hamburg 1832.

⚘

In der Schenke.

Am Jahrestage der unglücklichen Polenrevolution.

8. September 1832.

Unsre Gläser klingen hell,
Freudig singen unsre Lieder;

Draußen schlägt der Nachtgesell
Sturm sein brausendes Gefieder,
Draußen hat die rauhe Zeit
Unsrer Schenke Thür verschneit.

Haut die Gläser an den Tisch!
Brüder, mit den rauhen Sohlen
Tanzt nun auch der Winter frisch
Auf den Gräbern edler Polen,
Wo verscharrt in Eis und Frost
Liegt der Menschheit letzter Trost.

Um die Heldenleichen dort
Rauft der Schnee sich mit den Raben,
Will vom Tageslichte fort
Tief die Schmach der Welt begraben.
Wohl die Leichen hüllt der Schnee,
Nicht das ungeheure Weh.

Wenn die Lerche wieder singt,
Im verwaisten Trauerthale,
Wenn der Rose Knospe springt,
Aufgeküßt vom Sonnenstrahle,
Reißt der Lenz das Leichentuch
Auch vom eingescharrten Fluch.

Rasch aus Schnee und Eis hervor
Werden dann die Gräber tauchen,
Aus den Gräbern wird empor
Himmelwärts die Schande rauchen,
Und dem schwarzen Rauch der Schmach
Sprüht der Rache Flamme nach.

Aber kommt die Rache nicht,
Mag der Vogel mit dem Halme,
Was da lebt im weiten Licht,
Sterben in des Fluches Qualme,
Und die Sonn' ersticke drin,
Daß die Erde scheide hin! —

Nikolaus Lenau.

Sibirien.

In Sibirien, in Sibirien
  Wehet kalte Grabesluft,
Und das ganze Land ist eine
  Einz'ge große Leichengruft.

In Sibirien, in Sibirien
  Hat der Lenz nur Einen Tag
Und der Sommer Eine Stunde,
  Und das Herz nur halben Schlag.

In Sibirien, in Sibirien
  Ist der Mensch nur eine Zahl;
Flammenpein der Höll' ist schrecklich,
  Schrecklicher der Eiswelt Qual.

In Sibirien, in Sibirien
  Stockt der Athem in der Brust,
Es gefriert die heiße Thräne,
  Und es gleicht sich Schmerz und Lust.

In Sibirien, in Sibirien
  Ab und todt sind Freud und Leid,
Nur ein dumpf Empfinden wälzt sich
  Durch die Wüstenei der Zeit.

In Sibirien, in Sibirien
  Tönet keines Freundes Gruß,
Keines süßen Mädchens Lippen
  Nimmt und gibt das Herz im Kuß.

In Sibirien, in Sibirien,
  Fern von Weib und Kind und Haus,
Schauet weinend der Verbannte
  In den todten Raum hinaus.

In Sibirien, in Sibirien
   Hört er keinen lieben Ton,
Tiefer sieht er sich begraben
   Als im Sarge lebend schon.

Ernst Ortlepp.

Kampf des Alten und des Neuen.
Ende 1830.

So wild verworren ist der Zeit Gestaltung,
So tief erschüttert aller Staaten Leben,
Unsicher, schwankend der Gewalt'gen Streben,
So unheilbringend ist der Völker Spaltung:

Wenn Jene denken einzig auf Erhaltung
Der alten Rechte, ihrer sich begeben
Nicht willig wollen, wenn sie unklug streben,
Sie sich zu sichern durch der Macht Entfaltung;

Erglühen diese für der Freiheit Rechte,
Doch oft auch minder mit der echten Gluth,
Und werden so des eignen Strebens Knechte:

Daß, sicher uns zu leiten durch die Fluth,
Ein and'rer Korse scheint der Welt vonnöthen,
Doch nur — allseit'ge Freiheit zu vertreten.

Politische Zeitsonette von einem Sachsen.
Neustadt a. d. O. 1831.

An Deutschland.
1831.

Willst in Europa, Deutschland, du mitzählen,
So rath' ich, nicht zu lassen es beim Alten;
So rath' ich, um dich besser zu gestalten,
Ein Stärkungsmittel baldigst dir zu wählen.

Was helfen dir die Millionen Kehlen,
Wenn sie bisher auch deutsche Töne lallten,
Wenn diese nicht im Herzen wiederhallten? —
In Eins mußt alle Deutschen du vermählen!

Sei wahrhaft eins, willst, stark du, auch gesunden!
Was hilft's, dich, vielgegliedert, eins zu nennen,
Wenn nicht die Glieder fest in sich verbunden? —

Willst du dich als Europas Herz bekennen,
Sieh, daß es auf dem rechten Fleck' auch sitze,
Daß nicht es treffen böser Buben Witze.

Politische Zeitsonette von einem Sachsen.
Neustadt a. d. O. 1831.

———

Zur vierten Säcularfeier
der Buchdruckerkunst.
1840.

I.

Deutschland träumt. Vor seinen Träumen
Bebt die Welt in allen Räumen,
Stürzt das große Römerreich.
Deutschland träumt, — und seine Träume
Wölben sich wie Riesenbäume
Zu dem heil'gen Geisterdom.
Deutschland träumt. Vor seinen Träumen
Fließt, zerfließt die Welt zu Schäumen
Und zum zweiten Male Rom.
Deutschland denkt: — Aus Todesbanden
Ist Athene auferstanden; —
Grübelnd und gedankenschwer
Schmiedet Gutenberg den Speer.

Julius Mosen.

II.

Alle Wünsche, die Ihr heget,
Alle Träume, die Euch necken,
Und die Kräfte, die man reget,
Die Gedanken, die wir wecken,
Alles, was die Deutschen wollen,
Auch was sie nicht wollen sollen,
Jedes Nein und jedes Ja,
Jeder Zwiespalt der Entzweiung,
Jedes Fern und jedes Nah',
Jedes Streben der Parteiung,
Alles, Jedes wird sich finden,
Thut sich auf die rechte Pforte
Nur dem einen rechten Worte: —
Zürnt nicht, daß ich mich vermesse,
Dieß zu sagen! — Freie Presse!

Karl Eduard v. Holtei.

III.

Dank dem Erfinder der Drucke, der Presse! doch höherer, künft'ger,
Der die Drucke vom Druck, Presse von Presse befreit.

Karl Buchner.

Entweder, oder!

Und wenn ich wär' ein Zimmermann,
Dann baut' ich eine weite Schranke
Und schrieb in großen Zügen an,
Hoch oben, an des Eingangs Planke:
Entweder, oder!

Die ihr den großen Kampf der Zeit
Ausfechten wollt, herbei, ihr Ritter!
Sprecht, welcher Sach' ihr euch geweiht,
Sprecht frei durch's offne Helmgegitter:
Entweder, oder!

Für Fürstenmacht, für Volkesrecht?
Für Geisteslicht, für Geistesdunkel?
Republikaner oder Knecht?
Ja oder nein! nur kein Gemunkel!
Entweder, oder!

Schwarz sei die Rüstung oder weiß!
Ihr geht zur Linken, ihr zur Rechten.
Todfeinde nur laß ich zum Kreis,
Die nur um Tod und Leben fechten:
Entweder, oder!

Ihr Herrn von: Zugegeben, Zwar,
Bedingungsweis, Gewissermaßen!
Hier heißt es: ganz, mit Haut und Haar.
Verlegt uns nicht des Kampfes Straßen!
Entweder, oder!

Bleibt draußen, weil ihr uns nur stört,
Ihr Halb = und Viertelmeinungsaffen!
Wenn's euch ergötzt, seht zu und hört!
Zum Publikum seid ihr geschaffen.
Entweder, oder!

Und wenn der Letzte todt sich rollt,
Von drüben oder hier, im Sande,
Dann wißt ihr, wem ihr folgen sollt,
Wir schlichten's für die ganze Bande:
Entweder, oder!

Doch weil ich bin kein Zimmermann,
Kann ich auch keine Schranke bauen,

Drum laß' ich's gehn, wie's gehen kann,
Zuletzt muß man es doch wohl schauen:
Entweder, oder!

Fr. v. Sallet.

xxxx

Ihr kennt die Sitte wohl der Schotten.

Ihr kennt die Sitte wohl der Schotten: —
Galt es ein rasch Zusammenrotten,
Aufglühte dann der Feuerbrand.
Gelöscht in Blut an beiden Enden,
Krieg heischend, ließ er sich entsenden
Von Haus zu Haus, von Hand zu Hand.

Und als der Sandwirth wollte schlagen,
Als er bereit nun stand, zu wagen
Den Adlerflug, den Gemsensprung:
Da trat sein Hausweib hin zur Pfanne
Und warf in das empörte Wasser
Die Späne der Verkündigung.

Rasch in die Thale mit den Wellen
Bis vor des Thalvolks rauhe Schwellen
Bachabwärts rollte Span auf Span.
Daß alles fertig auf den Firnen,
Und daß zum Losbruch rief ihr Zürnen —
Blut, Mehl und Späne sagten's an!

So meine Lieder möcht' ich säen! —
Wie der Taburner möcht' ich stehen
An dem bewegten Strom der Zeit!
Wahrzeichen, frisch und rauh wie jene,
Möcht' ich sie werfen, blut'ge Späne,
Aus in der Tageswogen Streit!

Und, gleich Hochschottlands Feuerbränden,
Heiß durch mein Volk möcht' ich sie senden

In jede Mark, an jeden Heerd:
Daß Alles zu den Waffen führe,
Und rasselnd riefe: „Schüre, schüre!
Wo ist der Kampf? Wir steh'n bewehrt!"

F. Freiligrath.

xxxx

Die Eisenbahn.

Gleich ist's den Philistern allen,
Was zu Markt die Zeiten bringen,
In die Ohren muß es schallen,
In die Augen muß es springen.
Ihres Mundes Thor ist offen;
Dort in bangen Mutterwehen
Schleicht die Neugier, schleicht das Hoffen,
Rings umher auf tausend Zehen.

Wie sie rechnen, wie sie sinnen:
Unsre Gelder — in Papieren,
Freunde, werden wir gewinnen?
Freunde, werden wir verlieren?
Fluch den Neuerungen, eifert
Jener mit erhitzter Wange,
Grabe meine Flur begeifert,
Meine Saat, die Eisenschlange.

Tobt ihr nun im gelben Fieber?
Möcht' es euch darnieder raffen!
Kleine Münzen sind euch lieber,
Als des Geistes höchstes Schaffen.
Regen ist euch eben Regen,
Kiese sind euch eben Kiese:
Dort im Regen träuft der Segen
Und im Kies des Feuers Riese.

Nur der Dichter steht im Bunde
Mit den Geistern, kann sie hören,
Kann, ein Faust, aus jedem Hunde
Einen Geist heraufbeschwören.

19

Und nach neuen Welten taſtet
Er nach jedem Herzensſchlage;
Baut, zerſtört und baut — und raſtet
Nicht, wie Gott, am letzten Tage.

Die Papiere — feilgeboten —
Steigen, — fallen, — o Gemeinheit!
Mir ſind die Papiere — Noten,
Ausgeſtellt auf Deutſchlands Einheit.
Dieſe Schienen — Hochzeitsbänder,
Trauungsringe — blank gegoſſen,
Liebend tauſchen ſich die Länder,
Und die Ehe wird geſchloſſen.

Eiſen! du biſt zahm geworden,
Sonſt gewohnt mit wildem Dröhnen
Hinzuwettern, hinzumorden —
Ließeſt endlich dich verſöhnen!
Magſt nicht mehr dem Tode dienen,
Liebſt am Leben feſt zu hangen,
Und auf deinen ſpröden Schienen
Wird ein Hochzeitfeſt begangen.

Hört ihr brauſen die Karoſſen?
Deutſche Länder ſitzen drinnen,
Halten brünſtig ſich umſchloſſen,
Wie ſie koſen, wie ſie minnen!
Und des Glöckleins helles Klingen
Sagt uns, daß die Paare kamen,
Und die Wolkenprieſter ſingen
Drauf ein donnernd dumpfes Amen!

Raſend rauſchen rings die Räder,
Rollend, grollend, ſtürmiſch ſauſend,
Tief im innerſten Geäder
Kämpft der Zeitgeiſt freiheitsbrauſend.

Stemmen Steine sich entgegen,
Reibt er sie zu Sand zusammen,
Seinen Fluch und seinen Segen
Speit er aus in Rauch und Flammen.

Karl Beck.

Hamburg.
1842.

I.

Ein freies Wort in Hamburgs Flammen,
  Denn in den Flammen sieht man's gern,
Es wird mich Fürst und Volk verdammen,
  Und doch — ich find' kein Lied, ihr Herrn!
Kaum will ein Laut sich in mir regen,
Ein Laut für den Philistersegen,
  Der aus der heißen Asche bricht;
Laßt mich ein Sprüchlein niederlegen:
  Bewahrt das Feuer und das Licht!

Ihr wißt, ich bin ein schlechter Reimer, —
  Dieß liegt trotz eurer Nacht am Tag, —
Doch ist mein Vers kein Wassereimer,
  Den man zum Löschen füllen mag;
Ich jauchzte, als die Feuerzungen
Jüngst so beredt durch's Land geklungen
  Und „Feuer!" rief noch mein Gedicht.
Ich hab' den Stürmen zugesungen:
  Bewahrt das Feuer und das Licht!

Manch trocknes Auge ward gefeuchtet,
  Manch kalte Seele wurde heiß,
Und glühend hat das Eis geleuchtet,
  Das starre deutsche Gletschereis;

19 *

Der Bund der Eintracht ward geschworen,
Das Feuer hat uns neu geboren,
　Des Rheines Wasser that es nicht.
O sei kein Funke je verloren:
　Bewahrt das Feuer und das Licht!

Laßt sie von Land zu Lande wallen,
　Die Gluth, die Wunder uns gebar!
Laßt alle, alle Tempel fallen,
　Doch jede Seele werd' Altar!
„Mehr Licht!" Nur Licht kann uns erretten,
Nur Feuer tilgt das Mahl der Ketten,
　Das Feuer halte sein Gericht!
Auf Feuer will die Freiheit betten:
　Bewahrt das Feuer und das Licht!

Georg Herwegh.

II.

Noch steigt der Dampf, noch glimmt der Brand
　Und flackert hell in nächt'ger Stunde;
Noch weit und breit lauscht Meer und Land
　Der ungeheuren Schreckenskunde;
Noch kämpfen Hoffnung und Verzagen
　In bangen Herzen, unruhvoll,
Und Millionen Stimmen fragen,
　Was nun gescheh'n, was werden soll.

Wohlauf, Ihr Dichter, Mann für Mann!
　Hier ziemt es Euch voranzugehen,
Laßt über Trümmer hoch voran
　Des Liedes Oriflamme wehen!
Zwar keine Mauern könnt ihr gründen,
　Ihr lockt den Stein nicht mehr zum Stein!
Doch könnt Ihr Herzen noch entzünden,
　Ihr könnt die Geister noch befrein.

Zeigt, wie aus Trümmern, neubelebt,
  Erprobt im Feuer und gereinigt,
Ein neues Hamburg sich erhebt
  Das freie Männer frei vereinigt;
Vom Volk gestiftet und beschworen,
  Zeigt uns den neuen Bürgerbrief,
Zeigt uns die neuen Senatoren,
  Die die Gemeinde selbst berief.

Das Banner laßt des Zollvereins
  Auf seinen Zinnen sich entfalten!
Denn dies allein, und anders keins,
  Kann Hamburgs Blüthe frisch erhalten.
Doch laßt auch sehn, wie dicht daneben,
  In siegsgewohnter, eigner Kraft,
Sich auch die Fahne wird erheben
  Des Geistes und der Wissenschaft.

Und wie mit hochbeladnem Bord,
  Aus allen Strömen, allen Meeren,
Die Schiffer gern nach Hamburgs Port
  Die vollen Segel munter kehren;
So sollen auch die Geister wallen,
  So kehrt die Kunst hier fröhlich ein,
Ja so, ein Rettungsport uns Allen,
  Soll Hamburgs freie Presse sein! —

Das ist ein Wort, das uns gefällt,
  Das, deutsche Dichter, woll'n wir hören,
Und wiederhallen wird die Welt
  In jauchzend wonnevollen Chören.
Wie es aus Trümmern stolz wird steigen,
  Weil es dem Geiste sich vertraut,
Das theure Hamburg sollt Ihr zeigen,
  Wie es den Heerd der Freiheit baut! —

Und nicht bloß an der Elbe Strand,
  Nicht in der Alster grünen Auen;
O theures, deutsches Vaterland,
  Du sollst ihn auch, du sollst ihn bauen!

Auf allen Höhn, in allen Gründen,
  In Flammen sollst auch du erglühn,
Daß alle Herzen sich entzünden
  Und alle Geister Funken sprüh'n!

Was Schlacke war, laßt ohne Schmerz
  Zu Grunde gehn und ohne Trauern!
Ein rechtes Erz, ein rechtes Herz
  Kann auch die Flammen überdauern.
Drum frisch an's Werk! es wird gelingen,
  Aus Feuer ging die Welt hervor:
Ein Phönix breitet seine Schwingen,
  Die deutsche Freiheit steigt empor! —

Robert Prutz.

III.

Neues Hamburg, junge Saat,
  Ausgestreut in Funken,
Sei auf Männerwort und That
  Dieser Wein getrunken!
Mannesthat und Männerwort!
Und aus Trümmern blühst du fort.

Zwar es war ein heißer Mai,
  Da die Glocken klangen
Und von selbst mit heiserm Schrei
  In der Luft sich schwangen;
Stoßet an, daß heißem Mai
Milder Herbst beschieden sei!

Daß aus Flammen unser Muth
  Frisch hervorgegangen!
Daß die Geister in der Gluth
  Feuer auch gefangen!
Daß der alte jähe Stolz,
Daß die letzte Kette schmolz!

Dann, so stoßt noch einmal an!
　Dann ist nichts verloren.
Denn aus Flammen wurde dann
　Hamburg neu geboren!
Dann durch Männerthat und Wort
Ewig, ewig lebt es fort.

Und so lasset Hand in Hand,
　Herz in Herz uns schlingen;
Vaterstadt und Vaterland!
　Beiden soll es klingen.
Möge Hamburgs Feuerschein
Morgenroth der Freiheit sein!

Robert Pruß.

Der deutsche Dom.

1842.

Im Abendsonnenbrande
Sieh' deinen heil'gen Strom,
Mein Volk, und an dem Strande
Den hohen Gottesdom.
Er ruht auf festem Grunde
Und strebet kühn hinauf,
Doch scheint er fast zur Stunde
Ein großer Trümmerhauf.

Durchfurcht von hundert Blitzen,
Zerstückt von manchem Sturm,
Schiff ohne Mastes Spitzen,
Burg ohne Zinn' und Thurm;
Doch reich mit Blumenranken
Geschmückt ist jeder Knauf.
Die Pfeiler, wie Gedanken,
Fliegen zum Himmel auf.

Mir will, mein Volk, gemuthen,
Als seist du selbst der Bau,
Auf festem Grunde ruhten
Stets deine Pfeiler, schau!
Im Reiche der Gedanken
Flogst du den höchsten Flug,
Auch bist an Blüthenranken
Der Kunst du reich genug.

Doch selbst beim Siegstriumphe
Wardst du nicht ausgebaut,
Nach deinem Riesenrumpfe
Die Welt verwundert schaut;
Wie du durchfurcht von Blitzen,
Zerstückt von manchem Sturm,
Schiff' ohne Mastes Spitzen,
Burg bist ohn' Zinn' und Thurm.

Doch hör' ich nicht ein Dröhnen
Dort in dem alten Dom,
Durchmischt von Jubeltönen
Um meines Volkes Strom,
Der aus den fernsten Gauen
Zum Bau die Steine trägt?
Ha! — ihn jetzt auszubauen,
Hast du, mein Volk, erwägt.

So recht! ein jeder hebe
Zum großen Werk die Hand!
Ein's zu vollenden strebe
Der ganze Volksverband!
Der Dom, er wird vollendet,
Nur muthig fortgeschafft!
Des Weltbau's Meister sendet
Zum Willen auch die Kraft.

Doch weil du fortzubauen
Gedenkst das Gotteshaus
In hohem Selbstvertrauen,
So bau' auch du dich aus.
Nie fehl' es dir an Thürmen,
Nicht an dem höchsten Knauf;
Dort in Gewitterstürmen
Fängt man die Blitze auf.

Vor allem aber heile
Den Riß in deinem Bau,
Mit Kitt und Kelle eile
Und auf den Herrn vertrau'!
Wirst du, woran ich mahne,
Eins mit dir selbst erst sein,
Dann wird zur Bundesfahne
Der hohe Dom am Rhein!

Wilhelm Genth.

Deutschlands Frühling.
1842.

Von dem Niemen bis zum Rheine,
Von den Alpen bis zum Belt,
Hier auf Höhen, dort im Haine,
Grünt und blüht im Wettvereine
Kräftig auf die deutsche Welt;
In verschiedenem Bekenntniß
Und herzinnigem Verständniß
Fühlt sich Fern' und Näh' gesellt.

Unter rauhem Zellgewebe
Hier Schneeglöckchen silberweiß;
Daß sie Alt und Jung belebe,
Treibt die thränenfeuchte Rebe

Dort ihr frisches Blüthenreis;
Hier und dort von Zukunftträumen
Schwanger regt in tausend Keimen
Werdelust sich lind und leis.

Freudig unter Sturm und Wettern,
Ernst in heiterm Sonnenschein,
Darfst du suchen, darfst du blättern
In des Schicksals dunkeln Lettern
Zwischen Alpen, Belt und Rhein;
Durch das Alte, durch das Neue
Sprießt der Baum der deutschen Treue
Herrlich auf zum Bundsverein.

Durch das Alte, durch das Neue
Ernst und fröhlich, fromm und dreist,
Zieht ein Strahl erhabner Weihe,
Der in alter Bundestreue
Ketten bricht und Nebel reißt;
Fragst du nach des Blitzes Namen?
Schau ihn an im ries'gen Rahmen
's ist der Wahrheit Feuergeist!

Dieser Geist, vom alten Fluche
Frei, in stets verjüngter Kraft,
Steht im ew'gen Schicksalsbuche
Nach gewalt'gem Zauberspruche
Als des Deutschen Leidenschaft;
Wie er sich der Nacht entwunden,
Will er ewig sich bekunden
Als Erlöser aus der Haft.

Brüder in den deutschen Landen,
Traute Brüder, fromm und treu,
Laßt uns in der Wahrheit Banden
Dienen, wie wir stets erfanden

Unsre Besten Alt und Neu!
Dann täuscht nimmer uns der Glaube.
Daß sich einst aus unserm Staube
Hebt die Eiche, stolz und frei.

Heinrich Stieglitz.

✕✕✕✕

Deutsches Künstlerlied
im Jahre 1842*).

Singweise: Heil dem Manne, der im grünen Hain ꝛc.

Stimmet laut mit an den hohen Sang,
Daß es über Berg und Thale schalle!
Laßt es rauschen ohne Wahl und Zwang,
Daß es bringe bis zur Himmelshalle!
Junge Frühlingskräfte,
Frische Lebenssäfte
Künden deutscher Erde
Ein erneutes Werde!

---

*) Obiges Lied wurde zu dem Zwecke gedichtet, um bei dem
Festmahle gesungen zu werden, welches am 24. Nov. 1842 den beiden
großen deutschen Künstlern Julius Schnorr von Carolsfeld und
Ludwig von Schwanthaler zu Ehren, nach Vollendung der von
ihnen in den Kaisersälen des Festbaues der kgl. Residenz zu München
ausgeführten Gemälde und Bildwerke, auf der Menterschwaige am
hohen Ufer der Isar veranstaltet wurde. Auf die ihnen her-
rührenden Darstellungen aus dem Leben der deutschen Kaiser be-
zieht sich insbesondere der Inhalt der zweiten und dritten Strophe.
Möge hier aber dieses gelegentlich entstandene Lied aus dem doppelten
Grunde eine anspruchslose Stelle finden, einmal, weil es an die damals noch in der Blüthe befindlichen monumentalen deutschen Kunst-
bestrebungen, deren hauptsächlichster Sitz in München war, erinnert,
und sodann, um zu zeigen, wie selbst bei einer so friedlichen, mit
dem Schaffen des Schönen in Beziehung stehenden Gelegenheit die
damals alle deutschen Gemüther erfüllende Hoffnung auf eine einheit-
lichere und mächtigere Gestaltung unseres Gesammtvaterlandes Ausdruck zu gewinnen suchte.

Seht die Römer sinken in den Staub!
Armin's Waffen schützen siegesmächtig
Deutsches Land, sonst fremder Gier ein Raub,
Jetzt der Freiheit Wohnsitz, hehr und prächtig!
Neue Lebensloose
Schüttelt Karl der Große,
Und im Christenthume
Blüht des Glaubens Blume!

Sicher, unter stetem Kampf und Drang,
Reift die Wunderfrucht der geist'gen Mächte;
Was der Hohenstaufe nicht errang,
Habsburg brachte es zu seinem Rechte!
Wissen, Kunst, Gewerbe
Sind des Kampfes Erbe,
Das auch uns gekommen
Nun zu Nutz und Frommen!

Ist es nöthig, daß man heut noch fragt,
Wie des Deutschen Vaterland zu nennen,
Da vom Strahl des Lichts, das glühend tagt,
Jeder fühlt die freie Brust entbrennen?
Zollvereinesleben,
Eisenbahnenstreben,
Wissenschaft und Künste
Bannten Nacht und Dünste!

Einigkeit sei unser Losungswort
Und, soweit die deutschen Gauen reichen,
Frieden und Vertraun der sichre Hort,
Und ein Dom das Bundeszeichen!
Daß zur Wahrheit werde
Einheit deutscher Erbe,
Daß wir nicht ablassen,
Dieses Ziel zu fassen.

Heil drum Allen, die am neuen Bau
Deutscher Größe mitzubau'n erkoren,
Lebenspendend, gleich dem deinen Thau,
Den der junge Morgen hat geboren;
Die durch Wort und That
Schwellend reiche Saat
Ein'gen Lebens streuen, —
Deutsche Macht erneuen!

Heil drum auch den Künstlern, die mit Lust
Unsers Volkes Heiligthum verwalten,
Die das Urbild, tief in ihrer Brust,
Schöpferisch zu neuer Welt gestalten
Und an stolzen Wänden
Mit beseelten Händen
Deutschlands Hochgeschichten
Lebensvoll berichten!

Rudolf Marggraff.

Zweite Abtheilung.

Walhallalieder,
zur Erneuerung des Gedächtnisses heldenmüthiger Kämpfer
und Sänger aus der Zeit der Befreiungskriege.

Das Jahr 1813
an das Jahr 1860.

Wollt ihr, daß aus deutschem Boden
Reiche Erndte sich erhebt,
Dann gedenket, die ihr lebt,
Eurer groß gestorbnen Todten!

Dann gedenket jener Namen,
Jener goldnen Körner Saat,
Die, gesä't in goldner That,
Frucht gegattet mit dem Saamen!

Denn aus staunender Betrachtung
Keimt der edle Drang hervor,
Keimt das Eichenpaar empor:
Thatenliebe, Furchtverachtung.

Fr. Herm. Frey.

In Walhalla.
Weise von Jos. Hartmann Stuntz.

Helden! Laßt die Waffen ruhen,
Nehmet den Pokal zur Hand,
Eine hehre Kunde bringet
Aus dem deutschen Vaterland.

Tausend frohe Stimmen singen
Jubelnd einen Festgesang,
Daß der Schall der hohen Worte
Mächtig uns zu Ohren drang.

Aus dem dunklen düstern Haine
Trauriger Vergessenheit
Hat uns eines deutschen Fürsten
Hoher Edelsinn befreit.
Wo sein Volk von Rebenhügeln
Glücklich in die Donau schaut,
Ward uns eine weite Feste
Auf sein Königswort erbaut.

Daß wir jung und lebenskräftig
Unserm Volke neu ersteh'n,
Daß Germaniens späte Enkel
Ihre tapfern Väter seh'n,
Daß das Blut in ihren Adern
Immer höher, leichter wallt,
Wenn der Klang der Jubellieder
Aus Walhalla mächtig schallt.

Laßt die Schilder froh ertönen,
Nehmet den Pokal zur Hand,
Singet, daß es wiederhalle
In dem deutschen Vaterland:
Heil dem Fürsten, den des Ruhmes
Ew'ge Sternenkrone lohnt,
Wenn er einst in späten Jahren
Selber in Walhalla thront.

Ernst Förster.

xxxx

Den Manen
der freiwilligen Jäger *).
1818.

„Frisch auf zum fröhlichen Jagen!"
So rief der Hörner Klang,
So rief in frohen Tagen
Der munt're Jagdgesang.
Verklungen sind die Lieder,
Die blanken Waffen ruhn;
Wir aber fragen wieder:
Wo sind die Jäger nun?

Ein Kirchhof liegt gebreitet,
Keine Mauer faßt ihn ein,
Keine Hügel sind bereitet
Mit hohem Leichenstein.
Der Pflüger pflügt darüber
Und fragt nicht nach dem Grab;
Der Wandrer zieht vorüber,
Schaut nicht auf euch herab!

Sie freuen sich der Aehren,
Die euer Blut getränkt,
Sie schmücken sich mit Ehren,
Die euch der Tod geschenkt.
Sie brechen von den Kränzen,
Die euch der Sieg vertraut;
Sie fliegen zu den Tänzen
Mit eurer jungen Braut.

---

*) Gedichtet und gesungen zur Gedächtnißfeier des Volksaufrufes vom 3. Februar 1813. Der schöne Gesang deutet zurück auf das herrliche Kriegslied von Fr. de la Motte Fouqué, welches auf Seite 48 unserer Sammlung mitgetheilt ist.

Die Welt will untreu werden,
So bleiben wir getreu,
Damit die Lieb' auf Erden
Nicht ganz verschwunden sei.
Das Fest, das wir begehen,
Hat euch dem Tod geweiht;
Mag es fortan bestehen,
Ein Zeichen bessrer Zeit.

Frisch auf zum fröhlichen Jagen!
So sangt ihr in der Schlacht.
Euch sei in diesen Tagen
Dies Lied zum Gruß gebracht.
Und dürfen wir nicht jagen
Und schlagen auf den Feind:
Was kommt, wir wollen's tragen,
So treu, wie ihr, vereint!

Friedrich Förster.

Das Lied vom Schill*).

Nach der Weise des Volksliedes: Es ritten drei Reiter zum Thor
hinaus, mit nur geringen Converänderungen.

Es zog aus Berlin ein tapferer Held,
juchhe!
Er führte sechshundert Reiter in's Feld,
juchhe!
Sechshundert Reiter mit redlichem Muth,
Sie dürsteten alle Franzosenblut,
Juchhe, juchhe!
O Schill, dein Säbel thut weh!

---

*) Hierzu sind oben, auf Seite 31 ff. die beiden Schilllieder von Stägemann und K. Müchler zu vergleichen. Erzherzog Karl hat dort (auf S. 27 ff.), in den schönen Gedichten von Kleist, Stägemann und König Ludwig seine Verherrlichung gefunden.

Auch zogen mit Reitern und Rossen im Schritt,
                                    juchhe!
Wohl tausend der tapfersten Schützen mit,
                                    juchhe!
Ihr Schützen, Gott segne euch jeglichen Schuß,
Durch welchen ein Franzmann erblassen muß.
Juchhe, u. s. w.

So ziehet der tapfre, der muthige Schill,
Der mit den Franzosen sich schlagen will;
Ihn sendet kein Kaiser, kein König aus,
Ihn sendet die Freiheit, das Vaterland aus.
Juchhe, u. s. w.

Bei Dobendorf färbten die Männer gut
Das fette Land mit französischem Blut,
Zweitausend zerhieben die Säbel blank,
Die übrigen machten die Beine lang.
Juchhe, u. s. w.

Drauf stürmten sie Dömitz, das feste Haus,
Und jagten die Schelmenfranzosen hinaus,
Dann zogen sie lustig in's Pommerland ein,
Da soll kein Franzose sein Kiwi (qui vive) mehr schrei'n.
Juchhe, u. s. w.

Auf Stralsund stürmte der reisige Zug;
O, Franzosen, verstündet ihr Vogelflug!
O, wüchsen euch Federn und Flügel geschwind,
Es nahet der Schill, und er reitet wie Wind.
Juchhe, u. s. w.

Er reitet wie Wetter hinein in die Stadt,
Wo der Wallenstein weiland verlegen sich hat,
Wo der zwölfte Karolus im Thore schlief;
Jetzt liegen ihre Mauern und Thürme tief.
Juchhe, u. s. w.

O, weh euch, Franzosen! Wie mäht der Tod!
Wie färben die Reiter die Säbel roth!
Die Reiter, sie fühlen das deutsche Blut,
Franzosen zu tödten, das däucht ihnen gut.
Juchhe, u. s. w.

O, wehe dir, Schill! Du tapferer Held!
       O weh!
Was sind dir für bübische Netze gestellt!
       O weh!
Viel ziehen zu Lande, es schleichet vom Meer
Der Däne, die tückische Schlange, daher.
O weh, o weh!
O Schill, dein Säbel that weh!

O Schill! o Schill! du tapferer Held!
       O weh!
Was spreng'st du nicht mit den Reitern in's Feld?
       O weh!
Was schließt du in Mauern die Tapferkeit ein?
Bei Stralsund, da sollst du begraben sein!
O weh, u. s. w.

Stralsund, du trauriges Stralesund!
In dir geht das tapferste Herz zu Grund;
Eine Kugel durchbohret das redlichste Herz,
Und Buben, sie treiben mit Helden Scherz.
O weh, u. s. w.

Da schreit ein schnöder Franzosenmund:
Man soll ihn begraben wie einen Hund,
Wie einen Schelm, der an Galgen und Rad
Schon fütterte Krähen und Raben satt.
O weh, u. s. w.

So trugen sie ihn ohne Klang und Sang,
Ohne Pfeifengetön, ohne Trommelklang,

20 *

Ohne Kanonenmusik und Flintengruß,
Womit man den Wehrmann begraben muß.
O weh, u. s. w.

Sie schnitten den Kopf von dem Rumpf ihm ab,
Und legten den Leib in ein schlechtes Grab;
Da schläft er nun bis an den jüngsten Tag,
Wo Gott ihn in Freuden erwecken mag.
O weh, u. s. w.

Da schläft nun der fromme, der tapfere Held,
o weh!
Ihm ward kein Stein zum Gedächtniß gestellt,
o weh!
Doch hat er gleich keinen Ehrenstein,
Sein Name wird nimmer vergessen sein.
Juchhe, u. s. w.

Denn sattelt ein Reiter sein schnelles Pferd,
juchhe!
Und schwinget ein Reiter sein blankes Schwert,
juchhe!
So rufet er zornig: Herr Schill! Herr Schill!
Ich an den Franzosen euch rächen will.
Juchhe, juchhe!
O Schill, dein Säbel that weh!

E. M. Arndt.
1809.

✕✕✕

Schill's Geisterstimme.

Weise von Enzelling, weil. Bursch in Jena.

Klaget nicht, daß ich gefallen,
Lasset mich hinüberzieh'n
Zu der Väter Wolkenhallen,
Wo die ew'gen Freuden blüh'n.

Nur der Freiheit galt mein Streben:
In der Freiheit leb' ich nun,
Und vollendet ist mein Leben,
Und ich wag' es, auszuruh'n.

Süße Lehnspflicht, Mannestreue,
Alter Zeiten sich'res Licht
Tauscht ich nimmer für das Neue,
Um die wälsche Lehre nicht.
Aber jenen Damm zerbrochen
Hat der Feind, der uns bedräut,
Und ein kühnes Wort gesprochen
Hat die riesenhafte Zeit.

Und im Herzen hat's geklungen;
In dem Herzen lebt das Recht:
„Stahl, von Männerfaust geschwungen,
Rettet einzig dies Geschlecht.“
Haltet darum fest am Hasse,
Kämpfe redlich, deutsches Blut!
„Für die Freiheit eine Gasse!“
Dacht ein Held im Todesmuth.

Freudig bin auch ich gefallen,
Selig schauend ein Gesicht:
Von den Thürmen hört' ich's schallen,
Auf den Bergen schien ein Licht.
Tag des Volkes, du wirst tagen,
Den ich oben feiern will,
Und mein freies Volk wird sagen:
„Ruh' in Frieden, treuer Schill!“

Max von Schenkendorf.
1809.

Die Schill'schen zu Wesel*).

Eigene Weise.

Zu Wesel auf der Schanz,
Da stand ein junger Knabe:
Lebt wohl, lebt wohl, ihr Lieben,
Die ihr daheim geblieben,
Mich scheid't von aller Noth
Der bitt're Tod.

Mit meinem Führer zog
Ich aus für Deutschlands Ehre,
Doch es war Gottes Will',
Erschlagen liegt der Schill
Bei Stralsund auf dem Wall:
O harter Fall!

Wer's mit dem Tapfern hielt,
Der war da bald gefangen,
Wie Räuber und wie Mörder
Geworfen in den Kerker;
Das Leben war ihm gar
Gesprochen ab.

---

*) Von den zu Stralsund gefangenen Schill'schen Offizieren wurden elf durch ein französisches Kriegsgericht als „Straßenräuber" zu Pulver und Blei verurtheilt und dieses Urtheil am 16. Sept. 1809 zu Wesel an ihnen vollzogen. Mit Heldenmuth erlitten die Tapfern den Opfertod. Zwei und zwei aneinander gefesselt, erwarteten sie stehend und mit unverbundenen Augen die tödlichen Kugeln; sie brachten ihrem König noch ein Hoch und commandirten dann Feuer! Im nächsten Augenblicke lagen zehen todt am Boden; der Elfte, der achtzehnjährige Jüngling Albert von Wedell, war nur am Arm verwundet. Da riß er die Weste auf und rief, auf sein Herz deutend: „Hieher, Grenadiere!" Und alsbald war er mit seinen Kameraden im Tode vereint. Alle aber wurden in eine Grube geworfen und verscharrt. „Wenn die Flammen, die ein Schill und Dörnberg anfachen wollten," sagt Heeren, „auch wieder gelöscht wurden; so zeigten sie doch, was für ein Feuer unter der Asche glimme."

„Verblutet liegen da
Schon alle meine Kameraden,
Es ist schon frei von Schmerz
Ihr tief durchbohrtes Herz.
Mir nur ward Gnad' gegeben
Für mein Leben.

„Ich will, Napoleon,
Von dir gar kein Erbarmen.
Mit meinen Brüdern allen
Soll gleiches Loos mir fallen.
Schieß zu, du Schelm-Franzos,
Mein Herz ist bloß!

„Mein Säbel und Gewehr
Und alle meine Waffen
Wird man auf's Grab mir henken,
Da soll man lang gedenken,
Daß hier ein treuer Knab'
Ruht tief im Grab!"

Westphälisches Volkslied.

Schill's Trompeter *).

Dort liegt Herr Kunz und da Herr Hans
Mit prächt'gem Leichenstein;
Und dort die reichste alte Gans,
Gepriesen hoch und fein;

---

*) Schill's Grab auf dem Gottesacker zu Stralsund wartete lange auf ein Denkmal, das seiner würdig war. Nur eine schlichte Steinplatte bezeichnete es, aber mit der herrlichen Inschrift:
Occubuit. Fato. Jacet. Ingens. Litore. Truncus.
Avulsumque. Caput. Tamen. Haud. Sine. Nomine. Corpus.
(Zu deutsch etwa: „Er erlag dem Geschick. Am Ufer ruht, verstümmelt und mit abgeschnittenem Haupt, doch nicht namenlos, der mächtige Leib.") Nachmals erschoß sich auf diesem Grabe sein früherer Kamerad, der Stabstrompeter.

Und hier das Grab des bravsten Mann's!
Wer aber denket sein?
Mein Kommandeur, der Held, der Schill,
Weh, da steht der Verstand mir still!

Verfluchte ungereimte Welt,
Duckmäuser stellt sie hoch:
Doch wer sich nicht recht winzig stellt,
Den mengt sie in den Trog
Zur Viehmast! und er ist geprellt,
Heißt schnell ein Demagog
Und Landsverräther und sofort,
So heißt ja wohl das Bubenwort!

Uns ging es Beiden herzlich schlecht!
Mich foppt der Offizier,
Und dir versagt das Land dein Recht:
Mein Schill, ich folge dir!
Oft ritt ich bei dir im Gefecht,
Bleib nun auf immer hier,
Ein Schelm giebt sich zum Foppen her,
Ich melde mich, mein Kommandeur!

Friedrich Nadewell.
1842.

Andreas Hofer *).

Weise von Ludwig Berger.

Als der Sandwirth von Passeyer
Insbruck hat mit Sturm genommen,
Die Studenten ihm zur Feier
Mit den Geigen Mittags kommen;

---

*) Man vergleiche hiermit das schöne, volksthümliche Gedicht
von Julius Mosen, das auf Seite 34 dieser Sammlung mitgetheilt ist. Auch das Freiligrath'sche Gedicht „Ihr kennt die
Sitte wohl der Schotten," gedenkt Hofer's, der am 22. Nov. 1767
im Wirthshause St. Leonhard am Sande auf dem Passeyr geboren
war, in den Jahren 1808 und 1809 an der Spitze zweier Aufstände
der Tiroler für die österreichische Herrschaft gegen die mit den Fran-

Laufen alle aus der Lehre,
Ihm ein Lebehoch zu bringen,
Wollen ihm zu seiner Ehre
Seine Heldenthaten singen.

Doch der Held gebietet Stille,
Spricht dann ernst: Legt hin die Geigen!
Ernst ist Gottes Kriegeswille,
Wir sind All' dem Tode eigen.
Ich ließ nicht um lust'ge Spiele
Weib und Kind in Thränen liegen;
Weil ich nach dem Himmel ziele,
Kann ich irb'sche Feind' besiegen.

Kniet bei euren Rosenkränzen!
Dies sind meine froh'sten Geigen;
Wenn die Augen betend glänzen,
Wird sich Gott der Herr drin zeigen.
Betet leise für mich Armen,
Betet laut für unsern Kaiser;
Dies ist mir das liebste Carmen;
Gott schütz' edle Fürstenhäuser!

Ich hab' keine Zeit zum Beten,
Sagt dem Herrn der Welt, wie's stehe;
Wie viel Leichen wir hier säten
In dem Thal und auf der Höhe;
Wie wir hungern, wie wir wachen,
Und wie viele brave Schützen
Nicht mehr schießen, nicht mehr lachen:
Gott allein kann uns beschützen.

Max von Schenkendorf.
1814.

---

zosen verbundenen Bayern kämpfte und später den Märtyrertod für
die Freiheit starb, als er, nachdem bereits die Amnestie erklärt war,
auf Befehl der Franzosen in Mantua standrechtlich erschossen wurde.
Ihm ist auf dem Passeyr, wo die Sennerhütte stand, die ihm, nach=
dem alles verloren war, zum Versteck diente, und in der er verhaftet
wurde, ein Denkmal gesetzt, seine Familie aber durch Kaiser Franz I.
im Jahre 1819 unter dem Namen Hofer Edle von Passeyr in den
Adelstand erhoben worden.

Preußens Helden von 1813 und 1815.

Wer könnte jedem der Helden alle,
Die, wie sich's gebührt,
Die Schaaren geführt,
Mit Jubelschalle
Deutschen Weines
Der kleinsten Gläser nur Eines
Zu Ehren trinken?
Er würde, gebändigt vom Sohne des Rheines
Zu Boden sinken.
Denn welche reiche Saat der Ehren,
Seit bei Großbeeren
Sie ungern schluckten die großen Beeren!
Seit sie bei Nollendorf, bei Kulm
Vergessen zu prahlen mit ihrem Ulm!
Seit an dem schönen Bach der Katzen
Der Leu sie packte mit grimmigen Tatzen!
Und seit bei Dennewitz — o gutes Dennewitz! —
Zermalmend sie traf der rächende Blitz!

Doch aus dem reichen Heldenchor
Drei Namen leuchten hell empor,
Drei Heldennamen von echtem Klang,
Unsterblich zu preisen im Hochgesang.
Zuerst Herr Scharnhorst, der Schweigende, Weise,
Der Denker der Schlachten! Leise, leise
Hat er in engern und engeren Bogen
Die Zauberkreise
Um den Würger gezogen.
Doch als das Heer gerüstet stand,
Am rechten Ort
Auf Königswort
Zu retten Ehr' und Vaterland,
Und als er drauf in der Lützener Schlacht
Gar wacker sein großes Examen gemacht,

Da ging er gen Himmel, zu melden den Alten,
Daß die Jungen sich ehrlich gehalten,
Und wieder verdienen, zu heißen
Die alten Preußen.

Stolz brauset daher in blutigen Wettern
Auf schnaubendem Rosse, den Feind zu zerschmettern,
Der Vorwärtstreiber,
Der alte Blücher,
Der Feind der Bücher,
Der Feind der Schreiber.
Und doch ist der Marschall, auserlesen,
Selber ein guter Schreiber gewesen;
Seine Schrift war deutlich und lesenswerth,
Seine Stahlfeder war das blanke Schwert,
Sein Schreibpapier waren alle Lande
Von Schlesien bis zum Seinestrande,
Seine Tinte gut
Roth Feindesblut;
Damit stellt er im Schlachtengraus
Urkunden aus,
Die nie verwesen,
Die noch in tausend Jahren zu lesen.
Im heißen Zorne zuletzt
Hat der theure Held
Auf dem Montmartre ein Punctum gesetzt,
Wie's keines gibt in der ganzen Welt.

Als erobert die Ehrenbraut,
Legt er murrend sich auf die Bärenhaut;
Doch als der große Korse wieder
Reckte die eisernen Glieder,
Aufspringt vom Lager der alte Held
Und stürmt hinaus in das Schlachtenfeld.
Laut donnern und krachen die Todesgeschosse,
Hohl bebt die Erde vom Huf der Rosse,
Wild über ihn geht der Reiter Bahn,
Der Held sieht ruhig sein Schicksal nahn;

Und wie sein „Vorwärts" ihm klingt in's Ohr,
Das theure Wort,
Da rafft er sich herrlich wieder empor,
Der starke Hort,
Und mit freudig=gerührtem Weinen
Begrüßen ihn wieder die Seinen —
Es hatten die Preußen nicht lange geruht,
Von den Schwertern zu wischen des Feindes Blut;
Sie hatten geruht nicht lange,
Vom Blute zu reinen die Wange.
In der Nacht, da der strömende Regen floß,
Da rief er: „Ordnet die Schaaren!
Dragoner, Husaren,
Auf! zäumet das Roß!
Es kommt von der Katzbach der Bundesgenoß!"
Bei Waterloo es donnert und blitzt,
Herr Wellington auf der Erde sitzt,
Und wie es näher und näher kracht,
Da spricht er: „Ich wollt', es wäre Nacht,
Oder es käme, wie er's verheißen,
Herr Blücher mit seinen Preußen."

Und er hat kaum das Wort gesprochen,
Da sind die Preußen hervorgebrochen
Wettersausend,
Ob auch aus tausend
Glühenden Schlünden die ehernen Schlangen
Verderben spein!
Ohne Bangen dringen sie ein
In die mörd'rischen Reihn,
Und der Feind mit Entsetzen,
Als ob höllische Geister ihn hetzen,
Fliehet wild
Athemlos durch das Kampfgefild.
Da sprach der Marschall, zum Freunde gewandt:
„Ich gebe sie nun in deine Hand!"

Wer ist der Freund, der Dritt' im Bunde?
O Lied, gib von dem Dritten Kunde!
Der Dritt' in der Preußischen Heldenschau
Das ist der Neidhart von Gneisenau.
O Gneisenau, Gneisenau! Hoher Held,
Wie sprengtest du ritterlich durch das Feld!
Wie jagtest du sie auf und auf,
Wie stürmtest du freudig drauf und drauf! —
Die Freundin der Müden, die liebe Nacht,
Hat ihnen den Schlummer nicht gebracht;
Denn als sie entzäumet das dampfende Roß,
Und sicher sich däuchten,
Da sprach der Mond:
„Ich bin der Deutschen Bundesgenoß,
Ich will ihnen leuchten!"
Und fort nun rannten sie fort und fort,
Und fanden die Ruh' an keinem Ort.

In jener Nacht,
Da ward das große Werk vollbracht;
In jener Nacht,
Da du,
Erbfeind der Ruh',
Zum letzten Mal vor uns geflohn,
Napoleon,
Da stürzt in lodernden Flammen
Dein goldner Thron zusammen.
Da sprach der Herr im Donner der Schlacht:
„Das deutsche Volk hat es wohl gemacht!
Und also soll in Europas Mitte
Des deutschen Volkes Sprach und Sitte
Fortan bestehn,
Bis einst der Erdball wird untergehn!"

August Bercht.

Marschall Vorwärts.

Marschall Vorwärts!
Tapfrer Preuße, deinen Blücher,
Sag', wie willst du nennen ihn?
Schlag' nur nicht erst nach viel Bücher,
Denn da steht nichts Tücht'ges drin.
Mit dem besten Namensgruße
Hat ihn dir genannt der Russe:
    Marschall Vorwärts!
Marschall Vorwärts nennt er ihn.

Marschall Vorwärts!
Guten Vorwärtsschritt erhob er
Ueber Fluß und Berg und Thal,
Von der Oder, von dem Bober
Bis zur Elb' und bis zur Saal',
Und von dannen bis zum Rheine,
Und von dannen bis zur Seine,
    Marschall Vorwärts!
Marschall Vorwärts allzumal.

Marschall Vorwärts!
Ihr französischen Marschälle,
Warum seid ihr so verstört?
Laßt die Felder, kriecht in Wälle,
Wenn ihr diesen Namen hört?
Marschall Rückwärts! das ist euer,
Marschall Vorwärts! ist ein neuer,
    Marschall Vorwärts!
Der dem Blücher angehört.

                    Fr. Rückert.

Feldmarschall-Lied.

1813.

Eigene Weise.

Was blasen die Trompeten, Husaren heraus!
Es reitet der Feldmarschall im fliegenden Saus.
Er reitet so freudig sein muthiges Pferd,
Er schwinget so freudig sein schneidiges Schwert.
Juchheirasasa! und die Deutschen sind da;
Die Deutschen sind lustig, und rufen Hurrah!

O schauet, wie ihm leuchten die Augen so klar,
O schauet, wie ihm wallet sein schneeweißes Haar!
So frisch blüht sein Antlitz wie kreisender Wein,
Drum kann er Verwalter des Schlachtfeldes sein.
Juchheirasasa! u. s. w.

Er ist der Mann gewesen, als Alles versank,
Der muthig auf zum Himmel den Degen noch schwang:
Da schwur er beim Eisen gar zornig und hart:
Franzosen zu weisen die altdeutsche Art!
Juchheirasasa! u. s. w.

Er hat den Schwur gehalten, als Kriegsruf erklang,
Hei! wie der weiße Jüngling im Sattel sich schwang!
Da ist er's gewesen, der Kehraus gemacht,
Mit eisernem Besen das Land rein gemacht:
Juchheirasasa! u. s. w.

Bei Lützen auf der Aue, da hielt er solchen Strauß,
Daß vielen tausend Wälschen die Haare standen kraus!
Daß Tausende liefen gar hastigen Lauf,
Zehntausend entschliefen, die wachen nie auf.
Juchheirasasa! u. s. w.

Am Wasser von der Katzbach er's auch hat bewährt,
Da hat er den Franzosen das Schwimmen gelehrt;
Fahrt wohl, ihr Franzosen, die Nordsee hinab,
Und nehmt, Ohnehosen, den Wallfisch zum Grab!
Juchheirasasa! u. s. w.

Bei Wartburg an der Elbe, wie fuhr er hindurch,
Da schirmte Franzosen nicht Schanze noch Burg.
Da mußten sie springen wie Hasen über's Feld.
Nach ließ ihnen klingen sein Hussa! der Held.
Juchheirasasa! u. s. w.

Bei Leipzig auf dem Plane, o schöne Ehrenschlacht,
Da brach er in Trümmer der Wälschen Glück und Macht,
Da liegen sie so sicher nach blutigem Fall,
Da ward der Herr Blücher ein Feldmarschall.
Juchheirasasa! u. s. w.

Drum blaset, Trompeten, Husaren heraus!
Du reite, Herr Feldmarschall, wie Sturmwind im Saus,
Dem Siege entgegen, zum Rhein, über'n Rhein,
Du tapferer Degen, nach Frankreich hinein!
Juchheirasasa! und die Deutschen sind da;
Die Deutschen sind lustig und rufen Hurrah!

E. M. Arndt.

Der einst zum Grabstein Blüchers bestimmte Granitblock am Zobten.

1834.

Was dieser mächt'ge Stein der künft'gen Zeit
    Von uns erzählen wird? ihr mögt ihn fragen?
Er wird euch schroff und kalt die Antwort sagen:
Ich bin der Denkstein der Vergessenheit...

Um Freiheit ward und Unabhängigkeit
  Begeistert manche Völkerschlacht geschlagen,
  Ein Held war Völkerfürst in diesen Tagen
  Und Vorwärtsführer in den heil'gen Streit.

Ich ward bestimmt als Grabstein dieses Helden,
  Der späten Nachwelt die Begeisterung,
  Die schnell verrauchende des Tags, zu melden.

Doch, als sie her mich zogen, war indessen
  Das Rad der Zeit gerollt in schnellem Schwung,
  Und er und ich, wir waren schon vergessen.

Adelbert von Chamisso.

~~~~~

Scharnhorst*).
1813.

Volksweise: Prinz Eugen, der edle Ritter ꝛc.

In dem wilden Kriegestanze
Brach die schönste Heldenlanze,
Preußen, Euer General.
Lustig auf dem Feld bei Lützen
Sah er Freiheitswaffen blitzen,
Doch ihn traf der Todesstrahl.

„Kugel, wirfst mich doch nicht nieder, —
Dien' euch blutend, werthe Brüder,
Führt in Eile mich gen Prag.
Will mit Blut um Oestreich werben,
Ist's beschlossen, will ich sterben,
Wo Schwerin im Blute lag."

---

*) Geb. 1756, wurde in der Schlacht bei Lützen am 2. Mai 1813 verwundet und starb am 28. Juni in Prag. Auch Arndt hat dem Helden eines seiner ernstesten und einschneidendsten Lieder gewidmet: „Wer ist würdig unsrer großen Todten" nach der Weise von A. Methfessel.

Arge Stadt, wo Helden kranken,
Heil'ge von den Brücken sanken,
Reißest alle Blüthen ab.
Nennen dich mit leisen Schauern, —
Heil'ge Stadt, zu deinen Mauern
Zieht uns manches theure Grab.

Aus dem irdischen Getümmel
Haben Engel in den Himmel
Seine Seele sanft geführt;
Zu dem alten deutschen Rathe,
Den im ritterlichen Staate
Ewig Kaiser Karl regiert.

„Grüß euch Gott! Ihr theuren Helden,
Kann euch frohe Zeitung melden:
Unser Volk ist aufgewacht.
Deutschland hat sein Recht gefunden,
Schaut, ich trage Sühnungswunden
Aus der heil'gen Opferschlacht.“

Solches hat er dort verkündet,
Und wir Alle stehn verbündet,
Daß dies Wort nicht Lüge sei.
Heer, aus seinem Geist geboren,
Kämpfer, die sein Muth erkoren,
Wählet ihn zum Feldgeschrei!

Zu den höchsten Bergesforsten,
Wo die freien Adler horsten,
Hat sich früh sein Blick gewandt;
Nur dem Höchsten galt sein Streben,
Nur in Freiheit konnt' er leben:
Scharnhorst ist er drum genannt.

Keiner war wohl treuer, reiner,
Näher stand dem König Keiner —

Doch dem Volke schlug sein Herz;
Ewig auf den Lippen schweben
Wird er, wird im Volke leben,
Besser als in Stein und Erz.

Max von Schenkendorf.

xxxx

Friesen *).

Volksweise: Erhebt euch von der Erde ꝛc.

Es thront am Elbestrande
Die stolze Magdeburg,
Ihr Ruhm drang durch die Lande,
Ihr Unglück auch hindurch.
Als Tilly einst dem Feuer,
Zu tilgen sie, gebot,
Trug sie den Wittwenschleier,
War ihre Schöne todt!

---

*) Friedrich Friesen fiel am 16. März 1814 im Walde von Hilleur bei la Lobbe, unfern Vassigny, als er versprengt einem Trupp des von Napoleen bewaffneten Landsturmes begegnete; ein blödsinniger Schäfer aus Grand Champ schoß ihn meuchlings durch das Herz. „Friesen war ein aufblühender Mann in Jugendfülle und Jugendschöne, an Leib und Seele ohne Fehl, voll Unschuld und Weisheit, beredt wie ein Seher; eine Siegfriedsgestalt voll großen Gaben und Gnaden, den Jung und Alt gleich lieb hatte; ein Meister des Schwerts auf Hieb und Stoß, kurz, rasch, fest, fein, gewaltig und nicht zu ermüden, wenn seine Hand erst das Eisen faßte; ein kühner Schwimmer, dem kein deutscher Strom zu breit und zu reißend; ein reisiger Reiter, in allen Sätteln gerecht; ein Sinner in der Turnkunst, die ihm viel verdankt. Ihm ward nicht beschieden, in's freie Vaterland heimzukehren, an dem seine Seele hielt. Von wälscher Tücke fiel er bei düsterer Winternacht durch Meuchelschuß in den Ardennen. Ihn hätte auch im Kampfe keines Sterblichen Klinge gefällt. Keinem zu Liebe und Keinem zu Leide — aber wie Scharnhorst unter den Alten, ist Friesen von der Jugend der größeste aller Gebliebenen."
(Jahn in der Vorrede zur deutschen Turnkunst, Seite VII.)

21*

Sie mag ihn wiedernehmen,
Ihr starb ihr bester Sohn,
Er ging, ein großer Schemen
Hinauf vor Gottes Thron.
Da hießen gleich den Frommen,
Der kam aus heil'gem Streit,
Die Englein all' willkommen,
Zur ewigen Himmelsfreud.

Wohl viele sind gepriesen
Im hohen deutschen Land,
Doch dich, mein frommer Friesen,
Hat Gott allein gekannt.
Was blühend im reichen Herzen
Die Jugend hold umschloß,
Ist jedem Laut der Schmerzen,
Ist jedem Lob zu groß.

War je ein Ritter edel,
Du warst es tausendmal,
Vom Fuße bis zum Schädel
Ein lichter Schönheitsstrahl.
Du hast mit kühnem Sinne
Nach Freiheit wohl geschaut,
Das Vaterland war Minne,
War Liebste dir und Braut.

Du hast die Braut gewonnen
Im ritterlichen Streit,
Dein Herzblut ist geronnen
Für die viel edle Maid;
Von wälschen grimmen Bauern
Empfingst du Todesstreich,
Drob wohl Jungfrauen trauern;
Der Schönheit Blum' ist bleich.

Schlaf still und fromm in Treue
Bis an den jüngsten Tag,
Wo sich ein Morgen neue
Dir wieder röthen mag.
Es blüht um deinen Frieden
Gedächtniß golden schön,
Im Sieg war dir beschieden
Für's Vaterland heim zu geh'n.

Ernst Moritz Arndt.

Körner's Geisterstimme.

Volksweise: Erhebt euch von der Erde rc.

Bedeckt mit Moos und Schorfe,
Ein Eichbaum, hoch und stark,
Steht bei Wöbbelin, dem Dorfe,
Im mecklenburger Mark;
Darunter ist von Steine
Ein neues Grab gemacht,
Draus steigt im Mondesscheine
Ein Geist um Mitternacht.

Er richtet auf die Rinden
Des Baums den Blick und liest
Den Namen, der zu finden
Dort eingegraben ist;
Dann sucht er mit den Händen
Ein Schwert, das liegt am Ort,
Und gürtet um die Lenden
Sich dieses Schwert sofort.

Langt dann nach einer Leier,
Nimmt sie vom Ast herab,
Und setzt in stiller Feier
Sich singend auf sein Grab:

„Ich war im Jugendbrause
Ein rascher Reitersmann,
Bis hier im dunkeln Hause
Ich Ruh' und Rast gewann.

„Ich war ein freier Jäger
In Lützow's wilder Schaar
Und auch ein Zitherschläger,
Mein Schwertlied klang so klar
Nun reiten die Genossen
Allein auf ihrer Fahrt,
Da ich vom Roß geschossen
Und hier begraben ward.

„Ihr mögt nun weiter traben,
Bis daß ihr kommt an's Ziel,
Ihr habet mich begraben,
Wie es mir wohlgefiel;
Es sind die beiden Lieben,
Die mir im Leben werth,
Im Tode mir geblieben,
Die Leier und das Schwert.

„Ich seh' auch meinen Namen,
Daß er unsterblich sei,
Geschnitten in den Rahmen
Der Eiche schön und frei.
Es sind die schönsten Kränze
Gegeben meiner Gruft,
Die sich in jedem Lenze
Erneu'n mit frischem Duft.

„Die Eich' ob meinem Scheitel,
Wie ist der Kranz so groß;
Mein Ringen war nicht eitel,
Ich ruh' in ihrem Schooß;

Man hat in Fürstengrüften
Bestatten mich gewollt,
Hier, in den frischen Düften,
Ihr ruh'n mich lassen sollt!"

Friedrich Rückert.

Theodor Körner.
1818.
Weise von Ludw Berger.

Bei Wöbbelin, im freien Feld
Auf Mecklenburger Grunde:
Da ruht ein jugendlicher Held.
An seiner Todeswunde.
Er war mit Lützow's wilder Jagd
Wohl in die Schlacht gezogen;
Da hat er frisch und unverzagt
Die Freiheit eingesogen.

Was ihm erfüllt die Heldenbrust,
Er hat es uns gesungen,
Daß Todesmuth und Siegeslust
In unser Herz gedrungen.
Und wo er sang zu seinem Troß,
Zu seinen schwarzen Rittern,
Das Volk stand auf, der Sturm brach los
In tausend Ungewittern.

So sind die Leier und das Schwert
Bekränzt mit grünen Eichen,
Dem Krieger wie dem Sänger werth,
Ein theures Siegeszeichen.
Wenn uns beim Wein dein Lied erklingt,
Wenn an den Wehrgehenken
Die helle Eisenbraut uns winkt,
Wir werden dein gedenken.

Friedrich Förster.

Max von Schenkendorf.

Wenn unter Schwerterblitzen
Ein Held von dannen zog,
Und durch die Harnischritzen
Ihr blutig Leuchten flog,
Und wenn ihm treu gesellet
Ein frommer Dichter schied, —
Dann, Sangeswogen, schwellet,
Dann braus' einher, mein Lied.

Vereint hat sich begeben
Dies jüngst im deutschen Land,
Denn wie die Saiten beben
Um goldnen Schwertes Band,
So war der Max ein Ritter,
Ein Held im blut'gen Krieg,
Doch kämpfend mit der Zither
Ward ihm noch schön'rer Sieg.

O welch' ein frischer Reigen
Von Liedern d'raus entstand!
So prangen junge Eichen
Am moosigen Waldesrand;
Es blicken die Blätter, die Keime
Hinauf in des Himmels Bau,
Und farbige Wolkensäume
Zieh'n drüber im heitern Blau.

Die Zither ist erklungen,
Und mit ihr brach sein Herz,
Nicht wird fortan geschwungen
Im Freiheitskampf das Erz.
Sie legten als letztes Grüßen
Es oben auf seinen Sarg,
Und grüne Gräslein sprießen,
Wo man den Helden barg.

Drum singt im Brüderkreise
Dem Mar ein Todtenlied;
Doch nur auf heitre Weise,
Als wenn ein Krieger schied!
Klirrt auch als letzten Segen
Mit euren Schwertern drein,
Das wird den wackren Degen
In seinem Grab noch freu'n.

Unbekannt.

Blücher am Rhein.

Eigene Melodie.

Die Heere blieben am Rheine steh'n:
Soll man hinein nach Frankreich geh'n?
Man dachte hin und wieder nach,
Allein der alte Blücher sprach:
„Generalkarte her!
Nach Frankreich geh'n ist nicht so schwer.
Wo steht der Feind?" — „„Der Feind? — Dahier!"" —
„Den Finger drauf, den schlagen wir!
Wo liegt Paris?" — „„Paris? — Dahier!"" —
„Den Finger drauf, das nehmen wir!
Nun schlagt die Brücken über'n Rhein,
Ich denke, der Champagnerwein
Wird, wo er wächst, am besten sein!"

August Kopisch.

Dritte Abtheilung.

Noch ein schönes Congreßlied und einige weitere schöne
Kriegs- und Siegeslieder der Deutschen.

Herr Congreß *).
1820.

Was hat Herr Congreß in Wien gethan?
 Er hat sich hingepflanzt,
Und hat nach einem schönen Plan,
Anstatt zu gehn, getanzt;
 Frau Deutschheit war die Tänzerin,
 Umtanzen mußte sie her und hin,
 Was war ihr Gewinn?
 Im Schwung französischer Tänze
 Verlor sie vom Haupt die Kränze.

Was hat Herr Congreß in Wien gethan?
 Er hat sich hin postirt,
Und hat, anstatt zu gehn voran,
Herum karusselirt.
 Frau Deutschheit karusseliren sich ließ,
 Im Kreis herum wie der Braten am Spieß,
 Was war der Ersprieß?
 Sie konnt' es nicht vertragen,
 Es ward ihr übel im Magen.

---

*) Man vergleiche hiezu das Wetzel'sche Gedicht auf den Wiener
Congreß, oben Seite 92

Was hat Herr Congreß in Wien gethan?
  Er war ein Mann von Welt,
  Er hat, da es war Schlittenbahn,
  Eine Schlittenfahrt angestellt.
  Frau Deutschheit in dem Schlitten fuhr,
  Gehüllt in Zobel und Pelzwildschur,
  Wie bekam es ihr nur?
  Sie hat die Ohren erfroren,
  Den guten Ruf noch verloren.

Was hat Herr Congreß in Wien gethan?
  Er war ein tapfrer Held,
  Er hat mit Roß und Speer und Fahn'
  Ein deutsch Turnir angestellt.
  Frau Deutschheit, das deutsche Turnir ihr gefiel,
  Die alte Sitt' in neuem Spiel,
  Was war das Ziel?
  Die Lanz', ihr zu Ehren gebrochen,
  Hat ihr ein Aug ausgestochen.

Und als Herr Congreß nun müde ward
  Von all' dem Saus und Braus,
  Tanz, Karussel und Schlittenfahrt
  Und Turnir, da turnirt' er nach Haus.
  Frau Deutschheit, und wenn du's zufrieden bist,
  So lad' ich dich ein auf andre Frist,
  Wenn Zeit dazu ist,
  Zu Frankfurt an dem Maine,
  Da warte, bis ich erscheine.

Du sollst mich als deutschen Bundestag
  Maskirt auftreten sehen;
  Wir wollen, wenn's Gott gefallen mag,
  Uns wieder im Kreise drehen.
  Frau Deutschheit, erhalte mir deine Huld,
  Und falle mir nicht in Ungeduld!
  Die Zeit ist schuld,

Daß alles mit Schaugepränge
So geht in die Breit' und Länge.

Friedr. Rückert.

Frisch drauf und dran!

Eigene Volksweise, nach welcher auch das Volkslied geht:
Kein besser Leben ist auf dieser Welt zu denken.

Drum gehet tapfer an,
Ihr meine Kriegsgenossen,
Schlagt ritterlich darein,
Eu'r Leben unverdrossen
Für's Vaterland aufsetzt,
Von dem ihr solches auch
Zuvor empfangen habt: —
Das ist der Ehre Brauch.
Valleri, vallera, vallera!

Eu'r Herz und Augen laßt
Mit Eiferflammen brennen,
Keiner vom Andern sich
Menschlich Gewalt laß trennen;
Keiner den Andern nicht
Durch Kleinmuth je erschreck',
Noch durch sein' Flucht
Im Heer ein' Unordnung erweck'.

Kann er nicht fechten mehr,
Er doch mit seiner Stimme,
Kann er nicht rufen mehr,
Mit seiner Augen Grimme
Den Feinden Abbruch thu'
In seinem Heldenmuth,
Nur wünschend, daß er theu'r
Verkaufen mög' sein Blut.

Ein Jeder sei bedacht,
Wie er das Lob erwerbe,
Daß er in männlicher
Postur und Stellung sterbe,
An seinem Ort besteh'
Fest mit den Füßen sein,
Und beiß' die Zähn' zusamm'
Und beide Lefzen ein.

Daß seine Wunden sich
Lobwürdig all' befinden,
Davornen uff der Brust
Und keine nicht dahinten,
Daß ihn der Tode selbst
Noch in dem Tode zier',
Und man auf sein'm Gesicht
Sein Ernst und Leben spür.

So muß, wer Tyrannei
Geübriget will leben,
Er seines Lebens sich
Freiwillig vorbegeben,
Wer nur des Tob's begehrt,
Wer nur frisch geht dahin,
Der hat den Sieg und dann
Das Leben zu Gewinn.

Moscherofch (Philander's von Sittewald
wunderliche und wahrhaftige Gesichter 1642).

∞∞

Kriegslied.

1809.

Weise von Preßler, weil. Bursch.
Auch von H. Werner.

Die Fahnen wehen, frisch auf zur Schlacht;
Schlagt muthig d'rein!
Es klingt Musik, die uns fröhlich macht,
In's Herz hinein

Die Pfeifen und Trommeln mit süßem Klang
Das Feld entlang.
In die Schlacht, in die Schlacht hinein!

Wer möchte bleiben, wann's lustig geht,
Im stillen Haus?
Wohlan! wenn Jugend in Blüthe steht,
Hinaus, hinaus!
Wo frisch und munter das Leben rollt!
Wer das gewollt:
In die Schlacht, in die Schlacht hinaus!

O Wehrmannsleben. o köstlich Gut!
Uns ward's bescheert:
Der Mann ist selig, der trägt den Muth
Blank, wie sein Schwert.
Wer tapfer im fröhlichen Streite fiel,
Im Heldenspiel:
Schläft im Arme der grünen Erd'!

Ihm klingt Musik. die er leiden mag,
Mit Klang darein;
Nicht schöner klingt am Todes=Tag
In's Grab hinein!
O seliger Tod, o du Wehrmannstod!
Noch bin ich roth!
In die Schlacht, in die Schlacht hinein!

E. M. Arndt.

Soldaten-Morgenlied.

1813.

Weise: Wenn Alle untreu werden ꝛc.

Erhebt euch von der Erde,
Ihr Schläfer, aus der Ruh;
Schon wiehern uns die Pferde
Den guten Morgen zu.

Die lieben Waffen glänzen
So hell im Morgenroth;
Man träumt von Siegeskränzen,
Man denkt auch an den Tod.

Du reicher Gott, in Gnaden
Schau' her vom blauen Zelt;
Du selbst hast uns geladen
In dieses Waffenfeld.
Laß uns vor dir bestehen
Und gib uns heute Sieg;
Die Christenbanner wehen,
Dein ist, o Herr! der Krieg.

Ein Morgen soll noch kommen,
Ein Morgen, mild und klar;
Sein harren alle Frommen,
Ihn schaut der Engel Schaar.
Bald scheint er, sonder Hülle,
Auf jeden deutschen Mann;
O brich, du Tag der Fülle,
Du Freiheitstag, brich an!

Dann Klang von allen Thürmen,
Und Klang aus jeder Brust,
Und Ruhe nach den Stürmen,
Und Lieb' und Lebenslust.
Es schallt auf allen Wegen
Ein frohes Siegsgeschrei —
Und wir, ihr wackern Degen,
Wir waren auch dabei!

Max von Schenkendorf.

Reiterlied.

Am 17. Juni 1813, gedichtet kurz vor dem Ueberfall der Lützow'schen Reiter bei Kitzen unweit Lützen*).

Singweise von C. M. v. Weber. Auch nach der Volksweise des
Husarenliedes: Es ist nichts lust'ger in der Welt.

Frisch auf, frisch auf mit raschem Flug,
Frei vor dir liegt die Welt,
Wie auch des Feindes List und Trug
Uns rings umgattert hält.
Steig edles Roß und bäume dich,
Dort winkt der Eichenkranz;
Streich aus, streich aus und trage mich
Zum lust'gen Schwertertanz.

Hoch in den Lüften unbesiegt
Geht frischer Reitersmuth!
Was unter ihm im Staube liegt,
Engt nicht das freie Blut.
Weit hinter ihm liegt Sorg' und Noth
Und Weib und Kind und Herd,
Vor ihm nur Freiheit oder Tod
Und neben ihm das Schwert.

So geht's zum lust'gen Hochzeitsfest,
Der Brautkranz ist der Preis;
Und wer das Liebchen warten läßt,
Den bannt der freie Kreis.
Die Ehre ist der Hochzeitsgast,
Das Vaterland die Braut;
Wer sie recht brünstiglich umfaßt,
Den hat der Tod getraut.

---

*) Siehe die Anmerkung zu dem Gedicht von H. Stieglitz,
„An Normann."

Gar süß mag solch ein Schlummer sein
In solcher Liebesnacht;
In Liebchens Armen schläfst du ein,
Getreu von ihr bewacht;
Und wenn der Eiche grünes Holz
Die neuen Blätter schwellt,
So weckt sie dich mit freud'gem Stolz
Zur ew'gen Freiheitswelt.

Drum wie sie fällt und wie sie steigt,
Des Schicksals rasche Bahn,
Wohin das Glück der Schlachten neigt:
Wir schauen's ruhig an.
Für deutsche Freiheit woll'n wir steh'n!
Sei's nun in Grabesschooß,
Sei's oben auf den Siegeshöh'n,
Wir preisen unser Loos!

Und wenn uns Gott den Sieg gewährt,
Was hilft euch euer Spott?
Ja, Gottes Arm führt unser Schwert,
Und unser Schild ist Gott! —
Schon stürmt es mächtig rings umher;
Drum edler Hengst, frisch auf!
Und wenn die Welt voll Teufel wär',
Dein Weg geht mitten drauf.

Theodor Körner.

⚡

Den bayerischen Schützenmarsch vernehmend,
im Jänner 1814.

**Für Vocal= und Instrumentalmusik componirt v. Jos. Hartmann
Stunz.**

Töne, die ihr mächtig mich beweget,
Lust zum Kampf mit neuer Kraft erreget,

Hoch entflammet ihr des Herzens Muth.
Heiße Sehnsucht füllet meine Seele,
Leidenschaftlich ich das Schwert erwähle,
Durch mein ganzes Wesen dringet Glut.

Jetzt ist eine solche Zeit gegeben,
In dem Augenblicke ganz zu leben,
Ohne Rücksicht weihend sich der That,
Damit Ordnung wiederum beschieden;
Nur durch Kampf wird dauerhafter Frieden,
Das vergoss'ne Blut wird reife Saat.

Höchstes, reinstes, seligstes Entzücken!
Zu genießen dieses Siegs Beglücken,
Zu erleben Teutschlands schönste Zeit,
Doch es ist auch Jener Loos zu preisen,
Welche dafür sterben, denn verheißen
Ist denselben Ruhm in Ewigkeit.

Seh' nach Frankreich Teutschlands Jugend eilen
Mit den Fürsten, ich allein muß weilen
Thatlos, von dem Heere weit zurück.
Mich, den frühe teutscher Sinn begeistert,
Den nicht die Gefahr, nicht Glanz bemeistert,
Seh' ich ausgeschlossen von dem Glück.

Siedend rollt das Blut in meinen Adern,
Und mit meinem Schicksal möcht' ich hadern,
Daß es mich vom Kampf entfernet hält.
Den Tyrannen helfen zu bezwingen,
Siegend bis zu seinem Throne dringen,
Dieß Gefühl ersetzet keine Welt.

Ja! ihr mahnet mich, ihr Hörnertöne,
Hin zu zieh'n wie Teutschlands tapfre Söhne,
Hin nach Frankreich zu der Völkerschlacht,
Kämpfend, bis der Menschheit Feind bezwungen,
Und der Welt den Frieden wir errungen,
Bis das große Werk durch uns vollbracht!

König Ludwig.

Zum Ausmarsch.
1815.

Volksweise: So viel Stern' am Himmel stehen ꝛc.
Auch eigene Melodie von Fr. Silcher.

O du Deutschland, ich muß marschiren,
O du Deutschland, du machst mir Muth!
Meinen Säbel will ich schwingen,
Meine Kugel, die soll klingen,
Gelten soll es Feindesblut!

Nun Ade! Fahr' wohl, sein's Liebchen,
Weine nicht die Aeuglein roth,
Trage dieses Leid geduldig,
Leib und Leben bin ich schuldig,
Es gehört zum Ersten Gott.

Nun Ade! herzliebster Vater,
Mutter, nimm den Abschiedskuß!
Für das Vaterland zu streiten,
Mahnt es mich nächst Gott zum Zweiten,
Daß ich von euch scheiden muß.

Auch ist noch ein Klang erklungen
Mächtig mir durch Herz und Sinn;
Recht und Freiheit sei das Dritte,
Und es treibt aus eurer Mitte
Mich in Tod und Schlachten hin.

O wie lieblich die Trommeln schallen,
Und Trompeten blasen drein!
Fahnen wehen frisch im Winde,
Roß und Männer sind geschwinde,
Und es muß geschieden sein.

O du Deutschland, ich muß marschiren,
O du Deutschland, du machst mir Muth!

22 *

Meinen Säbel will ich schwingen,
Meine Kugel, die soll klingen,
Gelten soll es Feindesblut!

E. M. Arndt,
(nach einem Volksliede).

⸻

Siegeslied*).
1822.
Weise nach Mozart.

Herbei, herbei, du deutsche Burschenschaft!
Herbei am vaterländ'schen Freudentage!
Es tönt das Lied von deutscher Männerkraft,
Es lauscht das Ohr der neuen Heldensage;
Der Geist, gedenkend jener Herrlichkeit
Des deutschen Volkes, sinnet hin und wieder,
Und freier schwebt, und deutscher schwebt und licht her=
nieder
Der hehre Geist der neu erwachten Zeit.

Zurück, zurück! wo weilt der trübe Blick,
Schwer lag's und dunkel auf der deutschen Erde,
Des Volkes Kraft dahin, und Ehr' und Glück!
Wer rief der Freiheit, daß sie wiederkehrte?
Auf Brüder! preist die heil'ge Männerschlacht,
Preist unsern Gott, den Sklavenbandebrecher,
Und Deutschlands Streiter, Deutschlands Schirmer,
Deutschlands Rächer,
Preist, die zerstört des Feindes trotz'ge Macht!

Frisch auf, frisch auf! es schäumet der Pokal!
Rings schaut die Sonn' auf diese grünen Matten,
Hoch wölbt der blaue Aether sich zum Saal,
Auf, lagert hier in duft'ger Linden Schatten;

⸻

*) Wurde 1822 zur Erinnerung an den 18. Juni 1815 (Schlacht
bei Belle Alliance) gedichtet, seitdem aber häufiger bei der Sieges=
feier der Völkerschlacht von Leipzig gesungen.

So sollst du, wie in Lüften stolz und kühn
Die Wolken dort, die raschen Wand'rer, streben,
Du deutsches Volk und deutscher Ruhm und deutsches Leben,
Aus schöner Zeit dem Geist vorüberzieh'n!

Es sei, es sei! du theures Vaterland,
Dir schwören wir den hohen Schwur der Treue!
Gilt's deiner Ehre, greift zum Schwert die Hand;
Gilt's deiner Freiheit, kämpfen wir auf's neue.
Schwingt, Brüder, schwingt Germaniens Panier,
Fern schallen soll's durch's Thal und schallen wieder —
Das Siegeslied, der Freiheit Lied, das Lied der Lieder,
Hoch lebe Deutschland, lebe für und für!

Mebold.

Beim Oktoberfeuer.
1814.
Weise: Feinde ringsum! (Gläser).

Flamme empor!
Steige mit lodernden Strahlen
Von den Gebirgen und Thalen
Glühend empor!

Siehe, wir steh'n
Treu im geweiheten Kreise,
Dich, zu des Vaterlands Preise,
Brennen zu seh'n.

Heilige Gluth!
Rufe die Jugend zusammen,
Daß bei den lodernden Flammen
Wachse der Muth.

Auf allen Höh'n
Leuchte du flammendes Zeichen,
Daß alle Feinde erbleichen,
Wenn sie dich seh'n.

Finstere Nacht
Lag auf des Vaterlands Gauen;
Da ließ der Herrgott sich schauen,
Der uns bewacht.

„Licht, brich herein!"
Sprach er; da glühten die Flammen,
Schlugen die Gluthen zusammen
Ueber dem Rhein.

Und er ist frei!
Flammen umbrausen die Höhen,
Die um den Herrlichen stehen;
Jauchzt! Er ist frei!

Stehet vereint,
Brüder! und laßt uns mit Blitzen
Uns're Gebirge beschützen
Gegen den Feind!

Leuchtender Schein!
Siehe, wir singenden Paare
Schwören am Flammenaltare:
Deutsche zu sein.

Höre das Wort!
Vater, auf Leben und Sterben,
Hilf uns die Freiheit erwerben!
Sei unser Hort!

Joh. H. Chr. Nonne.

Deutsches Bundeslied.
Weise von Fr. Erk.

Was klingt durch Deutschlands Gau'n und Kreise
So wunderbar von Mund zu Mund,
Das ist die allgewalt'ge Weise,
Das Lied vom deutschen Völkerbund.
Hei! hei! das klingt wie Eichen brausen!
Hurrah! das ist der rechte Klang,
Das wettert wie der Windsbraut Sausen,
Das donnert wie Walkyrensang!

Gelt, deutscher Bruder, du von Süden,
Das hohe Lied hat Mark und Saft? —
„Es faßt mich, traun, gleich Odin's Rüden,
Ich ahne Deutschlands Riesenkraft!" —
Hei, hei! das klingt wie Bardenlieder!
Hurrah! das ist der rechte Klang!
Das Vaterland, es lebet wieder
In deutscher Brust, in deutschem Sang!

Und ihr, des Nordens kräft'ge Recken,
Was sagt das Lied, ihr Brüder, euch? —
„Den alten Hermann will's uns wecken,
Der einst zertrat ein Römerreich!"
Hei, hei! das klingt wie Bardenlieder u. s. w.

Und was sagst du, mein West=Teutone,
Du Wächter dort am Vater Rhein? —
„Rührt sich der Frank in frechem Hohne,
Dann schlagen wir wie's Wetter drein!" —
Hei, hei! das klingt wie Bardenlieder u. s. w.

Der vierte Bruder spricht, der theure,
Ein Schild uns in des Ostens Gau'n:
„Hier meine Hand! ich bin der Eure
Und schau dem Bären auf die Klau'n!" —
Hei, hei! das klingt wie Bardenlieder u. s. w.

So schließt den Reih'n, ihr deutschen Brüder!
Auf ewig soll der Bund besteh'n!
Nie tauche eine Sonne nieder,
Die, Brüder, euch getrennt geseh'n!
Hei, hei! das klingt wie Eichen brausen!
Hurrah! das ist der rechte Klang!
Das wettert wie der Windsbraut Sausen,
Das donnert wie Walkyrensang!

O Herr der Völker! schaue nieder
Auf edler Stämme edlen Bund!
Hebt je das Haupt der Zwietracht Hyder,
Vernichte sie, o Gott, zur Stund'!

Um Herz und Hand mögst du uns weben
Als mächt'gen Hort der Eintracht Band!
Mag eine Welt sich dann erheben,
Wir steh'n für's deutsche Vaterland!

J. M. Firmenich.

Das deutsche Vaterland.

Weise von Marschner.

Und hörst du das mächtige Klingen
Von der Ostsee bis über den Rhein,
Das Lied mit den sausenden Schwingen?
Tief bringt es durch Mark und durch Bein!
Was brauchen wir weiter zu fragen?
Die klopfenden Pulse, sie sagen:
Es ist das Lied vom deutschen Vaterland.

Ob Meer auch und alpige Halden
Vielmarkig zertheilen die Flur,
Ihr Banner viel Fürsten entfalten:
Ein Deutschland an Herzen ist's nur!
Wohin sich der Sinn uns auch wende,
Millionen, sie schlingen die Hände
Zum großen Bund dem ein'gen Vaterland.

Von Saaten die Thäler sich regen,
Von Reben die Bergwand erglüht.
Ein Gut ist's, das Alle wir pflegen,
Das ewig dem Geiste erblüht:
Die Freiheit in sonniger Weihe!
Kein Deutschland, es sei denn das freie!
Hoch, hoch das freie deutsche Vaterland.

Nur vorwärts, nur vorwärts, ihr Brüder,
Dem Kampf wird die Palme doch sein!
In die Werkstatt des Geistes hernieder
Entsenkt sich vom Himmel der Schein.
Ha, wie sich der Lichtstrom verbreitet,
Und die Glocke der Zukunft, sie läutet
Zum Frühlingsfest des künft'gen Vaterlands!

C. Rinne.

Anmerkungen.

1. (S. 11). **Reiterlied.** Dies von Schiller selbst-
ständig bearbeitete Lied hat bekanntlich am Schlusse von
Wallensteins Lager in etwas veränderter Form eine Stelle
gefunden. Es fehlt dort die sechste, für die Zeit der Entstehung des Gedichts bezeichnende, Strophe, welche beginnt: „Auf des Degens Spitze die Welt jetzt liegt,"
während nach der vierten Strophe als fünfte die nach-
folgende eingeschaltet ist, die vom ersten Jäger gesungen
wird:

„Der Reiter und sein geschwindes Roß,
Sie sind gefürchtete Gäste.
Es flimmern die Lampen im Hochzeitschloß,
Ungeladen kommt er zum Feste,
Er wirbt nicht lange, er zeigt nicht Gold,
Im Sturm erringt er den Minnesold."

Was die Singweise des Liedes betrifft, so besteht neben
der allgemein üblichen noch eine minder bekannte, welche
von **Christian Schulze** herrührt.

2. (S. 22). **Hochgesang,** auch „Deutsches Weihelied" benannt, soll von Claudius schon 1773 gedichtet
sein und würde demnach seine Stelle entsprechender neben
Klopstock's „Weissagung" gefunden haben. Eine zweite
Melodie zu diesem Liede ist von **Carl Spazier** vor-
handen.

3. (S. 31). **Schills Ausmarsch.** Ferd. v. Schill.
Sohn eines österreichischen und sächsischen Parteigängers,
der zu Wilmsdorf bei Dresden ein Rittergut besaß und
sich später in Schlesien ankaufte, hatte sich von früher
Jugend an dem Kriegsdienst gewidmet, war als Lieu-
tenant im preuß. Dragoner-Regiment Ansbach-Bairreuth
in der Schlacht bei Auerstädt verwundet worden, und

hatte sich seitdem als Führer eines Freicorps durch seine
kühnen und verwegenen Thaten, besonders bei der Ver=
theidigung Kolbergs, zum Ruhm eines Nationalhelden
emporgeschwungen. Er gehörte zu der Zahl jener vom
Haß gegen Napoleon erfüllten Männer, die, wie der
Hauptmann von Katt, der westphälische Oberst v. Dörn=
berg (Dörenberg) und der Herzog Fr. Wilhelm von Braun=
schweig=Öls, für die Befreiung des Vaterlands eigen=
mächtig die Waffen ergriffen und ihre hochherzigen, küh=
nen Unternehmungen zum Theil mit dem Tode besiegelten.
Zum Major und Chef des Brandenburgischen Husaren=
Regiments in Berlin ernannt, verließ Schill, vierzehn
Tage nachdem Oesterreich an Napoleon den Krieg erklärt
hatte, am 29. April 1809, unter dem Schein als, rücke
er wie gewöhnlich zum Exerciren aus, mit seinem Regi=
ment die Stadt, theilte, vor dem Thor angelangt, letz=
terem seinen Entschluß mit, auf eigene Hand den Krieg
gegen die Franzosen fortzuführen. Officiere und Sol=
daten erklärten, ihm folgen zu wollen, und nachdem er
sich durch weitere Zuzüge namentlich aus Berlin ver=
stärkt, ging er über Potsdam und die Elbbrücke bei
Wittenberg nach Dessau, Köthen, Halle und Magdeburg,
focht siegreich gegen die Franzosen bei Dodendorf und
ernannte hier, zum Hohn für die vielen neugeschaffenen
französischen Herzöge, den tapfersten seiner Husaren zum
Herzog von Dodendorf. Doch mußte er die beabsichtigte
Einnahme Magdeburgs aufgeben; auch fiel die von ihm
später eroberte kleine mecklenburgische Festung Dömitz
wieder in die Hände seiner Gegner und nun, von west=
phälischen, holländischen und dänischen Truppen zugleich
gedrängt, warf er sich auf Stralsund, das er der fran=
zösischen Besatzung entriß, ohne jedoch den Platz länger
als zehn Tage behaupten zu können. Seinen Wahl=
spruch: „Lieber ein Ende mit Schrecken als ein Schrecken
ohne Ende" sollte er hier an sich selbst in Erfüllung
gehen sehen. Die Holländer und Dänen erstürmten die
Stadt, und, von der Stralsunder Bürgerschaft im =eu=

scheidenden Augenblicke verlassen, wurde er mit dem größ=
ten Theil seines Corps nach heldenmüthiger Gegenwehr
in den Straßen der Stadt niedergemacht. Dies geschäh
am 31. Mai 1809. Schill fiel von einer Kugel getrof=
fen, nachdem er den holländischen General Carteret mit
den Worten vom Pferde gehauen hatte: „Hundsfott,
bestell' Quartier!" Die übrigen wurden zu Gefangenen
gemacht und theils standrechtlich erschossen, theils als
Galeerensclaven auf französischen Festungen bis längere
Zeit nach dem Frieden von 1814 festgehalten. Schill's
Kopf kam in das Leydener Museum und von dort im
Jahr 1837 nach Braunschweig, um hier neben den Ueber=
bleibseln der vor dem dortigen Steinthor erschossenen
Officiere seines Regiments in einem besondern Museum
beigesetzt zu werden. In ächt volksthümlicher, schwung=
voller Weise hat uns Arndt in seinem unübertrefflichen
Liede vom Schill (siehe S. 305 unsrer Sammlung) den
tragischen Ausgang des heldenkühnen Unternehmens ge=
schildert, das bei Schlosser (Gesch. des achtzehnten Jahr=
hunderts 2c. Bd. VII. Abthl. 1. S. 525 ff.) eine skeptische
oder noch schlimmere Beurtheilung gefunden hat. Wir
geben zu, daß Schill ein minder bedeutendes militärisches
Talent war als der spätere Freischaaren=Anführer Ad.
v. Lützow, der bis zu seiner Verwundung bei Dodendorf
in seinem Corps diente; allein auf bloße Abenteuerei,
auf Rauben und Raufen war es nicht abgesehen, das
gesammte Corps vielmehr in dem Maße von der hoch=
herzigsten patriotischen Begeisterung beseelt, daß, als
Schill nach empfangener Kunde vom Scheitern des Dörn=
berg'schen Insurgirungsversuchs und von der Niederlage
der Oesterreicher in Bayern seinen Officieren den Vor=
schlag machte, umzukehren, Alle die Fortführung des
Unternehmens forderten. Man baute auf die Gerechtig=
keit der Sache und hoffte noch immer den Anschluß des
Volks, das aber damals zur Selbstbefreiung noch nicht
reif war. Aus Anlaß der 1859 begangenen fünfzig=
jährigen Gedächtnißfeier Schill's ließ sein ehemaliger Ad=

jutant und vertrautester Freund, der zweiundachtzigjährige
Veteran Dr. Georg Bärsch eine Schrift erscheinen, welche
den Titel führt: „Ferdinand v. Schill's Zug und Tod
im Jahr 1809." (Leipzig, Brockhaus 1860.)

4. (S. 34). Andreas Hofer. Die von Fr. Erk
nach der Volksweise gesetzte Melodie findet sich in dem
„Allgemeinen deutschen Commersbuch" (Lahr, Schauen-
burg) bei Nr. 94 der „Vaterlandslieder":

5. (S. 40). Deutscher Spruch auf den deutschen Stein. Daß hiermit auf den berühmten preußischen Staatsminister Karl Freiherrn vom und zum
Stein angespielt ist, läßt sich nicht verkennen. Nicht
annäherungsweise aber vermöchten wir hier auf beschränk-
tem Raume die außerordentlichen Verdienste dieses großen Staatsmannes gebührend zu schildern, die er um
die staatliche Wiedergeburt nicht nur Preußens, sondern
selbst Deutschlands gehabt hat. Sein Leben war im
großartigsten und umfassendsten Maßstabe der Herbei-
führung liberaler und gemeinnütziger Institutionen gewidmet. Auf der Grundlage einer vernünftigen Freiheit
und Rechtsgleichheit der Staatsbürger wollte er die Selbst-
thätigkeit der Einzelnen wie der Gemeinden fördern und
das Volk dadurch zu jener wünschenswerthen sittlichen
Entwicklung führen, ohne welche eine zeitgemäße, im
christlichen Sinn zu vollendende Organisation des Staats
und dessen dauernde Sicherheit, Macht und Größe nicht
möglich sind. War nun schon diese Seite seines Wirkens
von so eigenthümlicher und weitgreifender Art, daß es
keinesweges bloß seinem engeren, sondern zugleich dem
gemeinsamen deutschen Vaterlande zugut kommen mußte,
so verdient der Freiherr v. Stein in unserem Buche doch
vor allem durch die in ihm entschieden ausgesprochene
großdeutsche Gesinnung und Richtung eine hervorragend
glänzende Stelle. In einem seiner Briefe an den Grafen Münster sagt er es mit den ausdrücklichsten Worten,
daß er nur ein Vaterland habe, und das heiße Deutschland; er, dessen Stammesburg zu Nassau an der Lahn

reichsunmittelbar war, gehöre beßhalb dem großen deut=
schen Vaterlande, nicht einem besonderen Theile desselben
an, und da die Wiederherstellung eines einheitlichen
deutschen Kaiserthums, die er seinerseits wünschte und
für die Zukunft hoffte, nach den gegebenen Verhältnissen
etwas vor der Hand Unausführbares war, so hielt er
eine zwischen Oesterreich und Preußen geeinigte dualisti=
sche Leitung Deutschlands unter formellem Vorantritt
Oesterreichs bei vollkommener Gleichberechtigung Preußens
in den materiellen Beziehungen für das einzige, den Um=
ständen entsprechende Auskunftsmittel einer einheitlichen
politischen Gestaltung unseres Gesammtvaterlandes. Ein
Mann von so ausgeprägter deutschpatriotischer Gesinnung,
dem das Wohl, die Größe und Macht des gemeinsamen
deutschen Vaterlandes über das jedes besonderen Theiles
desselben ging, verdient in der That zum Gegenstand eines
nationalen Kultus erhoben zu werden, wie man dies
noch erst jüngst in Veranlassung des Denkmals ausge=
sprochen hat, das man ihm in seinem Geburtsort und
Stammsitz zu Nassau errichten will. Der Gedanke hiezu
wurde zuerst am hundertjährigen Geburtstag Steins,
den 26. October 1857, angeregt und ist später auch zu
Berlin in dem Sinne aufgenommen worden, daß man
beschlossen hat, dem Regenerator Preußens auch in der
Hauptstadt dieses Landes ein seiner würdiges Monument
zu setzen. Die nationale Bedeutung Stein's ergibt sich
aber noch in anderer Beziehung, indem er, ein Mann
der That, gleich Scharnhorst und Gneisenau, und ein
unversöhnlicher Gegner Napoleons, durch die Festigkeit
und edle Größe seines Characters im offenen und stillen
Wirken unendlich zur Befreiung unsers Vaterlandes vom
französischen Joch beitrug. Was er für Preußen und
Deutschland zugleich war, zeigt auf erschöpfende Weise
G. H. Pertz in seinem „Leben des Ministers Freiherrn
von Stein", in lebensvoll zusammenfassender Uebersicht
Ludw. Häusser in der Skizze, die derselbe zum Besten
des Nassauer Denkmals bei J. J. Weber in Leipzig er=

scheinen ließ. Einen historischen Umriß seines Lebens und Wirkens gab neuerdings auch Ad. Stahr im 1. Heft der neuen Stuttgarter Zeitschrift „Freya."

6. (S. 40). Gelübde. Dies Lied wurde 1813 als Weihelied der schwarzen Freischaar gesungen. Leider gehört der oben mitgetheilte Text einer fehlerhaften Edition an. In Strophe 1 Zeile 6 u. 7 lautet die ursprüngliche, das Jahr der Entstehung des Liedes (1809) beurkundende Fassung:

„Nicht fürder soll die arge That,
Des Fremdlings Uebermuth, Verrath
In deinen Schooß sich betten."

Nach der zweiten Strophe ist überdies noch folgende einzuschalten:

„Der deutsche Stamm ist alt und stark,
Voll Hochgefühl und Glauben.
Die Treue ist der Ehre Mark,
Wankt nicht, wenn Stürme schnauben.
Es schafft ein ernster, tiefer Sinn
Dem Herzen solchen Hochgewinn,
Den uns kein Feind mag rauben!"

In den beiden letzten Zeilen der letzten Strophe heißt es ursprünglich:

„So wollen wir zur ew'gen Nacht
Preiswerth hinüberwallen."

7. (S. 42). Weissagung. Singweise: Es hatten drei Gesellen, oder: Ich weiß nicht, was soll es bedeuten.

8. (S. 64). Des Deutschen Vaterland. Ueber dieses Lied und seine Geschichte brachte der kgl. preuß. Musikdirektor G. Reichardt, dem wir die beliebteste und schönste Singweise desselben verdanken, im Abendblatt der Neuen Münchener Zeitung vom 10. Septbr. 1860 (Nr. 216) mehrere sehr interessante Mittheilungen. Arndt dichtete es zu Anfang des Jahres 1813. Als man am 17. April 1814 das Dankfest wegen des Einzugs der Verbündeten in Paris feierte, wurde das Arndt'sche Lied im Berliner Opernhause von Madame Bethmann decla=

mirt. Eine Melodie gab es noch nicht, doch noch in demselben Jahre wurde die erste bekannte von Cotta, der damals Student der Theologie in Jena war, gesetzt. Seitdem scheint Reichardt mit der Idee umgegangen zu sein, gleichfalls eine Singweise dafür zu schaffen; aber der Versuch kostete ihm Mühe und Zweifel, und so wenig wollte ihm gerade bei diesem Liede ein glücklicher Wurf gelingen, daß er selbst gesteht, die Reflexion niemals in gleichem Maße bei einer Liederkomposition in Anspruch genommen zu haben, als bei dieser. Die Cotta'sche Melodie ist eine Volksmelodie, in der gutmüthigen Weise älterer Studentenlieder gehalten, ohne rhythmische Kraft, lediglich gefällig. Reichardt dagegen, die universale Bedeutsamkeit des Liedes erkennend, wollte eine Komposition liefern, welche dem Geist der Worte vollen Ausdruck gebe und Kennern wie Laien auf die Dauer zusage, und wer möchte läugnen, daß er dies hohe, klassische Ziel erreicht habe? Erst im Jahre 1825 hielt er seine Melodie für probehaltig, und es war auf einer Reise durch Schlesien im August des genannten Jahres, als er mit vier musikalischen Freunden das hehre Vaterlandslied zum ersten Mal nach seiner Melodie von der Höhe der Schneekoppe herabsang, „auf daß ganz Deutschland sie vernehme!" Seitdem ist sie zum Volksliede geworden, seitdem klingt sie durch ganz Deutschland, Europa und alle Welttheile, wo immer nur deutsche Herzen schlagen, zur Bethätigung und Weckung des gemeinsamen Vaterlandsgefühls wie zugleich zum Ruhme des Dichters und des Tonsetzers. Im Jahr 1826 in Berlin veröffentlicht, wurde das Lied allgemein bekannt zunächst durch die daselbst im Herbst 1828 tagende große Naturforscher-Versammlung, bei welcher es von der jüngeren Berliner Liedertafel in Verbindung mit der älteren, Zelter'schen, gesungen wurde. Reichardt nahm von obigem Gedichte nur die Strophen 1 bis 3, außerdem Strophe 5, 7 und 10 auf, zu welchen er dann später auch noch Strophe 8 hinzufügte:

„Das ist des Deutschen Vaterland,
	Wo Eide schwört der Druck der Hand ꝛc."
Professor Delbrück in Bonn schrieb im Jahr 1840 ein
eigenes Büchlein gegen Arndt's Lied, worin er behaup=
tete, es sei nur durch die Vollgewalt der Tonkunst auf
den Gipfelpunkt seiner Wirksamkeit erhoben worden. Doch
dagegen nimmt der Komponist selbst den Dichter in Schutz,
indem er von ihm rühmt, daß er in dem Wort das
Lied, die Melodie, gegeben habe, wie überhaupt der Kom=
ponist guten Klang nur dann schaffe, wenn das Wort
der Dichtung voll Klang und Wahrheit ist. Delbrück
hatte aber auch die Tendenz der Worte angefochten und
gemißdeutet. Nach Arndts eignem Geständniß jedoch
dachte er bei der Abfassung des Liedes nicht an eine so=
genannte politische Einheit, sondern an eine ideelle Ein=
heit, an eine geistige und politische Einigkeit aller
Deutschen, und kein Unbefangener, der von Poesie die
leiseste Ahnung hat, wird etwas anderes herauslesen.
Als Reichardt 1849 sich in Paris befand, präsentirten
ihn die höflichen Franzosen in diplomatischen Kreisen als
den Komponisten der preußischen Marseillaise („Mon-
sieur le Compositeur de la Marseillaise Prussienne"),
und als 1848 in Merico das erste große Gesangsfest
veranstaltet wurde, bei welchem Engländer, Italiener,
Franzosen und andere Nationen mit ihren Gesangver=
einen auftraten und zuletzt 60 Deutsche unser Lied mit
möglichstem Feuer vortrugen, begehrte man es stürmisch
da capo, worauf der anwesende Bischof, umgeben von
der hohen Geistlichkeit, zum Dirigenten trat und sich für
den Genuß besonders auch deßwegen bedankte, weil ihnen
dadurch Gelegenheit geworden, die „missa protestan-
tica" kennen zu lernen. Seit kurzem hat sich nun auch
der Canton Zürich sein eigenes Volkslied zu Reichardts
Melodie geschaffen, und 1847 erhielt Letzterer in Berlin
nachstehenden Text als „Tafellied für die Genossen der
Reform des Judenthums" vom Dichter, Dr. Julius
Löwenberg, zugesendet:

Was ist des Juden Vaterland?
Aegyptenland? — Gelobtes Land?
Ist's da, wo man der alten Welt
Das Glaubenslicht hat aufgestellt?
O nein, nein, nein!
Sein Vaterland muß jünger sein!

Was ist des Juden Vaterland?
Ist's Polenland? — das Russenland?
Ist's da, woher nur Wehruf bringt,
Ist's da, wo man die Knute schwingt?
O nein! Sein Vaterland muß besser sein!

Was ist des Juden Vaterland?
Ist's Preußenland? — das deutsche Land?
Ist's da, wo man das Uebermaaß
Des alten Druckes halb vergaß?
O nein! Sein Vaterland muß freier sein!

Was ist des Juden Vaterland?
Ist's Frankenland? Ist's Engelland?
Ist's da, wo man des Menschen Werth
Und wo man jeden Glauben ehrt?
O nein! Sein Vaterland muß schöner sein!

Was ist des Juden Vaterland?
Ist's Belgierland? — Holländerland?
Ist's, wo man ihn als Bürger schaut,
Ihm Amt und Würden anvertraut?
O nein! Sein Vaterland muß größer sein!

Was ist des Juden Vaterland?
So nenne endlich mir das Land! —
O Gottes ganze große Welt:
Wo Glauben keine Schranken stellt,
Amerika, Australia!
Europa, Asia, Afrika!

Die ganze Welt, die soll es sein!
O Gott vom Himmel sieh darein!
Wo man ihm reicht die Bruderhand,
Da ist des Juden Vaterland!
Das soll es sein! Die ganze Welt, die soll es sein!

Als Reichardt dieses Lied Arndt vorgelesen, rief er: „Die
setzen's durch!"

    9. (S. 72). Die Leipziger Schlacht. Gedichtet
1813. Singweise von F. Mergner.

10. (S. 81). **Das Lied vom Rhein.** Hievon gibt es auch eine Melodie von Hans Georg Nägeli.

11. (S. 84.) **Vom heil'gen deutschen Reich.** Das Gedicht war vom Dichter überschrieben: „Erneuerter Schwur. Von wegen des heiligen deutschen Reichs. An Jahn." Die Volksweise, nach welcher es geht: „Erhebt euch von der Erde" war schon vor 1724 bekannt.

12. (S. 101 Zeile 3). **God save the king** (John Bull). Wenn hier als Urheber dieser Melodie John Bull angegeben ist, so dient dafür als Gewährsmann Herr Musikdirektor G. Reichardt, welcher im Abendblatt der N. Münch. Zeitg. vom 4. Septbr. 1860 (Nr. 211) über dieses ursprünglich englische Volks= und Nationallied, das, mit Ausnahme Oesterreichs, welches sein eigenes treffliches Kaiserlied besitzt, in allen deutschen Staaten — in Preußen seit dem Anfang des 19. Jahrhunderts —, wie nicht minder in den verschiedenen Schweizerkantonen, unter Zugrundelegung möglichst passender Worte, adoptirt wurde, die interessante Mittheilung bringt, es sei zum ersten Mal in London am 16. Juli 1607 aufgeführt worden, und zwar bei einem Fest, welches die Compagnie der großen Kleiderhändler dem König Jakob I., Elisabeths Nachfolger, gab, um ihn wegen glücklicher Errettung nach der Pulververschwörung zu beglückwünschen. Wahrscheinlich also sei dasselbe erst kurz vorher, noch in dem nämlichen Jahre, verfaßt worden; der Text rühre von dem bekannten Komödiendichter Ben Johnson, die Musik dagegen von Dr. John Bull her, der, 1563 geboren, durch Verwendung der Königin Elisabeth Professor der Musik am Grahamschen Institut zu London seit 1596 war, auch jährlich 40 Pf. Sterl. als Hoforganist bezog und 1622 zu Lübeck starb. Der Text lautete damals: God save great James our king. Als durch Cromwell die Stuarts gestürzt und Carl I. 1649 hingerichtet worden war, wagte Niemand mehr es zu singen, und so gerieth es in Vergessenheit, aus welcher es erst nach hundert Jahren wieder

hervorgezogen und der Dynastie Hannover angepaßt wurde. Mistreß Cibber, deren Bruder Dr. Arne, der Komponiteur des Rule Britannia, das Lied für's Orchester instrumentirt hatte, sang es 1745 im Drurylane-Theater nach der verunglückten Unternehmung des Prätendenten Carl Eduard in Schottland mit stürmischem Applaus, und seitdem wurde es Volkslied. Die bisher herrschende Meinung, die Melodie sei von Händel, ist mithin eine irrige; Händel's Betheiligung beschränkte sich, wie es scheint, lediglich darauf, daß er die ihm gegebene Melodie gelegentlich harmonisirte und instrumentirte; doch ist nicht gesagt, in welchem Verhältniß die Händel'sche Instrumentirung zu der Arne'schen steht, die für das Orchester bestimmt war. Eben so wenig erfährt man etwas Näheres darüber, welche Beziehung der sonst wohl als Verfasser des Textes genannte Harry Carey zu dem Liede habe. Carey erschoß sich 1744, und es wäre daher möglich, daß er vorher noch den alten Ben Johnsonschen Text für die Aufführung auf dem Drurylane-Theater umgearbeitet hat.

13. (S. 103). **Vaterlandssöhne.** Das Lied erschien in Follen's „Freien Stimmen frischer Jugend" (Jena, 1819). In dem Allgem. deutschen Commersbuch findet sich eine Melodie ohne Bezeichnung des Verfassers.

14. (S. 115). **Deutschland, meine Braut.** Das Lied ist 1841 gedichtet und geht nach der Melodie: „Ach wenn du wär'st mein eigen" von **Kücken.**

15. (S. 142). **Germanias Freier.** Es ist das Lied der Studenten aus der Kühneschen Tragödie: „Kaiser Friedrich in Prag." Eine Melodie dazu von C. F. **Hering** theilt das mehrgenannte Commersbuch mit.

16. (S. 148). **Die Völkerschlacht bei Leipzig** geht auch nach: „Es war ein König in Thule."

17. (S. 151). **Gesang deutscher Männer,** wurde von Fr. Lang im Jahr 1812 gedichtet. W. **Schneider** setzte eine Melodie dazu.

18. (S. 216). **Was ist des Michel Vaterland,**

23 *

Widmung. Ueber Delbrück und dessen Verhältniß zu Arndt's Vaterlandsgesang und somit auch zu der vorliegenden Parodie desselben ist oben Anmerk. 8 zu vergleichen.

19. (S. 265). Festprolog zur Feier der Schlacht bei Leipzig. Man hat in den ersten fünf Strophen dieses Gedichts eine zu grelle Schilderung der moralischen und politischen Versunkenheit Deutschlands finden wollen und behauptet, das deutsche Volk sei in der großen Masse von gutem Kern gewesen. Das mag sein; immerhin aber waren es doch nur Einzelne, welche die Schmach des Vaterlandes tiefer empfanden und auf eine gemeinsame Erhebung des Volks im Stillen hinarbeiteten. Von diesen kam endlich die Freiheit, wie von den Andern die Knechtschaft gekommen war. Wie hätte dies auch anders sein können? Durch die Ohnmacht des deutschen Kaiserthums und die Willkürherrschaft großer und kleiner Herren lag im Volke längst jede eblere Regung erdrückt und erstickt, das nationale politische Bewußtsein erstorben, der Bürgersinn erloschen und, was von staatlichen Rechten und ständischen Freiheiten noch übrig geblieben war, durch die Fluth ewiger Bruderkriege unter den Deutschen in der Vergessenheit begraben. Die Erniedrigung Deutschlands floß aus hochgelegenen Quellen; Liebedienerei gegen Buonaparte und seine Helfershelfer war an der Tagesordnung; und wir mußten erst gedemüthigt, mit Scorpionen gezüchtigt und todeswund geschlagen werden, bevor wir zu uns selbst, zum Bewußtsein unsrer Ehre und Freiheit zurückkehrten; das Vaterland mußte erst sterben, um geläuterter, heiliger wiederzuerstehen! Gelten ja, wie wir gesehen, Männer wie Schill und seine Kampfgenossen, die ihr Leben für die Befreiung des Vaterlandes opferwillig einsetzten, noch heute wie damals bei so Manchem unter uns als bloße Enthusiasten, und gestand doch Arndt selbst von sich ein, daß er das rechte Vaterlandsgefühl erst bekommen, als das Vaterland zu

Boden lag, nach der Schlacht von Jena und der Be=
siegung Oesterreichs!

20. (S. 268). **Festhymne.** Zur vollständigen Be=
urtheilung dieses schönen Gedichts nach Wortform und
Rhythmik genüge es zu wissen, daß die musikalische
Komposition, nach welcher es bei der Festfeier vorgetra=
gen wurde, vorher einem anderen, nicht von Lingg her=
rührenden, aber verworfenen Texte angepaßt war und
der Dichter des vorliegenden Hymnus mithin die nicht
leichte Aufgabe zu erfüllen hatte, der bereits vorhandenen
Musik einen neuen, bis auf die einzelnen Silben ent=
sprechenden Text unterzulegen.

21. (S. 340). **Siegeslied,** auch „**Siegesfeier**"
benannt. Der Dichter gab der ersten Strophe späterhin
folgende Fassung:

Herbei, herbei, du trauter Sängerkreis!
Herbei im Festesschmuck zum Jubeltage!
Es rauscht das Lied zu deutscher Thaten Preis;
Es rauscht das Ohr der neuen Heldensage!
Ihr herrlichen Gestalten, ob ihr schon
Vergessen fast in Grabesnacht gesunken,
Das Schwert so blank, der Arm so stark, das Herz
so trunken,
O schwebt als Geister auf der Saiten Ton.

Die übrigen späteren Aenderungen sind bereits oben im
Text aufgenommen.

22. (S. 341). **Beim Octoberfeier.** In der ur=
sprünglichen Fassung lautete Vers 2 und 3 der ersten
Strophe:

„Steige mit loberndem Scheine
Von den Gebirgen am Rheine."

Verzeichniß der Lieder-Anfänge.

A.

B.

C.

D.

S.

T.

U.

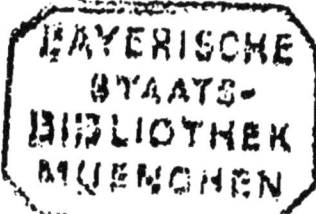

Verzeichniß der Dichter und der von ihnen aufgenommenen Lieder.

379

Verzeichniß der Consetzer.

Druckfehler.

S. 76. Z. 12 v. o. l. „keiner“ statt „deine.“
S. 213. Z. 1 v. u. l. „Lucae“ statt „Lucan.“
S. 357. Z. 5 v. u. l. „Oktoberfeuer“ statt „Oktoberfeier.“